圣贤文化传承与华夏文明创新研究丛书（第二辑）

管国兴　主编

希圣希贤：
《圣学十图》
义理研究

齐金江　等著

九州出版社　全国百佳图书出版单位

JIUZHOUPRESS

图书在版编目（CIP）数据

希圣希贤：《圣学十图》义理研究 / 齐金江等著. -- 北京：九州出版社，2022.5
ISBN 978-7-5225-0948-8

Ⅰ. ①希… Ⅱ. ①齐… Ⅲ. ①理学－研究－中国－宋代 Ⅳ. ①B244.05

中国版本图书馆CIP数据核字（2022）第092318号

希圣希贤：《圣学十图》义理研究

作　　者	齐金江 等 著	
责任编辑	王海燕	
出版发行	九州出版社	
地　　址	北京市西城区阜外大街甲 35 号（100037）	
发行电话	(010)68992190/3/5/6	
网　　址	www.jiuzhoupress.com	
印　　刷	北京九州迅驰传媒文化有限公司	
开　　本	720 毫米 ×1020 毫米　16 开	
印　　张	17	
字　　数	356 千字	
版　　次	2022 年 7 月第 1 版	
印　　次	2022 年 7 月第 1 次印刷	
书　　号	ISBN 978-7-5225-0948-8	
定　　价	58.00 元	

圣贤文化传承与华夏文明创新研究　丛书

中盐金坛盐化有限责任公司博士后科研工作站　成果
厦门大学新闻传播学博士后流动站　成果
厦门大学哲学博士后流动站　成果

策划与组稿
中盐金坛盐化有限责任公司企业文化部
厦门大学新闻传播学院华夏文明传播研究中心
厦门大学道学与中国传统文化研究中心

学术委员会
余清楚　朱　菁　王日根　曹剑波　苏　勇　郑称德　周可真

编委会
管国兴　谢清果　钟海连　黄永锋　陈　玲　潘祥辉　黄　诚

主　编
管国兴

副主编
钟海连　谢清果　黄永锋

编辑部（按姓氏笔画排序）
刘育霞　刘晓民　孙　鹏　林鎏生　周丽英　郑明阳
赵立敏　荀美子　胡士颍　祝　涛　奚刘琴　董　熠

序（一）

长期以来我国学界对朝鲜学者李退溪（1501—1570 年，名滉，字景浩，号退溪）的兴趣，比较多地集中在其"四端七情"思想等方面，而较少重视其晚年力作《圣学十图》。齐金江研究员等所著《希圣希贤：圣学十图义理研究》（以下简称《研究》）的出版，可以说填补了国内这一研究领域的空白。作者视野开阔，并不局限于朝鲜儒学或退溪个人，而是将此书放在过去两千多年的儒学史，特别是宋明理学史的广阔背景下来理解；不局限于文本训诂或原文解读，而是力图借助过去两千多年的儒学思想，特别是宋明理学思想的范畴来阐发，因而大大增加了这部著作的分量。

以图表方式解说儒学，这在朝鲜（我指古代朝鲜，本文"朝鲜"皆指古代朝鲜）儒学史上有着源远流长的传统。这种做法有两大优点：一是将儒学思想的核心或要领异常醒目地凸显出来，二是将儒学思想的结构或关系一目了然地表现出来。这两大优点合在一起，便于初学者尽快地掌握儒学实质或工夫。这一形式的缺点也许是过于简明、深度不足，但对于初学者来说其优点是主要的。《圣学十图》（以下简称《十图》）是朝鲜李朝（1392—1910）大儒李退溪的晚年重要著作。从退溪《进圣学十图札》看，此书似乎是作者为劝谏君王而作。也许因为这一缘故，此书较重形式，简明扼要，条理清楚，方便易学。然而《十图》的内容又非常丰富而深刻，对于我们理解朝鲜儒学，特别是 16 世纪以来的朝鲜儒学的主要特点、朝鲜儒学对于中国宋明理学的继承和发展，以及对我们认识儒学在全球化潮流中的生命力和现代价值，都非常有意义。

《十图》的内容，大体上是以中国宋代学者周敦颐、张载、朱熹等人若干作品为基础，将周、朱自己制作的图表，加上后人（包括宋元学者王柏、陈柏、程复心，朝鲜学者权近及退溪本人）据周、张、朱三人作品制作的图表，汇成《十图》；每图之后，先录前贤论说，后附退溪简要评论，点明精神，交代关系。《十图》名称及作者如下：

1.《太极图》（[北宋] 周敦颐作）；

2.《西铭图》（[元] 程复心据张载《西铭》作）；

3.《小学图》（[朝鲜] 李退溪据朱熹《小学题辞》所作）；

4.《大学图》（[朝鲜] 权近据《大学》作）；

5.《白鹿洞规图》（退溪依据朱熹《白鹿洞书院学规》作）；

6.《心统性情图》（程复心作上图，李退溪作中、下图）；

7.《心学图》（程复心作）。依隆庆六年（1572 年）朝鲜刻本，此图放《仁说图》之前。笔者以为此二图皆以心为题，且同出一人，故依此隆庆六年本次序；

8.《仁说图》（朱熹自作）。此图今本或放《心学图》之前；

9.《敬斋箴图》（[南宋] 王柏据朱子《敬斋箴》作）；

10.《夙兴夜寐图》（退溪据 [南宋] 陈柏《夙兴夜寐箴》作）。

从来源上看，《十图》有四种来源：①出自朱熹者有：《小学图》《白鹿洞规图》《仁说图》《敬斋箴图》；②出自朱子推崇并注解者有：《太极图》及《西铭图》；③出自朱子后学者有：程复心之三图《西铭图》《心统性情图·上图》《心学图》、王柏之《敬斋箴图》，以及与朱子学问有深刻关联的南宋陈柏之《夙兴夜寐箴》；④出自李退溪本人者有：《小学图》《夙兴夜寐图》及《心统性情图》之中、下二图，其中《小学图》《夙兴夜寐图》取自朱子《小学》及陈柏《夙兴夜寐箴》。由此可见其学问以朱子为宗的特点，这大概也是整个朝鲜儒学的主要特点吧。

为什么退溪以此十图解说儒学？乍看起来似乎难解。从内容看，《十图》中每一图所据之文献皆至为浅近，尤其是《白鹿洞学规》《敬斋箴》《夙兴夜寐箴》；其他文献如朱子之《小学》《仁说》、周敦颐之《太极图说》、张载之《西铭》，乃至"四书"之首《大学》，均为儒家文献中内容最短小简明者。这体现出退溪作此书之初衷本不在于追求深度，而在于简单易学。但如果因为《十图》所本文献简明浅近，而忽视其义理之深刻复杂，则是极端错误的。我们既然知道周、张、朱三人在理学史上之崇高地位，自然不敢小觑此三人上述作品之深度和价值。也许可以说，退溪《十图》之所以能为杰作，恰在于能将宋明理学文献中最短小精悍者合为一书，而同时赋予了它们某种内在的逻辑，包含着作者的精思熟虑，其高屋建瓴之处也正在于此。为什么这样说呢？单从内容看，笔者以为《十图》就有以下若干方面：

其一，第 1、2 图，即《太极图》和《西铭图》，为宇宙论或称本体论，阐发性理学（退溪称"圣学"）之终极理论基础；

其二，第 6、7、8 图，即《心统性情图》《心学图》《仁说图》，为人性论，以孟子性善说为本，以朱子性理学为宗；

其三，第 3、4 图，即《小学图》和《大学图》，为工夫论，而重在理论，退溪称为十图之"二本"，盖因其用心在工夫；

其四，第 5、8、9 图，即《白鹿洞规图》《敬斋箴图》《夙兴夜寐图》，亦为工夫论，而重在实践，以主敬、重伦为特点。

据此，也许我们可用现代流行术语将《十图》内容概括为本体论、人性论和工夫论。三论合为一体，即可看出程朱理学之全部核心。也许理学大厦之全部基础，均可从《十图》窥见。因此，《十图》的内容并不简单。据退溪自述，此书阐明"圣学有大端，心法有至要"（李退溪《进圣学十图札》），故《十图》内容也可归纳为二：一是圣学大端，二是工夫之要。然而从我的上述总结看，《十图》的另一最重要特点是重视工夫（即退溪所称"心法"），其中重视工夫者即有四图。正从工夫论角度可以发现，虽表面上浅近之文献，所包含之修身心法却最为深刻。由此看来，我们若因为《十图》所本文献简明浅近而低估其价值，未免太轻率了。

齐金江等所著《研究》一书从儒学传统出发，以宋明理学为依据，对《十图》之内容、宗旨、特点，进行了全面解读。每图一章，每章皆分三部分，即"概述""阐释"和"解说"；其中"概述"说明思想渊源，"阐释"解释文本含义，"解说"阐发个人见解。《研究》并不完全以解读退溪为目的，重在以《十图》为线索，阐明宋明理学思想，因此此书体现了作者在儒学研究上的深厚积累和功夫，也展现了作者对宋明理学的独到见解和看法。

我与齐金江研究员两年前相识，同为山东省泰山学者团队成员，金江兄为本人所带团队主要骨干，出力颇多。值此书出版之际，谨以此序深表祝贺云。

方朝晖

2021 年 7 月 26 日于清华园

序（二）

《希圣希贤:〈圣学十图〉义理研究》一书,由齐金江教授率其课题团队历时10多年的字斟句酌、切磋琢磨,即将公开出版发行。在此,谨表示热烈的祝贺!

我和齐金江的师生缘分始于他1983年考入曲阜师范学院就读之后。在20世纪80年代的曲园,儒学复兴的春芽刚刚萌动。我们通过教学授受相识并开始了近40年的师生情谊。2002年齐金江调至孔子研究院任首届学术研究部负责人,又成为我学术研究的得力助手,从国家课题"二十世纪儒学研究大系""中华伦理范畴",到山东省"泰山学者"岗位(孔子文化研究)申报,在工作中感受到他大学毕业后的砥砺修为所形成的好学上进、谦恭严谨的品格。

实践出真知,事在磨砺成。2006年夏天,我出面联系并安排齐金江专程赶到北京,请国学泰斗季羡林先生为《中华伦理范畴》一书题字。季老(时年九十有六)起床盥洗后第一件事就是提笔写下了"中华伦理,源远流长;东方智慧,泽被四方"。季老还转达了三层意思:"一是传统文化、孔子文化得大力弘扬,需要社会各界包括学术界、理论界、教育界多做工作;二是作为山东籍的学者,他对地处山东曲阜的孔子研究院能够发动全国各地儒学研究机构,做这样一件工程浩大的中华伦理研究传承传播工作,内心感到欣慰,心情很激动、很振奋;三是弘扬中国传统文化,需要从一件一件的实事点点滴滴地做起,不要怕困难,不要怕麻烦。"2006年8月,时已七十多岁高龄的中国人民大学孔子研究院院长张立文先生用一个月的时间,冒着酷暑,为《中华伦理范畴》一气呵成长达三万多字的序言。张先生用温州民间流行的一则故事告诫人们:"千万不要丢掉自己的影子,否则被魔鬼捉去,人就死了。"所以,当地的孩子在有光线的地方行走时,总要回头看看自己的影子是否还在。这与德国浪漫主义作家沙米索的小说《出卖影子的人》相对应。张先生提出了切身感悟:一个民族或一个人,绝不能因某种利益的需要而丢掉民族魂或本人文化之根。我想,可能也是基于这种考虑,使得张先生较早介入了《圣学十图》研究之中吧。

张立文先生认为李退溪的思想纲目,最具综合概括性的,便是他所献的《圣学十图》，可谓其晚年深思熟虑、提纲挈领的结晶，也是他体认圣学大端、心法至要的心得。总此十图，核心是人。因此，李退溪圣学，实质上大张孔子"仁学"乃人学之本，即学做圣人之学。《圣学十图》，就是学做圣人的纲领条目、修养方法、标准规范、行为践履、情感意志等等。《圣学十图》全面、系统而又渐次深入地论述了为圣的目的、方法。其入手处，便是从小培养起，而提高人的素质的关键，便是教育。教育的重要，中国和朝鲜的思想家就已非常重视。朱子和李退溪既为官员，又亲自从事教育，亦是著名思想家、哲学家。在思想史上，几乎没有一个思想家、哲学家，不是亲自从事教育的。这种官员、教育家、思想家三位一体的体制，比之于三者相分离的体制要好得多。

我曾在10年前出版的英雄史诗《孔子赞歌》结尾处呼唤："孔子在我们身边，在我们中间。"那么，怎样才能使两千多年前的孔子生活在我们的身边，走进我们的中间呢？如何在更广泛的社会层面上来弘扬儒学，弘扬传统文化？如何不断提高国民的道德修养？有效的途径只有让儒学走出书斋，走出课堂，来到我们身边，我们中间，即以大众喜闻乐见的形式，令妇孺皆知，如春风化雨般教化国民，这样的儒学才会持久不息，有真正强大的生命力。如果我们每个人都能正心诚意，多做好事，少做乃至不做恶事，世界就会变得更加安宁和谐、向上向善。千里之行始于足下，让我们都拥有一颗伦理道德之心，从现在开始，从自身开始，从日常小事做起吧！通过文化的教育和改造功能，至少通过修习《圣学十图》，不断提高每个人的"君子化"水平应该是可能的，也是现实的。我想，这也是齐金江与课题团队成员10多年来孜孜于《希圣希贤：圣学十图义理研究》一书的初心所在吧！

真诚地希望读者喜欢该书，真诚地希望学界接受该书。

国际《尚书》学会副会长、中国孔子基金会学术委员、二级教授 傅永聚

2021年7月22日于曲园

序（三）

儒学源于中国，而泽被世界。儒学最先传入的域外国家是古代朝鲜，儒学传入朝鲜半岛后，与其本土的地理环境、风俗习惯、传统文化等渐趋融合，进而扎根，发芽，开花，结果，形成了"重气""重情""重实""重义理"的古代朝鲜儒学，尤其是统治朝鲜半岛五百多年的李氏朝鲜王朝（1392—1910 年）定儒教为国教，以儒治国，对朝鲜半岛的影响至深至远，以至于现在的韩国在东亚儒学文化圈中有"儒学样板国家""儒家文化国家的活化石""践行儒家文化最好的国度"之美誉。而被尊为"朝鲜五百年来第一儒宗"的李氏朝鲜王朝著名的儒学大师李退溪（1501—1570 年），在传承弘扬儒学过程中功勋卓著，他"集大成于群儒，上以继绝绪，下以开来学，使孔孟程朱之道焕然复明于世"，创立了独具特色的"退溪学"，对朝鲜当代及后世都产生了巨大而深远的影响。因而被称为"海东朱子""东方百世之师"。韩国人民为了纪念这位本土大儒，把李退溪的头像印在了韩国当下流通的 1000 韩元的纸币上面。

李退溪 29 岁时中进士，历经燕山君、中宗、仁宗、明宗、宣祖五代，官至大提学，死后获"文纯"之谥号，从祀文庙。退溪一生学儒弘儒，著述等身，其中最能全面概括其圣贤心学之纲目、造诣之要旨的当数其 68 岁时所作的《圣学十图》。《圣学十图》包括：1. 周敦颐的《太极图》；2. 程复心作的张载《西铭图》；3. 李退溪作的朱熹《小学图》；4. 权近作的《大学图》；5. 李退溪作的《白鹿洞规图》；6.《心统性情图》，上图程复心作，中下两图李退溪作；7. 朱子《仁学图》；8. 程复心作《心学图》；9. 王柏作的朱子《敬斋箴图》；10. 李退溪作的陈柏《夙兴夜寐箴图》。《圣学十图》中的每幅图都包括三部分：图说、图、退溪之按语。《圣学十图》不仅以图解的形式系统地阐释了学做圣人的纲领条目、修养途径、道德品质、行为践履、心性培育等，而且还述而有作，在章节末尾处向世人全面深入地呈现了退溪自己的圣人观。

"希圣希贤"是中国乃至东亚文化的重要人生价值追求和意义追寻。"希圣希贤：圣学十图义理研究"作为新时代科研课题，课题组成员在齐金江教授的带领下，上溯孔子儒学的圣贤初心，下迄李朝大儒李退溪的求贤求圣之路径，系统爬梳中国儒学乃至东亚文化的核心理念，以"图式"的视角，深入浅出地展现圣贤文化的基本要义。儒学图式由来已久，因其形象直观生动，简明易懂而受到广大学者的喜爱。尤其是宋明之际，许多儒家学者作图及图说成风，如周敦颐、程复心等，而将诸图加以归纳创新、集成系统的却是李退溪。他所作的《圣学十图》将退溪思想之精粹融入中国儒学图式之中，由十幅圣图把儒家思想和践履工夫结合为一个有机整体，形成了他完整的理学思想体系，把儒学研究推向了一个高峰。《圣学十图》是退溪对中国儒学图式的发展与创新，为"希圣希贤"的意义追寻提供了济古维来的思维范式。而《希圣希贤：圣学十图义理研究》一书，经由齐教授与团队成员的共同努力，历经10多年的撰写与打磨，即将由九州出版社公开出版发行。作者通过自己的努力，首次完成了学界关于"圣学十图义理研究"的较为全面的阐释，并多有创新，实属不易。该书在详细分析十图的基础上，深入领会十图的真谛，进而掌握李退溪儒学的内核体系，体认退溪从哪些方面吸收和借鉴朱子学，并在融合中赋予朝鲜儒学新的生命，体验朱子儒学的普遍性与特殊性，进一步认识儒学思想的传承与发展演变。该书的出版必将在退溪学研究领域产生广泛影响，同时也会对中韩学术交流做出重要贡献。在此，我衷心向齐教授及其团队表示热烈的祝贺。

齐金江教授现为中国孔子研究院研究员，有突出贡献的中青年专家，长期从事孔子研究和儒家文化的传承传播工作。齐教授为人睿智幽默，待人真诚热情，对儒学研究的炽爱与执着让其成果卓著。应齐教授之邀为本书作序，荣幸之至。我与齐教授皆毕业于曲阜师范大学，齐教授早我7年入学，属老师之辈分。儒者推崇的最高最完满的人格理想是内圣外王，即首先通过自己好好学习、刻苦修为，使个体价值上达天德，体认到生命的终极意义，成为道德高尚、知识渊博、技能过硬的人——"内圣"，然后把自己的知识和技能通过社会实践这个渠道造福全人类，建立"博施广济"的事功，为自己周边的人带来巨大的福祉，即"外王"。齐老师《希圣希贤：〈圣学十图〉义理研究》一书就是实现自己内圣外王之道的最好诠释。通览全书亮点颇多，择其要者诸如：立意高远，视角独特；学术创新，贴近生活；文笔生动，明白晓畅。

当然，《希圣希贤：〈圣学十图〉义理研究》一书的出版并不意味着对这一课题研究的结束，本书所涉内容，无论在观点上还是在个别问题的提法上都有尚待完善之处，很多章节仍大有进一步拓宽研究的空间。我们期待着作者在不久的将来，会有对这一课题更深入更细致的后续研究成果问世。

中国孔子基金会学术委员会委员

曲阜师范大学孔子文化研究院教授、博士生导师 王曰美

2021 年 5 月 6 日

目 录

导　论

　　"希圣希贤"是中国乃至东亚文化的重要人生价值追求和意义追寻。"希圣希贤：圣学十图义理研究"作为新时代科研课题，上溯孔子儒学的圣贤初心，系统爬梳中国儒学乃至东亚文化的核心理念，以"图式"的视角，深入浅出地展现圣贤文化的基本要义。儒学图式由来已久，因其形象、直观，受到广大学者的喜爱。尤其是宋明之际，许多儒家学者作图及图说成风，如周敦颐、程复心等，而将诸图加以归纳创新、集成系统的却是朝鲜儒者李退溪。他所作的《圣学十图》融入中国儒学图式之精华，由十个圣图把其思想和践履工[①]夫结合为一个有机整体，形成他完整的理学思想体系。可以说它融入东方文化诸文化的精华，是中国儒学图式的发展与创新。儒学形成于两千多年前的中国，后传入朝鲜，遂形成共同的传统文化。一代又一代朝鲜学者致力于儒学的研究与传播，其中被称为"朝鲜之朱子""东邦之光""东方百世之师"的李退溪儒学造诣很深，把儒学研究推向了高峰。先生"集大成于群儒，上以继绝绪，下以开来学，使孔孟程朱之道焕然复明于世"[②]，称誉于海内外学林，成为朝鲜一代哲人。李退溪结合朝鲜的国情和具体情况，继承和发展了朱子学，使朱子学得以在朝鲜传播、运用，这种发展和运用，构成了朱子学研究的重要方面，是儒学研究的重要组成部分。退溪对儒家经学的研究著作颇多，主要集中在《三经释义》《四书释义》和《启蒙传疑》中，而68岁时所作《圣学十图》更是深思熟虑、提纲挈领的结晶，是体认圣学大端、心法至要的心得。它以图的形式，示人以圣学入门之道，亦给人以简明易懂的启迪，集中了退溪学术思想的精粹，形成了退溪哲学思想的体系，也为"希圣希贤"的意义追寻提供了继往开来、济古维来的思维范式的蓝本。

---

① 本书涉及的作为儒学中和心性本体相对的概念"工夫"，不使用现代汉语意义上的"功夫"。

② 韩国成均馆大学：《增补退溪全书》第4册，《退溪先生言行通录·实记》卷1，首尔：成均馆大学大东文化研究院1978年版，第16页。

一、《圣学十图》的形成

李退溪，名滉，字景浩，号退溪，是朝鲜李朝时期研究中国儒学和程朱理学的哲学家。他历经燕山君、中宗、仁宗、明宗、宣祖五代，曾历任承文院副正字、宣教郎、承议郎、弘文馆副修撰、司谏正言、司宪府持平等官职。退溪的一生是做学问和从政为官并行，集官吏、思想家、教育家于一体，而为他赢来世界声誉的则是他在思想上儒家理学方面的造诣。"于书无所不读，而尤用心性理之学"①，他继承并发展了中国的孔孟之道和程朱理学，批判、折中、汲取陆王的"心学"、罗整庵、王廷相的"气学"、南宋开始兴起的"实学"，融注众家之长，进而在许多方面创造性地拓展了"朱子学"，阐述其有而未显之意蕴，形成自己的理学理论体系，创立令人瞩目的退溪学。

自中国的东汉时期儒学开始比较全面地传入朝鲜半岛，儒学信念便逐渐在朝鲜朝廷政治以及精英文化中渗透与传播。至公元 13 世纪，处于统治地位的高丽王朝日趋衰败，局势动荡，社会矛盾激化，需要像"朱子学"这样的儒学思想来维护社会秩序。正值当时高丽王朝和我国来往频繁，"朱子学"便顺理成章地传入朝鲜。李朝建立后，文化政策上自然而然采取了"独尊儒术"的方针，"程朱理学"占据主导地位，"朱子学"便逐渐形成理论体系，儒学发展进入兴盛阶段。这一切，为"退溪学"的产生准备了良好的客观条件。

当然，"退溪学"的形成还与他本人的个性、经历、学识及修养等主观条件有着更为密切的关系。退溪早年就受到"朱子学"的熏陶，少年时即对"理"有特别的悟性；19 岁时，便开始接触"朱子学"著作；23 岁时，获读《心经附注》；43 岁那年，获"朱子学"要著《朱子大全》；56 岁时在精研《朱子大全》的基础上编辑《朱子书节要》；60 岁以后，作《四端七情之辨》《非理气为一物辩证》《圣学十图》，这标志着"退溪学"真正形成。

退溪先生的著作见解独到，内容极为广泛深刻。其中《退溪全书》是最为完整而系统地反映退溪思想言行的著作，分上下两册，共约 120 万字。它包括《退溪先生文集内集》《退溪先生文集别集》《退溪先生文集外集》《退溪先生文集续集》《退溪先生自省录》《四书释义》《启蒙传疑》《宋季元明理学通录本集》《宋季元明理学通录外集》等 9 部著作，以及作为附录的《退溪先生年谱》《退陶先生言行通录》《退溪先生言行录》《退溪先生挽祭录》《陶山及门诸贤录》《峤南宾兴录》《退溪先生文集考证》等 7 部书，共计 16 部。

---

① 韩国成均馆大学：《增补退溪全书》第 4 册，《退溪先生言行录·学问》，首尔：成均馆大学大东文化研究院 1978 年版，第 26 页。

　　退溪晚年深思熟虑、提纲挈领的心得是《圣学十图》。它是退溪 68 岁最后一次出仕时献给宣祖的 10 个图及图说。在《进圣学十图札》中，退溪说明了创作此书的宗旨："道之浩浩，何处下手？古训千万，何所从入？圣学有大端，心法有至要，揭之以为图，指之以为说，以示人入道之门，积德之基。"他认为，"劝导圣学，辅养宸德"是他的责任。"臣伏惟念当初上章论学之言，既不足以感发天意，及后登对屡进之说，又不能以沃赞睿猷。微臣恫惧，不知所出。惟有昔之贤人君子，明圣学而得心法，有图有说，以示人入道之门，积德之基者，见行于世，昭如日星。兹敢欲乞以是进陈于左右，以代古昔帝王工诵器铭之遗意，庶几借重于既往而有益于将来。于是谨就其中拣取其尤著者，得七焉。其心统性情，则因程图，而附以臣作二小图。"① 可见，退溪的《圣学十图》是为君主而作，在于抚养圣德，上疏帝王之学，为了"正君心"。同时，它也为初学入道者提供了一个简要而准确的读本，避免了在浩如烟海的理学文献中陷入盲目而找不到路径。

　　《圣学十图》的编修体例，基本上借鉴了《近思录》，即以掇取前贤的言论为主。但是，《十图》又有明显的创新，主要表现在：一是它引进了"图"；二是它破了"述而不作"之例，著者在每一章的结尾处有一段自己的评述总结，用以交代出处，强调要点，提纲而挈领。

　　《圣学十图》的十图并非全由退溪所作，但他将这些图和图说纂集起来，且自作不足的图，并在相同主题的图之间做选择，是极富深意的。十图和图说如下：1. 周敦颐的《太极图》；2. 程复心作的张载《西铭图》；3. 李退溪作的朱熹《小学图》；4. 权近作的《大学图》；5. 李退溪作的《白鹿洞规图》；6.《心统性情图》，上图程复心作，中下两图李退溪作；7. 朱子《仁学图》；8. 程复心作《心学图》；9. 王柏作的朱子《敬斋箴图》；10. 李退溪作的陈柏《夙兴夜寐箴图》。可见，十图的图说皆前贤所作，图的部分退溪作了第三《小学图》、第五《白鹿洞规图》、第六《心统性情图》的中图和下图以及第十《夙兴夜寐箴图》，并于每一个图说之后再附以己说。在退溪所作的图中，形象性较强的是第十图，而此图是仿第九《敬斋箴图》而作。显然，退溪对"圣学"精义的理解、对理学启蒙的基本教义的内涵是有自己的观点的。他的选择，一方面说明了他是借鉴而不盲从，另一方面也说明李退溪所处的时代和地域，理学所面临的社会现实与朱子所处的时代已经不一样，所以他必须对传统的理学精神与理学文献有所取舍，有所选择，从而更突出重点，更"切于日用"。其体大思精，可谓他体认并熔铸宋明理学的结晶。

---

　　①　韩国成均馆大学：《增补退溪全书》第 1 册，卷 7，《进圣学十图札》，首尔：成均馆大学大东文化研究院 1978 年版，第 195—196 页。

二、《圣学十图》综述

《圣学十图》作为退溪思想成熟时的杰作，是其一生学问的主要精髓及高度概括性的思想纲目之所在。对《圣学十图》的内涵，韩国学者李相殷曾概括为八点，即："一、天即理的问题；二、理和气之间的关系；三、人和物之间的差异和气质的偏正；四、理和气、心性和情的问题；五、善恶的由来；六、仁义礼智四端和喜怒哀乐爱恶欲；七、敬和人的主体关系；八、道德、实践和天命的问题。"① 此概括可谓比较全面而准确的，他从总体上系统地研究了《圣学十图》。本书试图在详细分析十图的基础上，领会十图的真谛，进而掌握李退溪儒学的内核体系，体认退溪从哪些方面吸收和借鉴朱子学，并在融合中赋予朝鲜儒学新的生命，体验朱子儒学的普遍性与特殊性，进一步认识儒学思想的传承与发展演变。

"图"对退溪的圣学而言，是内在的、本质性的内涵，而不是外在的形式。从存有论的层面来说，理本无形象，却寓于形象之中，理与形的关系值得深究；就工夫论的层面而言，退溪所谓"因图致思""体玩警省于日用之际，心目之间"，正是以图明理、明知、明智、明治，达到抽象概念所不能达到的形象、简洁而又系统的效果，故图与工夫论息息相关。下面就各图简略做一下介绍。

《第一太极图》取自周敦颐的《太极图》和《太极图说》，是对于《周易·系辞》意蕴的发明和阐述，是朱子所说的道理的大头脑处。《周易·系辞》中说"易有太极，是生两仪，两仪生四象"之义，李退溪说"盖学圣人者，求端自此，而用力于小大之类"，这是《太极图》与《周易·系辞》相合之处。两者的相异，是在于《易》讲卦爻，《太极图》讲造化。《太极图》从"本然之全体"上构筑了自然、社会、人生一体化的逻辑结构，切实探讨世界本体和天地万物之理。《太极图说》中说："无极而太极。太极动而生阳，动极而静；静而生阴，静极复动。一动一静，互为其根。分阴分阳，两仪立焉。阳变阴合，而生水、火、木、金、土。五气顺布，四时行焉。五行，一阴阳也。阴阳，一太极也。太极本无极也。五行之生也，各一其性。无极之真，二五之精，妙合而凝。乾道成男，坤道成女。二气交感，化生万物。万物生生，而变化无穷焉。"从而构成一系统的、有序的结构。这是属于"立太极"的逻辑结构，是世界本然之全体和万物生成的本源。

《太极图》除了"立太极"，还"立人极"，为人、人性、人类社会设计了一个理想模型。"惟人也得其秀而最灵。形既生矣，神发知矣，五性感动而善恶分，万事出矣。圣人定之以中正仁义而主静，立人极。"它对人的物质存在形式和精神存在形式以及人性、情感、意志、善恶、好坏、道德规范、道德修养、道德行为等

---

① 李相殷：《李退溪的学术思想》，《退溪学报》，1977 年，第 13 辑。

方面，均做了一些指示和规划。这是一种有序的、系统的思考，从主体的身心结构到外在的客体结构都有所涉猎。

"立太极"和"立人极"并不是截然分开、独立存在的，而是紧密结合在一起的整体。所以说，《太极图》具有融会自然、社会、人生和天道、地道、人道整体思考的特性，其他九图实际上是"立太极"和"立人极"的展开。

《西铭图》是程复心根据张载《西铭》所作。《西铭》原是《正蒙》中一篇，作者将其首尾抄录贴于窗上作为自己的座右铭，分别题为《订顽》《砭愚》。后程颐将《订顽》改为《西铭》，《砭愚》改为《东铭》。《西铭图》以"仁爱"为中心，提出"民吾同胞，物吾与也"，从主体与客体的和谐中，明天地万物一体的道理。"乾称父，坤称母，予兹藐焉，乃混然中处。故天地之塞，吾其体；天地之帅，吾其性。民吾同胞，物吾与也。"它即是说，大自然就如同自己的父母，它给予我们生命，引导我们的本性。而天下所有的人都是我们的同胞兄弟，所有的物都是我们的同伴。这种民胞物与的博爱思想，是儒家仁爱观念的扩大。"惟大人为能尽其道，是故立必俱立。知必周知，爱必兼爱，成不都成。"由人与人之间的"兼爱"推到人与天地万物之间"物吾与也"的"爱物"精神，这便构成"天地万物为一体"的真实关系。这里"兼爱"是不论亲疏，不分等级；"爱物"是不及物吾，不管贵贱的。这种"天地万物为一体"，按照退溪的理解，是一种辩证的"理一分殊"的关系。

《小学图》是李退溪据朱熹《小学题辞》所作的。《小学题辞》是以道德教育为主的儿童教本，共六卷，分内外篇。李退溪根据此书及朱子和宋儒的思想，加上自己的感悟，以简明的图的形式，来说解小学教育。他把立教、明伦、敬身作为纲领，把小学教育的组织、内容、目的、宗旨具体明确地罗列出来。其中立教讲教育的重要性和方法，包括立胎育保养，大小始终，三物四术，师弟授受之教；明伦包括明父子之亲、君臣之义、夫妇之别、长幼之序、朋友之交；敬身讲恭敬修养工夫，包括明心术之要、威仪之则、衣服之制、饮食之节。稽古作为立教、明伦、敬身的中间环节，也就是以历代思想家的行为表现来立教、明伦、敬身。以嘉言广立教、明伦、敬身，用善行实立教、明伦、敬身，即以汉至宋代思想家的言论和行为表现，来为立教、明伦、敬身做补充与说明。

《大学图》为朝鲜学者权近据儒家经典《大学》精心而作，其中融会了自己的解读心得与理念。图中阐明"大学之道"，就是在明明德，在新民，在止于至善，以及格物、致知、诚意、正心、修身、齐家、治国、平天下，即"三纲领""八条目"。"明明德"为本为体；"新民"是相对于"明明德"来说，即为末为用；"止于至善"为"极自新新民，体用之标的"，也就是说"止于至善"极至于"自新"与

"新民"，极至于"自新"之"体"与"新民"之"用"的"标的"。八条目中格物、致知归结为"知"，诚意、正心、修身归纳为"行"，齐家、治国、平天下归纳为"推行"。所谓"推行"即是由一己之"行"出发，"推"而"行"至于"齐家、治国、平天下"。从工夫的旨意来说，明明德是"求止善之所在"和"求得止至善之事"，新民是"求得止至善之事"。从功效的角度讲，明明德是"已知至善之所在"和"已得止至善之序"，新民是"得止至善之序"。"知止、定、静、安、虑、能得"此中程序中，"知止"标示为"始"，是"明明德新民知至善所在之效"，"能得"为"终"，是"明明德新民皆得止于至善"，"定、静、安、虑"是中间过程，可以解释为"四者自知止至能得之脉络皆以效言"。

《白鹿洞规图》是李退溪依据朱熹《白鹿洞书院学规》所作。它阐述的书院教育内容，基本上与大学相当，共包括六个方面内容：（1）五教之目：父子有亲，君臣有义，夫妇有别，长幼有序，朋友有信；（2）为学之序：博学之、审问之、谨思之、明辨之、笃行之；（3）穷理之要：博学、审问、慎思、明辨；（4）处事之要：正其谊不谋其利，明其道不计其功；（5）接物之要：己所不欲勿施于人，行有不得反求诸己；（6）修身之要：言忠信，行笃敬，惩忿窒欲，迁善改过。而修身、处事、接物之要，又是属于为学之序中的笃行。左侧之言则告知此内容之渊源及其重要性。

《心统性情图》由上、中、下三图构成，程复心作上图，李退溪作中、下图。它旨在说明心、性、情三者的关系，强调人的心性、理的权威，推崇道义。由上图可以看出程氏认为心统性情是：心的寂然不动为性，是未发之性，为心之体；感而遂通为情，是已发之情，为心之用。未发之性禀木、火、水、金、土五行之秀，而具有爱、敬、宜、别、实之理的仁、礼、义、智、信五性；已发之情是恻隐、辞让、羞恶、是非、诚实之心，而发为仁、礼、义、智、信。与程氏相比，李退溪提出"合理气，统性情"，主张性情与理气相结合，主一身理性谈万化，这是对张载提出的心统性情命题和经由程朱发挥的思想的进一步体认和发挥。中图是"就气禀中，直言本性"，以"仁、义"为其核心，"就善恶几言善一边"来讲四端七情，而没有讲两边的关系，故有下图之作。下图从理气与性情一体性观念，来看待本然之性与气质之性的关系，才能理解"理发而气随之"的"恻隐、辞让、羞恶、是非"之四端与"气发而理乘之"的"喜怒哀惧爱恶欲"之七情之间的相互渗透关系。此即为下图所体现的意蕴。所以要把握中正之道和四端七情之性情只要内求于心性就可以了。

《仁说图》来源于朱熹的《朱子语类·仁说》节下之《仁说图》，用以形象表释并为之补充，多实践意。仁是中国儒家学派道德规范的最高准则，是孔子思想体系的核心。宋明时期，理学家把仁视为天地万物的根源。该图以仁为核心，从仁者天地生始，进一步说明仁义礼智四德与恻隐、辞让、羞恶、是非四端之间及其自身之间的关系。未发之前表现为四德，仁义礼智之中，仁则包含乎四者，是以涵育浑全无所不统。已发之际表现为四端，在恻隐、辞让、羞恶、是非之间，恻隐贯于四端，是以周流贯彻无所不通。可见，四德、四端都有其主导方面，用以掌握人之性情、天地万物之变化发展。仁作为道德理性，统摄四德与四端，它既是天地生物之心，亦是人所得以为心，是超越天地生物和人的生命的逻辑先在，被视为天地万物的根源。仁对于天地生物的存在和过程来说，它是精神或思想。由此可见，李退溪是借朱子的《仁说图》来作为他贯通天地万物与社会人类、个体生命之间的中介，把仁作为《圣学十图》中所构筑的天地、社会、人生一体化的逻辑结构中一个不可缺少的中间环节。

《心学图》是程复心所作，意在说明：心者，一身之主宰；敬者，又一心之主宰。图中揭示了心的多个名称及心学多样的侧面，把心分为赤子心与大人心、人心与道心。赤子心是人欲未汩之良心，即未受人欲扰乱、蒙蔽之心；大人心是义理具足之本心，即德行高尚之心；人心是生于形气而觉于欲者，即和各种物欲相联系之心；道心是源于性命而觉于义理者，即合乎天理的道德之心。人心道心存于一体，而必须"惟精惟一"，择善固执，就要遏制人欲而存天理的修养工夫。就遏制人欲来说，便是从慎独—克复（克己复礼）—心在—求放心—正心—四十不动心，而达到道明德立，即"富贵不能淫，贫贱不能移，威武不能屈"的价值性的道德境界；从存天理工夫而言，是从戒惧—操存—心思—养心—尽心—七十而从心，则心即体、欲即用、体即道、用即义、声为律、身为度，从而达到不思而得，不勉而中的合理性的道德境界。遏人欲和存天理两者，都可统一到敬字上来，因为敬是一心之主宰，遏人欲和存天理都是敬的工夫。只有以"敬"为基础，才能达到"不动心""从心所欲，不逾矩"。

"心为一身之主宰，敬则为一心之主宰"，敬的规定是什么，如何做到"敬"？这就是《敬斋箴图》所要解决的问题。朱子缀张敬夫之遗意作《敬斋箴》，书于壁上以自警。王柏排列条目作图，体玩警醒于日用之际，心目之间。足见，《敬斋箴图》"为圣学之始终"。持敬就是主体心的主一无适，无偏颇、厚薄。正其衣冠，尊其瞻视，潜心以居，对越上帝是从持敬的静弗违来说；足容必重，手容必恭，择地而蹈，折旋蚁封是从动弗违来说。这构成了动静弗违，是主体心对于敬的被动接受。交正是主体心对于客体敬的主动适应。自表交正表现为出门如宾，承事如祭，战战兢兢，罔敢或易；自里交正表现在守口如瓶，防意如城，洞洞属属，罔敢或轻。这构成了表里交正。无适要求不以东西，不南以北，当事而存，靡他其适。主一就要弗贰以二，弗三以三，惟心唯一，万变是监。做到这些便可以叫作持敬。虽然心有间、有差，但只要心敬，就能消除有间和有差。

《夙兴夜寐箴图》源自陈柏《夙兴夜寐箴》，是李退溪仿《敬斋箴图》而作。此两图不仅在模式上相近，而且都讲持敬修养工夫与敬在行为上的表现。两者的不同在于：《敬斋箴图》以"心"为核心来列敬的修持、工夫，《夙兴夜寐箴图》以"敬"为核心讲敬的要求、思想感情和行为规范。从早晨醒来的思虑情感和行为践履，如本既立矣、昧爽乃兴、虚明静一，到日间读书对越圣贤与应事则验于为，再到夜间鸡鸣而寐、了然默识。从终日乾乾，重在动静循环、修养性情，到夕惕若厉，指在日暮人倦、心神归宿。从日间到晚上，对敬的要求都做了仔细的规定。把第九和第十图结合，便"何地而可辍工夫""何时而不用工夫"。"如是则不遗地头而无毫厘之差，不失时分而无须臾之间"[1]达到"敬"的境界。

这十图每图阐明一个方面的哲理，看似孤立存在，然细读退溪之《进圣学十图札》及《圣学十图》，发现其实际上却是一个有机的思想逻辑整体。总"天道"与"地道"（人道），由"理"（"太极""道"）"气"（"阴阳""器"）"五行""人物"而到"四端七情""道心人心""善恶"的整个行程，这是与《圣学十图》的排次顺序相近似的。对于十图的结构，大体来说有两种分法：二层构造和三层构造。

二层构造把十图分为两部分：前五图、后五图。这是从各图的存在论、人性论来排列《圣学十图》的理论构造。前五图是以天道为基础来说明人伦的存在论，如退溪所说："以上五图，本于天道，而功在明人伦，懋德业。"此语在第五图《白鹿洞规图》之后，并于《札》中呈宣祖正文。李退溪认同与恪守朱子的宇宙论与本体论，所以他把《太极图》与《西铭图》放在"圣学图"的最主要位子，以强调"本于天道"（第五图结语），"是道理大头脑处，又以为百世道术渊源"（第一图结语）。由"本于天道"言"道之大原与人偏之义"，虽有"收功"之语，然实重在"明、思"。所以说《太极图》是"道之大原"，是天道，是体；《西铭图》以阐明"理一分殊"，是人性，体用兼有。《小学图》和《大学图》及《白鹿洞规图》重阐明人伦，使人立于道业。《小学图》明为学之本；《大学图》讲学之规模，节目，次第及儒学的理想修己和治人；《白鹿洞规图》重在明人伦与五教，是学问的目的和功效。此三图讲教育，兼有体用。《小学图》《大学图》所以"明敬"，在于首图《太极图》讲"静"而不说"敬"，正好呼应退溪以"心—敬"为精神主意并贯穿十图。虽说朱子已经在注中补说，但是《十图》毕竟以"图"为本，文字只

是作为辅助说明，说明后仍要返回原图来看，这才是进图的本意。

后五图以人的心性作为基础，在日常生活中实践敬。退溪亦有一总结性话语，其云"以上五图，原于心性，而要在勉日用，崇敬畏"，放于《夙兴夜寐箴图》之后。《心统性情图》明臻功在"心"，"合理气，统性情，主一身，该万化"皆践形，工夫在于持敬。《仁说图》著"仁"，进一步说明四德与四端之间及其自身之间的关系，"仁"的体用就是"心"的体用。它与《心统性情图》是体，皆是"原于心性"。《心学图》则示人以"心—敬"，敬为心之主，心为身之主，兼体用，侧重于体。《敬斋箴图》是在表里及动静的空间状况下对"敬"的说明，兼有体用，然重在用。《夙兴夜寐图》是在夙晨日夕的时间状况下，对"敬"的说明，是用，即"要在勉日用，崇敬畏"。此五图全以敬义为图，前三图是从"心"之人性论的角度来讲，后两图是"心"在日常生活中的实践"敬"的角度来说的。

退溪把《太极图》作为首图，不仅是遵循《近思录》卷一《道体》的安排，从陈派的主张，而更紧要的是他在十图中以《太极图》为首图而呈现出的一种体认追随朱子之学中的"由明而诚""由思而学"的积渐有序的圣学观，就是一种圣学如何可臻而至的圣学观；退溪的这种体认，最后还是落实在要能使"圣"字有"实"义的践履工夫上。由这点来说，二分结构中的后五图，展现了退溪学中紧要的"心为身之主，敬为心之主"的"心—敬"之学。后五图比前五图更能体现退溪学中的"圣学"的实践性，也就是一种"心—敬"之学的实践。

退溪还曾在《大学图说》中说明了《小学图》《大学图》二图为十图之"二本"。其云："有孔民遗书之首章，国初臣权作此图，章下所引或通论大小学之义，说见小学图下，然非但二说当通看，并于上下八图皆当通此二图而看。盖上二图示是求端扩充，体天尽道，极致之处，为小学大学之标准本原。下六图是明善诚身，崇德广业，用功之处，为小学大学之田地事功。而敬字又彻上彻下，著工收效，皆当从事而勿失者也，故朱子之说如彼，而今兹十图皆以敬为主焉。"[①] 从这段话可以看出，十图可以从实践学问构造的侧面分为三层结构，即第一《太极图》和第二《西铭图》为一层，是第二层《小学图》《大学图》的"标准本原""目标"。第二层是"二本"，以下六图是第三层，是"小学大学之田地事功"，即"用力之处"。

《太极图》《西铭图》作为"求端于此"的状态，代表着性理学的存在论，是"道之大原"，是圣学的存有论或本体论基础。这两图作为小学大学的教育原理，

---

① 韩国成均馆大学：《增补退溪全书》第 1 册，《退溪先生文集》卷 7，《进圣学十图札并图》，首尔：成均馆大学大东文化研究院 1978 年版，第 203 页。

却未必是"用力之端"。故若要寻圣学用力之端，工夫之始，仍要回到小学大学中来。《小学图》重在行事的训练，《大学图》重在理论的探讨，事与理相结合方能达到教育的功能。把第三、第四图作为一个工夫入手以及用功之序，以"小学""大学"作为人由小到大的两个重要"受教"阶段，是教育实务，是修身养性之二本。而二本归一，故曰"二合一""一而二"。所以说十图的根本作用在于教育。下六图是教育的实际工夫，是明善诚身、崇德广业，是"小学""大学"的用力之处，是把圣人之学运用于"心性"与"日用"等诚实笃行中。《白鹿洞规图》的主旨在于以五伦为天地在博学、审问、慎思、明辨、笃行中完成。《心统性情图》在于以心的体用、性情为天地，通过存养和省察来完成。《仁说图》主旨是以心的本体为天地，依靠仁来完成。《心学图》以心为天地，敬为基础，据道心主宰人心来实现。《敬斋箴图》和《夙兴夜寐图》主旨是通过以敬为基础，从时间和空间的日常存养中得以完成。

李退溪《圣学十图》，前五图属思，后五图属学，正相对应于《小学图》《大学图》为十图之"二本"，向前则求端扩充至首二图，以"致本原"为说，向后则崇德广业用力至后六图，以用力"天地"为说。由"二本"之说看十图的序次结构，与"二层"结构，分法不同，但两种分法中，"二本"的前为"明"，后为"诚"者，也就是"思／学"之分，其实也正与"前五（图）后五（图）"的"思／学"之分可以互通。这正可看出退溪学的主轴，不仅想继承朱子学中"学思并进""学思有序"的特色，而且想发展朱子学中的"心—敬"践履实功的特色。

"敬"在十图中占有重要位置。《圣学十图》的意图是"心—敬"实学之图，用"敬"字贯穿始终，原于心性而达于日用性情，最后至仁达圣。退溪说道："而敬者又彻上彻下著工收效，皆当从事而勿失者也。故朱子之说如彼，而今兹十图皆以敬为主焉。"[①]在第八《心学图》和第九《敬斋箴图》、第十《夙兴夜寐图箴图》中李退溪将"心""敬"置于图的正中央，亦足见敬的地位。第八《心学图》在上半和下半，凸显"心"与"敬"，"心"字放大圈起，"敬"字放大而没有圈起。"心"是心体，不免有封闭性，"敬"是工夫，具有开放性，所以没有加圈。可以说第九图、第十图是由第八图发展而来。在第八《心学图》，"心"在上，"敬"在下。第九《敬斋箴图》"心"在正中央，第十《夙兴夜寐箴图》"敬"也在正中央。可见第八图合论"心"与"敬"的关系，第九图、第十图则分论"心"与"敬"，并以"敬"为《圣学十图》之终结。由此，我们可以看出李退溪所构建的朱子学体系：它更注重人伦，注重人的心性的修养和自律，而这种修养与自律的最主要

---

① 贾顺先：《退溪全书今注今译》第二册，成都：四川大学出版社1993年版，第183页。

的杠杆就是"敬"。

"敬"作为彻上彻下的工夫，是以日常生活细节的修养为主，意味着敬是经过由日常生活的实践而上达超越境界。《敬斋箴》开头就说道："正其衣冠，尊其瞻视。潜心以居，对越上帝。"这上帝就是图正中央的那颗心。超越者除了上帝，还有历代圣贤。《夙兴夜寐箴》中说："乃启方册，对越圣贤。"退溪将陈柏这段话归于"读书"一项。"读书"和"应事"并列位于"敬"字的左右，"读书"也是敬的工夫。丁淳佑认为退溪的"敬"将"日常"和"超日常"的两个世界联系起来。①这里正是把读书视为"超日常"，把应事作为"日常"。

三、《圣学十图》的意义及价值

朱子学因退溪的介绍、阐释、发挥和整合而得以在朝鲜半岛传播、生根、深入人心，成为统治朝鲜半岛长达数百年的官方哲学和主流意识形态。退溪学是对孔孟程朱学说，特别是朱子学的继承和发展，是李朝时期 500 多年间占统治地位的思想体系，并远播海外，日本"朱子学"始祖藤原惺窝及著名"朱子学"学者山崎暗斋等人都曾受过其思想的很大影响。它的出现标志着儒家思想在东亚乃至世界文明的发展中产生了巨大的影响和作用，对东方文化及其哲学的发展起着重大的推动作用。因此，退溪学研究是儒学研究的重要组成部分，是值得我们进行全面系统研究的。

人们常把李退溪誉之为"海东朱子""东邦之光"及"东方百世之师"等，赢得了中、日、韩三国专家学者的高度评价。史书称李退溪为学"诸家众说之同异得失，皆曲畅旁通，而折中于朱子。讲究精密，践履纯笃，其造诣甚深，从游讲学者来自四方。朝鲜五百年，推为第一儒宗"②；韩国的李珥称他是儒宗；赵穆、金诚一称他是东方第一人；张志渊说他是阐明正学、启导后生、阐明孔孟程朱之道的唯一者；文一平说，如果佛宗是元晓，儒宗就是李退溪。日本的薮孤山说他是继承程朱的韩国儒学第一人，尤其是对《朱子书节要》评价极高，而且称赞他是把道统传给日本儒学的主人公。渡边豫斋说："朝鲜李退溪，东夷之产而悦中国之道，尊孔孟崇程朱，而其学识所造，大非元明诸儒之仪。"高桥亨也说："四端七情分理气之义，《退溪集》十六数书论之，《自省录》所载最备，道诸儒道不到之处。"而且，李退溪先生的学说对侍讲给明治天皇的元田东孚编成教育敕语有很大影响。

《圣学十图》作为完整表现李退溪儒学思想的力作，有着重要的研究意义与价

---

① 丁淳佑：《朝鲜儒学中的知识与德性问题：以李滉、许筠为中心》，台北：台大出版中心 2006 年版，第 221—223 页。

② 林泰辅著，陈清泉译：《朝鲜通史》，上海：商务印书馆 1934 年版，第 136 页。

值，历来受到人们的重视。中国的北京尚德学堂说退溪先生是继承先圣先王传心宗统，并且普及过《圣学十图》。20 世纪 20 年代，梁启超、黎元洪就给予《圣学十图》高度评价。梁启超曾写五律称颂道："巍巍李夫子，继开一古今。十图传理诀，百世昭人心。云谷琴书润，濂溪风月寻；声教三百载，万国乃同钦。"黎元洪则曰："中华之所以异于夷狄，人类之所以异于禽兽。"① 从黎元洪这句话就足以看出退溪学在他心中的位置，退溪学发扬了中国儒家的伦理道德思想，是人类的特征与标识。

《圣学十图》中有铭有箴，有规有图。铭箴始于三代，是圣王自励自警、自我鞭策的作品，可以说是最具有工夫论意义的韵文文类。但铭与箴仍有区别，铭兼有褒赞之功能，箴则主要出于道德自省的动机。"箴"真切实用，把理论化作日常生活的实用功夫。在文学自觉很强的魏晋南北朝，多位文学批评家对铭箴的起源有相当接近的看法。挚虞在《文章流别论》论及各文类的起源："王泽流而诗作，成功臻而颂兴，德勋立而铭著，嘉美终而诔集。祝史陈辞，官箴王阙。"② 萧统在《昭明文选·序》亦言："箴兴于补阙，戒出于弼匡，论则析理精微，铭则序事清润。"③ 这两段引文皆指出箴源于补阙，即百官之针砭君王缺失。对铭的界定则局限于褒赞功能（"德勋立而铭著"）及其风格表现（"序事清润"）。铭、箴、规以图示之，图亦具有和铭箴相同的作用，即针砭御过。铭箴与日常生活世界的各个环节不可分割，常出现在生活世界各处，来时时刻刻提醒观看的人或生活于其中的人。作为韵文文类的铭箴确实是充满儒家精神的文类，它们在三代兴起时所包含的意义和作用后来变成其文类性质的一部分。李退溪建议宣祖将十图"作为御屏一坐展之，清燕之所，或别作小样一件，妆贴为帖，常置几案上，冀得于俯仰顾眄之顷，皆有所观省警戒焉"④，其动机也许就是为"维持此心，防范此身"，要让铭箴充满修身者的时间和空间。制《圣学十图》的用意与汤武的铭戒完全吻合，这其中有一般性的儒学修身意义，也有深刻的政治意义，也就是退溪的《圣学十图》实兼有"圣王"与"圣人"之学二义。

《圣学十图》融合宋明理学之精髓，是退溪学的思想真谛。"退溪的'圣人之学'不仅是对帝王，而且对任何人也适用。"⑤ 李退溪在《圣学十图》中所构建的世界图式，虽天道是"标准本原"，但其核心是人道。人道的中心课题是关于人的本

① 《退溪学报》第 2 辑，1974 年 3 月，第 171—173 页。

② 郭绍虞：《中国历代文论选》上册，《全晋文》卷 77，台北：木铎出版社 1980 年版，第 157 页。

③ 郭绍虞：《中国历代文论选》上册，《全晋文》卷 77，台北：木铎出版社 1980 年版，第 290 页。

④ 韩国成均馆大学：《增补退溪全书》第 1 册，首尔：成均馆大学大东文化研究院 1978 年版，第 197 页上。

⑤ 李相殷：《圣学十图译解》，韩国：退溪学研究院、韩国书院 1974 年版，第 5 页。

质、人的价值、人与自然、人与人的关系等问题，是人类的文化。任何一个现代社会都不会与传统文化断裂，而是历史的传承；每一种现代文化，都是传统文化的延续。在当下研究、弘扬、发展退溪学，具有重要的现实意义和理论价值。研究的意义就在于学以致用、古为今用，从积累的文化总体中把适合时代精神的精华抽取出来，进而转化为现代文明和智慧，服务于现代社会。

四、《圣学十图》研究现状

退溪学是世界共同的精神财富，研究退溪学是研究儒学的重要组成部分，要研究退溪学就不得不研究《圣学十图》。目前，退溪学研究引起了世界各国学术界的广泛关注，对它的研究亦日益深入。退溪学国际学会和退溪学研究院自 1976 年开始在美国、德国、日本、中国、韩国等遍布北美、欧洲、亚洲三大洲的国家和地区先后举行过十几届退溪学国际学术会议，对李退溪的政治、经济、哲学、文学、道德、教育等各方面的思想进行了深入的探讨，由分析到综合建立起退溪学的东方文化思想体系。

国际性的退溪学的研究至今已经有数十年的历史，对其基础课题已有了比较全面的认识和研讨。梁承武说："退溪学的研究由以朝鲜、日本为中心的通常性学术研究领域，扩大到由世界各国学者共同参与的具有国际性的新的学术研究课题。"[①] 他初步肯定了退溪学是"具有独立性及客观性的学问"[②]，并提出未来退溪学的研究，要把"退溪学的重点放在建立具有独立性及客观性的学问"上。梁承武教授的见解很合于现实，应从东方文化的发展上研究李退溪，在建立起体系化的理的同时凸显出其特殊性。从事退溪学研究的组织、个人及刊物不断增加，世界各国学者写出了一批高水平的研究退溪思想的专著和论文，研究逐步深入系统。如韩国退溪学釜山研究院的《退溪学论丛》，荟萃了中、日、韩三国专家学者的优秀研究成果，大大拓展了退溪学这门科学。《退溪学论丛》中收录的韩国延世大学教授柳仁熙的《东亚细亚的未来社会和退溪学的作用》、日本九州岛大学教授猪城博之的《李退溪和日本的儒学》、中国山东社会科学院儒学研究所赵宗正先生的《退溪先生的修养论》等论文，见解独到精辟，为我们学习研读退溪先生的著作提供了很大的方便。

近些年，中国学者也积极参与到国际退溪学的研究中，深入研究退溪学。大

---

① 梁承武:《退溪学研究的未来方向》,《退溪学在儒学中的地位》,北京:中国人民大学出版社 1993 年版,第 496 页。

② 梁承武:《退溪学研究的未来方向》,《退溪学在儒学中的地位》,北京:中国人民大学出版社 1993 年版,第 500 页。

家把李退溪放在东方乃至世界文化的全局中进行研究探讨，更加深刻地认识到包括退溪学在内的朱子学的价值意义。1989 年 10 月，"第 11 届退溪学国际学术会议"在中国人民大学举办，并于 1993 年 8 月由中国人民大学出版社出版了会议论文集《退溪学在儒学中的地位》。1989 年由中国人民大学出版社出版了《退溪书节要》，它是张立文先生仿《朱子书节要》体例所编辑的。1992 年 5 月四川大学出版社出版了贾顺先主编的《退溪全书今注今译》。张立文先生于 1997 年又作《李退溪思想研究》一书。2002 年高令印所著《李退溪与东方文化》出版。这些著作对今后退溪学的研究起到了积极的推动作用，是我们研究的有力参考。退溪学在近几年出版的有关宋明理学的专著中大都有所涉及，退溪学已经成为新儒学不可分割的一个部分和在国外的分支。

随着退溪学研究的深入系统，对《圣学十图》的研究也逐渐增多，但多集中在单幅图上，其中对《太极图》《心统性情图》《心学图》等较多，但对十幅图进行整体上研究的还不是很多。另一方面，李退溪《圣学十图》虽然在韩国广为流传、研究透彻系统，但在中国还仅限在学术范围内，而且大多是哲学、儒学、古代文学等文史哲一类，广大民众对它还很生疏。《圣学十图》作为一种形象、系统、直观的儒学理论系统，具有自励自警、自我鞭策作用，故而有必要把这一宝贵的文化遗产继承下来，有必要对其做进一步的研究和推广，这即是本书的意义所在。

第一　太极图

概　述

《太极图》为《圣学十图》的第一图。据《宋史》记载，《太极图》是北宋理学开山鼻祖周敦颐所作。作《太极图》，是周敦颐利用《系辞》中的太极概念为儒家伦理学说建立本体论的依据，在于阐明《周易·系辞》中所说"易有太极，是生两仪，两仪生四象"之义，是对于《周易·系辞》意蕴的具体解释。《太极图》融合天地人之道以及自然、社会、人生为统一的整体思考，勾画了天地万物、阴阳变化的根据。《宋史·周敦颐传》记载他"博学力行，著《太极图》，明天理之根源，究万物之终始"，用图像表达思想，并对图像本身的构造与各部分的关联做解说，在北宋以后的儒学发展史上占有一定的地位。

在《圣学十图》中，李退溪完整地采纳了周敦颐所作《太极图》，并与《太极图说》一文并行。他在对《太极图》附注说明时引用了朱熹的话，从朱熹所说的道理以及百世道术渊源的理论源头出发，阐发学习圣学与修行的端绪。《宋史·列传·道学》载："至宋中叶，周敦颐出于舂陵，乃得圣贤不传之学，作《太极图说》《通书》，推明阴阳五行之理，命于天而性于人者，了若指掌。"《太极图》为《太极图说》的图像，《太极图说》为《太极图》的意蕴阐发。《太极图说》言简意丰，根据其说阐发的意义，全文可分为四部分：第一部分，自"无极而太极"至"太极，本无极也"，为宇宙论；第二部分，自"五行之生也"至"变化无穷焉"，讲万物化生论；第三部分，自"惟人也得其秀"至"小人悖之凶"，讲人性论；其余的为第四部分，是整个图说的总结。

《太极图说》指出："无极而太极。太极动而生阳，动极而静；静而生阴，静极复动。一动一静，互为其根。分阴分阳，两仪立焉。阳变阴合，而生水火木金土。五气顺布，四时行焉。五行，一阴阳也；阴阳，一太极也；太极，本无极也。五行之生也，各一其性。无极之真，二五之精，妙合而凝。乾道成男，坤道成女，二气交感，化生万物。万物生生，而变化无穷焉。惟人也得其秀而最灵。形既生矣，神发知矣，五性感动而善恶分，万事出矣。圣人定之以中正仁义，而主静，立人极焉。故圣人与天地合其德，日月合其明，四时合其序，鬼神合其吉凶。君子修之吉，小人悖之凶。故曰：立天之道，曰阴与阳。立地之道，曰柔与刚。立人之道，曰仁与义。又曰：原始反终，故知死生之说。大哉《易》也，斯其至矣！"①

《太极图》与《太极图说》，从本然的、整体的角度展现了天地人之道与自然、社会、人生的完整统一，构建了"立太极"与"立人极"的天人合一模式。从"太极"到"人极"，我们可以切实探讨世界本体和天地万物之理，了解宇宙与人生的奥妙，明白人世间的仁爱之道。由《太极图》，我们可以据天道，寻人道，彰明德，求至善，从而认识、遵从、适应天地自然的规律；追求儒家提倡的"格物、致知、诚意、正心、修身、齐家、治国、平天下"的大学之道。

太极图渊源之辨

《太极图》与《太极图说》自产生之日起，便在学术界产生了空前的反响，特别是关于《太极图》及其图说的渊源问题，众说纷纭，莫衷一是。历史上，宋代朱熹认为《太极图》是周敦颐在研习儒家经典的基础上独立创造的，"不由师传，默契道体，建图属书，根极要领"（张伯行辑《周濂溪集》），他认为《太极图》及其图说是周敦颐思想的纲要。而陆九渊认为："梭山兄谓太极图说，与《通书》不类，疑非周子所为。不然，则或是其学未成时所作，不然，则或是传他人之文，后人不辨也。"（《陆九渊集·与朱元晦书》）他认为《太极图说》起码不能代表周敦颐的成熟思想。清代学者全祖望于《周程学统论》中亦说："无极之真，原于道家者流，必非周子之作，斯则不易之论。"（《宋元学案·濂溪学案》）目前，学界对这一问题的争论未休，大体上来看，有以下五种观点：

第一，周敦颐自创说。周敦颐自作《太极图》最早见于他的好友潘兴嗣所作的《濂溪先生墓志铭》，其铭中记载："尤善谈名理，深于《易学》，作《太极图》《易说》《易通》数十篇，诗十卷，今藏于家。"朱熹也认定《太极图》是周敦颐本人所作。他在《周子太极通书后序》说："先生之学，其妙具于'太极'一图。《通书》之言，亦皆此图之蕴。"又说："潘清逸志先生之墓，叙所著书，特以作'太极图'为首，则此图当为先生书首无疑也。"还说："又尝读朱内瀚震《进易说表》，

---

① （宋）周敦颐撰，徐洪兴导读：《周子通书》，上海：上海古籍出版社2000年版，第48页。

谓此图之传，自陈抟、种放、穆修而来。而五峰胡氏作序，又以为先生非止为种、穆之学者，此特其学之一师尔，非其至者也。夫以先生之学之妙，不出此图，以为得之于人，则决非种、穆所及；以为非其至者，则先生之学，又何以加于此图哉！是以窃尝疑之，及得《志》文考之，然后知其果先生所自作，而非有受于人者，二公盖未尝见此《志》而然也。"（《朱文公集》卷七）这些言论都在说明《太极图》乃周敦颐所自作，而非得前人之传。

第二，源自道士陈抟说。南宋时朱震《汉上易传》谓"陈抟以'先天图'传种放，放传穆修"，又谓"修以'太极图'传周敦颐，敦颐传程颢、程颐"。此言周氏"太极图"远承陈抟之学，近得穆修之传。然据苏舜钦《哀穆先生文》，穆修卒于明道元年（1032 年），这时周敦颐仅十五岁，故学者多疑两者是授受关系。

第三，得之鹤林寺僧寿涯说。宋代晁公武《郡斋读书志》曰："胡武平、周茂叔同师润州鹤林寺僧寿涯，其后武平传其学于家，茂叔则授二程。与震之说不同。"景迂，即晁说之（字以道，号景迂）。此言周氏"太极图"得之鹤林寺僧寿涯。然而钱穆《论太极与先天图纸传授》乃云："晁景迂之道听途说，未见其必可信也。"（《中国学术思想史论丛》五）

第四，源于《周易参同契》说。黄宗炎《易学辨惑》以为，"太极图"本名"无极图"，创自汉河上公，魏伯阳得之以著《参同契》，钟离权得之以授吕洞宾，吕洞宾与陈抟同隐华山，因以授陈，陈遂刻其图于华山石壁，后来又通过种放、穆修传至周敦颐。并谓"无极图"是"自下而上，以明逆则成丹之法"；而"太极图"则自上而下，揭示万物化生之理，故断言周敦颐"乃颠倒其序，更易其名，以附于《大易》，指为儒者之秘传"。此谓周氏改易陈抟之"无极图"而作"太极图"。然钱穆反黄氏之说，曰："晦木（即黄宗炎）去濂溪亦已六百年，安知非有方外好事者，颠倒濂溪'太极图'以言养生？晦木闻其绪余，乃复颠倒说之，而转疑濂溪原本养生诀说太极。此为以颠倒为不颠倒，以不颠倒为颠倒。玄黄回惑，固孰为真颠倒者耶？"（《中国学术思想史论丛》五）

第五，源于《道藏·上方大洞真元妙经品》说。毛奇龄在《太极图说遗议》中认为，东汉魏伯阳《周易参同契》有"水火匡廓图""三五至精图"，先被《道藏》中《真元妙经图》窃而制成"太极先天之图"；陈抟又转窃"太极图"远承魏伯阳、《道藏》、陈抟而来。然钱穆驳论说："毛奇龄大可作《太极图说遗议》，谓'《道藏》有《上方大洞真元妙经》，有"先天太极合一之图"，陈抟窃之，其图适与绍兴间朱震所进图合。'先天、太极本属两事，康节先天之学源于陈抟，濂溪'太极图'则别有来历。"又说："今乃谓：'赵宋以前已有窃《参同契》为"太极先天图"者，陈抟又从而转窃之，然且一分为二，一曰"先天"，一曰"太极"。'是窍前又有窍，希夷、康节、濂溪诸人，何专务偷袭乃尔？《道藏》本作伪之渊薮，毛氏不疑《真元品》之伪撰，而宁愿归狱于希夷、濂溪之攘窃，亦只见其困缚于一时之风气，而弗能自拔耳。"（《中国学术思想史论丛》五）

太极图中的概念

1. 无极、太极

无极是中国哲学中关于宇宙本原的概念。

"无极"一词最早见于《老子》第二十八章："为天下式，常德不忒，复归于无极。"这里的"无极"，用来形容老子"道"之无形无象、不可穷极。此后的儒、佛、道诸家广为使用。比如：《庄子·在宥》："入无穷之门，以游无极之野。"《逸周书·命训解》："正人莫如有极，道天莫如无极。"《列子·汤问篇》："然无极之外复无无极，无尽之中复无无尽。""无极"皆含有无边无际、不可穷极之意。

魏晋之后，随着儒、佛、道三教日趋融合，"无极"的含义有所变化。《周易参同契》载："往来洞无极，怫怫被容集。"僧肇说："物我玄会，归乎无极。"（《肇论》卷下，《涅槃无名论·通古第17》）《道藏·灵宝自然经诀》："太上玄一真人曰：太上无极大道，无上至真。""无极"相当于"无"或"虚无""真如"等，具有宇宙本体的意义。

《太极图》中的"无极而太极"，以"无极"为宇宙万物的本原，以"太极"为阴阳未分之前混沌的元气，认为"太极"从"无极"中产生，"无极"是比"太极"更为根本的概念。朱熹认为"太极"同于"理"，为宇宙的本体，非"太极"之外另有"无极"，"无极而太极，只是说无形而有理"（《朱子语类》卷九十四），"无极"只是形容"太极"的无形、无声、无臭之妙。

太极是中国易学和哲学中说明世界本原的概念。"太极"一词见于《周易·系辞上》中："是故易有太极，是生两仪，两仪生四象，四象生八卦。"此"太极"是指天地未判的元气，是派生万物的本原，两仪是阴阳两种对立的力量，四象指四时，八卦象征八种自然现象。《太极图说》中载："无极而太极，太极动而生阳，动极而静，静而生阴，静极复动。一动一静，互为其根。"又曰："五行一阴阳也，阴阳一太极也，太极本无极也。"朱熹认为无极与太极乃一体之二名。谓之太极，所以表示其为究竟至极之体；谓之无极，所以表示其无穷无际无形无状。并以理说太极，以太极为最究竟之理。邵雍则以道释太极，他认为"道为太极"，并认为数先于象，象先于物，而太极与神则又为数之根本。这样，他把太极引入了神秘的象数之学。北宋张载认为太极是物质性的气，曰："一物两体，气也。""一物两体，其太极之谓与。"(《正蒙·大易》)明代王廷相继承张载的说法,也把太极看作"天地未判之前,太始浑沌清虚之气是也"(《太极辨》)。由此可知,太极一词在《周易》以后的各种解释中,含义不一,且在儒家思想中引入了许多道家、道教的观念。近代孙中山曾用"太极"来译西语"以太"。他说:"元始之时,太极动而生电子,电子凝而成元素,元素合而成物质,物质聚而成地球,此世界进化之第一时期也。"(《孙文学说》)这里的"太极"一词,已经发展和改变了《易传》的"太极"本义和后世儒家对"太极"的释义。

2. 阴阳

阴阳是我国古代哲学的基本概念。在中国儒学史上指正反两种相互矛盾的力量,并以二者的对立、消长以及作用说明万物的生长、发展和变化。阴阳观念早在先秦时就已经形成,原指日照的向背,向日为阳,背日为阴,后引申为寒暖、暗明等相互反对的现象,进而抽象为一切事物的两个相互对立的方面,成为具有哲学意义的概念。《周易》中以符号"—"代表阳,符号"--"代表阴,认为"一阴一阳之谓道"(《周易·系辞上》),把阴阳的矛盾运动看作宇宙变化的根本规律,以说明万物发展变化的原因。《国语·周语》载:"阳伏而不能出,阴迫而不能蒸,于是有地震。"这里的阴阳用来表示自然界的两种力量,用以解释自然界两种物质存在的对立和相互消长。《史记·孟子荀卿列传》记载战国末期邹衍曰:"乃深观阴阳消息,而作怪迂之变。"这里将阴阳与五行观念相结合,并将其神秘化,成为有浓厚天人感应特色的阴阳五行说。西汉董仲舒论阴阳,用阴阳五行比附人事,提出了天人感应说,建立神学目的论。宋明理学家对阴阳的特性及相互关系做了进一步的说明,发挥了阴阳观念中的辩证法思想。可见,阴阳观念是儒家哲学的基本观念之一,在中国哲学史上具有重要意义。

3. 动静

中国哲学史上的一对重要概念,也是儒家思想体系中关于事物存在方式的重要范畴。动,谓运动。静,谓静止。殷周时代,金文中已多见动静二字,但尚未连用对指。孔子最早将动与静对举,谓"知者动,仁者静"(《论语·雍也》),认为聪明人活动,仁人沉静。此"动"与"静"尚非哲学范畴,不过说明人之好恶秉性而已。《周易》对"动静"有哲学的阐述,贵刚主动,更重视"动"的作用。《周易·系辞传上》曰:"动静有常,刚柔断矣。"《系辞传下》曰:"刚柔相推,变在其中矣。系辞焉而命之,动在其中矣。"又曰:"易无思也,无为也,寂然不动,感而遂通天下之故。"晋代韩康伯注:"刚动而柔止也。动、止得其常体,则刚柔之分著矣。"孔颖达《周易正义》曰:"万物禀于阳气多而为动也,禀于阴气多而为静也。"是以阴阳说解动静,于动于静,无所贵主。三国魏王弼吸收道家贵柔主静的观点，虽调合儒道，实则以静为本，以动为末。周敦颐将动静做了分层次的阐述，指出有"物"之动静，"神"之动静，"诚"之动静，认为"诚"自然寂然不动，是五常之本，百行之源（《通书·动静》）。周敦颐还认为"太极"是"动静"之本原，即《太极图说》曰："太极动而生阳，动极而静，静而生阴。静极复动。一动一静，互为其根。"程颐认为："道者，一阴一阳。动静无端，阴阳无始，……动静相因，而成变化。"（《易说·系辞》）动与静相依相存，互相推移而构成世界的变化。南宋朱熹从维护"理"的角度来解释动静。他认为"太极自是含动静之理"（《朱子语类》卷九十四），动与静并不能从时间的先后上加以划分，"非是动而后有阳，静而后有阴，截然为两段，先有此而后有彼也"（《朱子语类》卷九十四）。

4. 五行

五行指水、火、木、金、土五种物质，是中国古代思想家企图用日常生活中常见的上述五种物质来说明世界万物的起源和多样性的统一的思维模式。较早的资料主要保存在《左传》《国语》《尚书·洪范》等书中。战国时代"五行"说颇为流行，并出现"五行相生相胜"的观点。"相生"意味着相互促进，如"木生火，火生土，土生金、金生水、水生木"等。"相胜"或曰"相克"，意味着互相排斥，如"水胜火，火胜金、金胜木、木胜土，土胜水"等。这些观点具有朴素的唯物论和辩证法因素，对中国古代天文、历学、医学的发展起了一定的作用。但亦被唯心主义思想家神秘化。宋明理学吸收道家关于宇宙生成、万物化生的理论，在解释本体"理"异化为宇宙、万物万事时，五行被作为一种质料，成为理——物的中介之一。《太极图说》中即把五行作为从无极到万物化生进程中的一个环节："阳变阴合，而生水火木金土，五气顺布，四时行焉。"它认为五气便是五行，指出阴阳二气与五行的交感凝合，而生男女、万物，而五行则是凝合成万物的质料。王安石以道或太极为最高哲学范畴，把它视作阴阳二气之统一。阴阳二气变合而生五行，由五行相互作用而产生万物的形状、气质、颜色、声音、味道、性情等。故五行是包括人在内的万物存在的基础，是物质存在的形式，"天播五行于万灵，人固备而有之"（《原过》，《临川先生文集》卷六十九）。

朱熹集理学之大成，构筑了比较完整的"原于理而究于诚"的五行结构说。在由气化生万物的过程中，五行是不可缺少的材料："天地生物，五行独先，何事而非五行，七者滚合，便是生物底材料。"（《周子全书》卷一《太极图说解·集说》）

朱熹或称之为质，"有这质，所以做得物事出来"（《朱子语类》卷一），"天地始初，混沌未分，想只有水火二者，水之滓脚便成地。……火之极清便成风霆雷电日星之属"（《朱子语类》卷一），"盖五星皆是地上木火土金水之气，上结而成"

（《朱子语类》卷二）。天体起源、地质变迁，都是五行之造作，人亦不例外。"只是一个阴阳五行之气，滚在天地中，精英者为人，渣滓者为物。"（《朱子语类》卷十九）朱熹认为在天体人类演化中，阴阳与五行是统一的。"五行虽是质，他又有五行之气，……阴阳二气，截做这五个，不是阴阳外别有五行。"（《朱子语类》卷一）故阴阳二气相摩而成宇宙，即五行构成天地。

5. 乾道成男，坤道成女

最早见于《易传·系辞上》第一章的记载："乾道成男，坤道成女。"此语是说：乾道构成男性，坤道形成女性。乾是天道，坤是地道，男女是人道，这天、地、人是相生相成，是统一的。"有天地然后万物生焉"（《易传·序卦》），乾为阳，坤为阴，阴阳交感而生万物。"天地絪缊，万物化醇。男女构精，万物化生"（《易传·系辞下》），乾父与坤母相结合而生六子。以乾来划分，震、坎、艮皆是阳卦，分别为长男、中男、少男，故说"乾道成男"。以坤来划分，巽、离、兑都是阴卦，分别是长女、中女、少女，故说"坤道成女"。在这里，孔子提出了天、地、人和谐统一的观点。

《太极图说》中的记载是："无极之真，二五之精，妙合而凝。乾道成男，坤道成女。无极之真，太极也。二五之精，阴阳五行之气也。男女者，物之雄雌是也。乾是积极性的道，具有男子性格，坤是消极性的道，具有女子性格。乾，是积极进取之象，因以成男。阴，消极柔致之客，因以成女。阴阳调和，万物肇始。谓以乾道之奋进创造，刚健蓬勃，须以坤道之阴柔以济其极，然后才能收调和之功，生生不息也。"

6. 万物化生

周敦颐关于万物化生的命题。早在《周易·象传》咸卦中有这样的记载："天地感而万物化生，圣人感人心而天下和平，观其所感而天地万物之情可见矣。"咸，感也。咸卦下艮（☶）上兑（☱），艮为少男，兑为少女，少男少女相互感应，《易传》则由此扩展其义，由"男女构精"而推及"万物化生"。《太极图说》中曰："二气交感，化生万物。"二气指阴阳，交感是相互作用的意思。整句话的意思是说，天下万物是由阴阳二气相互作用而生成的。《易说》中写道："五行之生也，各一其性。无极之真，二五之精，妙合而凝，乾道成男，坤道成女。二气交感，化生万物。万物生生而变化无穷焉。"它的意思是说水、火、木、金、土，各有自己的特性。阴阳五行精气的巧妙凝结，形成男、女、雌、雄，有了天下万物。万物繁衍，变化无穷。

太极图阐释

李退溪援引周敦颐的《太极图》自上而下由五图构成。

第一图，即最上一图，以黑细线为一个空白圆圈。

以黑细线为大白圆，代表化生万物的最初本体、宇宙万物所自出，即《太极图说》第一句所说的"无极而太极"。无极是周敦颐宇宙本体论的最高范畴，是一种非感官所能觉察的无形的存在形式，是宇宙的本原。由于无极在图中无法表示，只好以文字说明，在太极前加上无极，表示太极所自出。

对于"无极而太极"历来有许多种不同的训解，其中一种比较有影响的说法是以宋代陆氏兄弟为代表的"无极生太极"；与此针锋相对，朱子解释为"不言无极，则太极同于一物，而不足为万化根本；不言太极，则无极沦于空寂，而不能为万化根本"。应当说，朱子此论就思想深度而言，远远超出了陆氏兄弟；不过这一训解实为朱子本人"理学"太极原理的阐释，远超出了周敦颐的本意。据载，南宋洪迈所修国史周敦颐传录《太极图说》此句作"自无极而为太极"，想必有所本。按这种理解，太极图第一图的"无极而太极"，所阐释的是宇宙从无到有的过程，基本上相当于老子所言的"道生一"或"有生于无"。

第二图，坎离匡廓图。

即黑白三轮图，也叫"阳动阴静图"，左边有"阳动"二字，右边有"阴静"二字。黑白三圈轮廓环抱。象征"太极"动而生阳，静而生阴；一动一静，阴阳交相运行。

具体来说，图中间的小白圆是太极（即第一层大白圆的太极），然后分为左右两个半圆，左半圆为阳、为动，右半圆为阴、为静。两半圆又各有黑白相间、左右相对的半圆三层，白者为阳、为动，黑者为阴、为静。左边两白一黑，说明阳中有阴，动中有静；右边两黑一白，说明阴中有阳，静中有动。太极是阴阳的总括，它通过自身的动静产生出阴阳二气，它的自动是宇宙万物产生发展的根源。

周敦颐《太极图说》云："太极动而生阳；动极而静，静而生阴。静极复动。一动一静，互为其根。分阴分阳，两仪立焉。"可见，此图昭示太极动静化生阴阳两仪。李退溪在此图中用坎离而不用乾坤二卦表示太极生阴阳，当是受了中国汉代象数易的影响。因为坎离二卦的重要性是在汉易中才被大大提高。如汉代后京房之《京氏易传》载："乾坤者，阴阳之根本；坎离者，阴阳之性命。"清代《易纬·乾坤凿度》亦以坎离即月日作为天地阴阳二气交感的动用。此图采用离东坎西的形式来说明太极生两仪，正与东汉魏伯阳《周易参同契》的"坎离匡郭，运毂正轴"图像一致。此外，"阳动"在左、"阴静"在右也与秦汉以来的"阳生于子、阴生于午"的天文历法观念有关。邵雍《先天图》也是如此。《乾凿度》："阳始于亥，形于丑"，"阴始于巳，形于未"。子正位于亥丑之间，午正位于巳未之间；由此可见，李退溪刻意安排此图，当是受了中国汉代象数易学的影响。

第三图，五行交合图，也称"三五至精图"，象征"阳变阴合"而生水、火、木、金、土。

五行交合图由"水、火、木、金、土"五字、六个小圆、十一条长短不一的连接线组成表明阴阳二气的变化产生了五行、四时、万物。同时，《太极图说》对宇宙生成万物的过程又做了逆推表述，即五行是一个阴阳，阴阳即是太极，太极本是无极，这说明了宇宙生成由无极而太极，由太极而阴阳，由阴阳而五行的顺序变化。宇宙的生成由无极发展为五行，表示宇宙由气状阶段进入了有形有质的阶段，五行不仅在共性上有别于二气，而且在个性上也有了相互间的质的不同。

"五行"用五个小圈表示，分居五方，水居右上，火居左上，金居右下，木居左下，土居中央。这里需要说明的是此图五行次序的问题。这里五行次序没有按照传统的北水、南火、东木、西金、中土的次序排列，而是按照《尚书·洪范》所记载的五行次序排列。"水，阴盛，故居右；火，阳盛，故居左；木，阳穉，故次火；金，阴穉，故次水；土，冲气故居中。五行之间自相联系，水生木，木生火，火生土，土生金，金复生水，生生不息，循环往复。"另一种可能的解释是："将木、火列于上圈离下，金、水列于上圈坎下，火是离之象，水是坎之象，《参同契》正是以离或木、火喻汞、丹砂，以坎或金、水喻铅：'金、水合处，木、火为侣，四者混沌，列为龙虎。''龙西虎东，建纬卯西'。"若按此说，此五行顺序亦有对象数易学的借鉴。

代表"五行"的五个小圆圈，即交系于其上的"三轮图"，又自相联系：交系于上，象征阴以阳为根，阳以阴为根；自相联系，象征水生木，木生火，火生土，土生金，金又生水，往复循环不已，正如五气顺布、四时运行。五个小圈下，又有一小圈与金、水、火、木相连，代表阴阳二气、五行密切交合。周敦颐《太极图说》云："阳变阴合，而生水火木金土。五气顺布，四时行焉。"朱熹说："此无极二五（指二气、五行）所以妙合无间也。"

第四图，"乾道成男，坤道成女"图。

"乾道成男，坤道成女"图，图用黑细线为一大白圆表示，象征阴阳、五行之所生成者皆禀"男""女"气质，所以圆圈左侧写"乾道成男"，右侧写"坤道成女"。其意思是，秉承乾道生成之物的气质为"阳"，秉承坤道生成之物的气质为"阴"；两者相合，无非一个"太极"之理。所谓"无极之真，二五之精妙合而疑。乾道成男，坤道成女"。

第五图，"万物化生"图。

"万物化生"图用一大白圆表示，象征通过以上四个程序，便化生出大自然中形态万殊的物体，所以下端题"万物化生"四字。而推究大自然万物的本根，无论大小巨细，也不过一个"太极"而已。用现代语言来表述，就是：任何一种物质，都是自身矛盾（阴阳二气）运动的组合体，就好像是原始的"太极"通过矛盾运动，化生出来的"小太极"，即《太极图说》所云"二气交感，化生万物。万物生生而变化无穷焉"。

第四、第五图都是用大白圆来表示的，综合这两层的意思是说，万物的化生过程，由无极的真气产生了阴阳五行之气，阴阳五行之气又产生了乾坤之道，然后乾坤二气的交感就化生出了万事万物，万物生生不息、分化演变逐渐形成了这个世界。

综上五层图式，从"太极"的阴阳动静到万物化生，层层推进，概括了无极—太极—阴阳—五行—万物生生不息变化无穷的宇宙演变过程，表达了作者对宇宙生成程序的一种推测。

太极图说解

（一）无极太极宇宙论

李退溪的《太极图》以图的形式扩展为一个以"无极而太极"为最高本源的总体宇宙生成图景。同时"无极而太极"也是周敦颐有关宇宙本体论思想的表述。"无极"和"太极"都是指宇宙本体，理学家多以"道"称之。在中国哲学中，"宇宙是一个总括一切的名词。万事万物，所有种种，总合为一，谓之宇宙"。"无极"意谓宇宙本体无穷无际无形无状，无可名状。"太极"指宇宙本体是最根本的实有，是为究竟至极之体。《朱陆太极图说辩》载吴草庐言："道也者，无形无象，无可执着，虽称曰极，而无所谓极也，虽无所谓极，而实为天地万物之极故曰'无极而太极'。""无极"不是指没有任何物质的空无，而是如《朱子论太极图》云"至无之中，乃万物之至有也"。"太极"即是"无极"的另一端"至有"。周敦颐"无极而太极"的本体，即是有和无的最高统一。

周敦颐在《太极图说》中曾论说："五行一阴阳也，阴阳一太极也，太极本无极也。"而在他的《通书》中又对《太极图》所建立的宇宙生成论做了重要的补充。《通书·动静第十六》载："水阴根阳，火阳根阴，五行阴阳，阴阳太极。四时运行，万物终始，混兮辟兮，其无穷兮。"《太极图说》中的最后一端"无极"在《通书》

不再出现。整体考证《通书》文本，正如陆氏兄弟所指出，在《通书》中"未尝于其上加'无极'字"。要解释其所以然，须与《通书·理性命第二十二》章相参详："二气五行，化生万物。五殊二实，二本则一。是万为一，一实万分。万一各正，小大有定。"

从"一实万分"的命题可以明显看出由太极图所建构的一个最高的宇宙本体。"是万为一，一实万分"，宇宙流行大化生生不已而产生的万物，从根本上说都是一"本"或一"实"的分殊。"一实""万分"也就是"本"和"末"。这明显已是本体论的描述。

作为宇宙本体论的"无极而太极"，也具有生成论的含义。作为生成论而言，它是对宇宙的自然演化过程及其历史过程的根源状态的描述和高度浓缩的提升。《太极图说》曰："太极动而生阳，动极而静；静而生阴，静极复动。"在周敦颐看来，太极具有动静两种性能，因动而彰显其生化功能，因静而归于其自身。动静两种性能互为其根，是太极作为宇宙万物的根源的内在规定性。当动静两种性能处于隐伏状态，二者统一于"太极"；当二者进入显发状态，则"太极"便衍生出阴阳二气，由此衍生出金木水火土五行。随着二气五行的运动过程的开展，"二气交感，化生万物。万物生生，而变化无穷焉"。

"无极而太极"既具有本体论之含义，亦具有生成论之含义，这表明周敦颐的思想体系处于由生成论向本体论的过渡阶段。正如余敦康先生所云，"无极而太极"，"这个命题的歧义一方面以浓缩的形式反映了中国传统思想关于本源问题的探讨一直是生成论与本体论纠缠扭结含混不清的历史情况，另一方面也反映了理学开创时期力图从生成论向本体论转化过程中的困惑和目的"。

（二）动静五行观

《太极图说》首句"无极而太极"描述了宇宙从无到有的流变过程，但"无极"既然是"无"，自然也就是"寂然不动"的，那么，如何从"无"中生"有"？

《系辞》说"动静有常"，这个"常"看来就是"一动一静，互为其根。分阴分阳，两仪立焉""动极而静……静极复动"的规律。

"太极"既然是最高的本体，其分阴分阳的运动，又不能来自"无极"这一寂然不动的最高本源的推动，故"太极"运动的原初动力只能来自自身，即"动自非外"。

在《通书·动静第十六》中，周子曾提出："动而无静，静而无动，物也。动而无动，静而无静，神也。动而无动，静而无静，非不动不静也。物则不通，神妙万物。"

这一段发挥了《说卦》中"神也者，妙万物而为言者也"的提法。周敦颐将"神"这一范畴解释为宇宙万物运动的内在本性和变化生生的微妙功能。对于一般事物而言，运动和静止是相互排斥的，运动时没有静止，静止时没有运动。但对"神"来说，静中有动，动中有静。"神"既然是事物运动的内在根源，那么事物即使在静止的状态中"神"依然存在。由于神是生生不息的动源，故不能说是静止的。在事物静止的时候，运动的活力并未止息，所以说"静而无静"。事物运动时，"神"只是提供运动的内在活力，自身并没有可见的形体运动，所以说"动而无动"。在提供"神"这一范畴后，就可以解释"太极"自身之所以能动静的原因："动而生阳，动极而静，静而生阴，静极复动"是由于"太极"内部"神"的推动和统率。

这里的解说借用了《周易》中的古老范畴将问题后退了一步，并没有从根本上解释"太极"运动的问题。因为"神"这一概念不但不可把捉，而且独断论的意味相当浓厚。不过，"神""动而无动，静而无静"的特征对于后世理学影响很大，这一思路也被用来处理各个学理场域的诸多问题。

由阴阳动静变化后再加以分类，便有水火木金土五类，这五类顺序分散于万事万物中，不同的组合有不同的万物，由此而有万物，也有四时，春夏秋冬，代表万物生长变化，及天道在万物之中流行。

"五行一阴阳也，阴阳一太极也，太极本无极也。"

前面的文字是由无极之体，太极之动到阴阳变化，五行运行，万物出现，是由上而下地讲下去。现在由下而上的总结一次，由万物的五行分类开始，分为阴阳二分，再由阴阳统一于太极之中，而太极之动其实即是无极之体。由下而上地说一次。

"五行之生也，各一其性。无极之真，二五之精，妙合而凝。"

由五行而衍生的万事万物，都各有其性，而且是都专一于其性，即万物各有其性，只要能使其性得表现，则是各得其正，所谓各正性命是也。"无极之真"是指无极之体其实就是真实无妄之诚体。"二五之精"中"二"是阴阳，"五"是五行，阴阳五行的变化精微神妙的意思。"妙合而凝"是阴阳五行得到神妙的结合而凝聚成万事万物的意思。

"乾道成男，坤道成女。二气交感，化生万物，万物生生而变化无穷焉。"

乾坤代表天地，男女代表雌雄，其实都是阴阳变化的代表符号，由此而生化成万物。

（三）立人极的心性论

在"太极""动静"等天道问题解决之后，由此过渡到人事，致力于为"立人极"提供一个本体上的依据。《太极图说》载："惟人也得其秀而最灵。形既生矣，神发知矣，五性感动而善恶分，万事出矣。圣人定之以中正仁义，而主静（自注：无欲故静），立人极焉。"由此可以看出，这是周敦颐在论述了宇宙生成论之后而彰显其文章主旨之辞，其接下来所述则是对此"立人极"主旨的进一步说明。《太极图说》建构的宇宙生成论，并非周敦颐哲学的最终目标，而只是"立人极"的铺垫。

"人极"一词，"虽因周子而闻名，但非周子所始创。《文中子·述史》已有人极之说：'仰以观天文，俯以察地理，中以建人极。'文中子之说显然是由《周易·说卦传》中'三才'之说转手而来。"①此一说法与《易传·说卦》之"人道"一词意义相同。《易传·说卦》说道："立天之道，曰阴与阳。立地之道，曰柔与刚。立人之道，曰仁与义。"道，就是道理、原理之意。极，即是极则，最高准则之意，"人极是指为人的最高准则"②。但在《易传》中，天道、地道与人道三者并列而立，甚至高于人道，人道之地位并未凸显。周敦颐所倡"立人极"，凸显人道，无疑使得"人极"一词得以闻名，但也使得"人极"一词富有更新的内涵。

"立人极"与上文"万物生生，而变化无穷焉"相联系，自然表明人亦是此生生不息大化流行的宇宙的产物之一，亦是"太极"本体的展开。另一方面，"惟人也，得其秀而最灵"表明人是禀阴阳五行之灵秀而成，具有思维能力，更有万物不备的善恶观念。此段中突出了人之特殊处在于道德品性，并以此作为"人极"的标志，从而强调人当以"中正仁义"作为尺度，以"主静无欲"的方法进行修养。

"大哉乾元，万物资始""一阴一阳之谓道"从天道言起。人与万物所处其中的充满着益然生意的宇宙之生生化化而无计度造作，正是其纯粹至善的表现。《易传》言"天地之大德曰生"这一"大德"就是作为宇宙最高本体"太极""乾元"无计度造作、真实无妄的"诚"性，当然也是宇宙万有所禀"诚"性的根源，即"诚之源"。在本体论的架构内，人和万物都是"太极"本体的展开，因而在"阴阳之道""乾道变化"化生万物的过程中，人自然而然地禀受"太极"所具有的"诚"性。这就是"乾道变化，各正性命""诚斯立焉"。当然，"继之者善也"，只

---

① 韦政通：《中国哲学辞典》，台北：水牛出版社（世界图书出版公司北京公司重印）1993年版，第19页。

② 韦政通：《中国哲学辞典》，台北：水牛出版社（世界图书出版公司北京公司重印）1993年版，第19页。

是说明"乾元"作为"诚"之源为人之所以为善的道德提供了本体和学理上的来源，并不意味着人现实地都具有"诚"的品格，关键还在于"成性"。"诚"与《论语》的"为仁由己"一样更加用意于挺显道德修养和成就的主体性原则：来源于本体的"善"必须通过"诚"的主体活动才能凝结转化为"性"。周敦颐曾借用《周易》中的"元、亨、利、贞"四德，将之解释为人禀受"乾元""太极"之诚而"继善成性"的全过程。

作为品格的"诚"，只是"太极"或"乾元"的一个最重要的性质。理学家通过一番论证，为天道性命之学奠定了一个坚实的理论基础。而理学家言性命必上溯天道，言天道必落实于性命，而以诚这个范畴作为沟通天道与性命的中心环节。

（四）修养功夫论

周敦颐在其所著的《通书》或称《易通》中，发挥《学》《庸》的观点，对孔子后学提出的"诚"极为推崇，多加阐论。"诚"在《通书》中是首出的概念，《通书》开始两章便是讲"诚"，这是《太极图说》中所没有的，但却是《通书》的核心内容之一。他说："诚者，圣人之本。'大哉乾元，万物资始'，诚之源也。'乾道变化，各正性命'，诚斯立焉。纯粹至善者也。故曰：'一阴一阳之谓道，继之者善也，成之者性也'。元亨，诚之通；利贞，诚之复。大哉《易》也，性命之源乎。"[①]此是借《易传》讲诚与天道的一致性。刘宗周解释说："'乾元亨利贞'，乾，天道也。诚者，天之道也，四德之本也。"（《宋元学案·濂溪学案上》）。从周氏说法的渊源和其实际含义来看，刘宗周说的都对。周敦颐这里要讲的主题也就是人道源于天道，诚是天道，也是人道"五常之本，百行之源也"[②]。从本质上讲，周氏所说的诚，实际与其于《太极图说》中讲的太极是同体的。就道德起源的意义说，都是讲人道源于天道的。

由此可以说，在易学—理学体系中，"诚"被上升到最高本体的高度。"诚"既然担负着贯通天道人道的重任，那它具有什么样的内涵呢？首先，"诚"是天地万物包括人类道德情感的总根源。《周易》以"一阴一阳之谓道"的"性命之理"来统摄和支配天地人，人作为部分隶属于宇宙的整体。在宇宙的内部机制上，乾健是统率，坤顺是从属，动而生阳，静而生阴，协调并济，共同构成天人整体的和谐。由于人继承了天道的阴阳，因而具有了本源意义上的善，作为乾之四德的元、亨、利、贞也就具有了伦理上的价值属性，打上了"诚"的烙印。在这个意义上，作为永恒的道德本体的"诚"相当于康德的"善良意志"，是至高无上的，

---

① （宋）周敦颐：《周子通书》，上海：上海古籍出版社 2000 年版，第 38 页。
② （宋）周敦颐：《周子通书》，上海：上海古籍出版社 2000 年版，第 32 页。

是无限和超时空的，无他律与外力约束。其次，"诚"是生生不息的。宇宙是一个生生不已、大化流行的实在，在生成过程上，表现为元、亨、利、贞四德，元是万物之始，亨是万物之长，利是万物之遂，贞是万物之成。"诚"向现实行为和过程的转化是自因的。天道之"诚"化生万物，万物又不断运动、变化和发展。"诚"是单纯地为诚而诚，无目的而合目的性，无功利而有益于世，无为而无不为，由此构成"纯粹至善"。最后，"诚"还是人性的基本规定。在周敦颐看来，"一阴一阳"之气所显示的就是天道，而天道就是诚。诚作为本体，贯通天人，所以诚总是落实到气上，"诚之者性也"。如果不落实到气上，那么儒家在道德领域所提倡的"为仁由己"就成为空谈。由此，性是宇宙之诚在人身上的体现。性即"诚"既体现了宇宙的原则，又蕴含着做人成圣的范式。

在以贯通天人为"立人极"确立了终极依据之后，理学家详细讨论了"立人极"的方法。由此由本体论过渡到工夫论。"诚无为，几善恶。"[1]"寂然不动者，诚也。感而遂通者，神也。动而未形，有无之间者，几也。诚精故明，神应故妙，几微故幽。诚、神、几，曰圣人。"[2]圣人以无思为本，以思通为用，与天地合德，所以诚无不立，几无不明，德无不备，感而遂通，合乎仁义中正之道。要达到圣人的修养境界，就要在一念初动、善恶未著之际，见几通微，戒惧谨慎，固守中道，执着保持。

"几"是《周易》中一个重要的概念。《系辞》云："几者，动之微，吉之先见者也。"又云："夫《易》，圣人之所以极深而研几也。唯深也，故能通天下之志；唯几也，故能成天下之务。"可见，"几"的本义是客观事物阴阳变化萌发的微妙苗头，把握住这一吉凶的先兆，就能够开物成务，建立事功。周敦颐也反复强调"几"这个范畴，并把"几"进而解释为心性变化的苗头、善恶之分的先兆，介于已发未发之间。"诚"为静，"诚"必发而为"几"，几为动，动而正为善，动而邪为恶，因而善恶之分（正邪之分）。周子创造性地改造了这一范畴，并将之内在化，作为心性萌发而尚未显著的苗头，从而建立了一系列的心性概念。

"寂然不动者，诚也；感而遂通者，神也"亦源自《系辞》"寂然不动，感而遂通天下之故"一句。《通书》此句不易解。一种理解是，"诚"作为"太极"最重要的性质和整个宇宙生生化化"大德"的源头，当然是无所变更的；而"太极"的运动是凭借自身内部"神"的推动，故称"感而遂通"。其实根据"诚无为，几善恶"可知，此句所言的"诚"和"神"已不是在本体层面上指称"太极"性质

---

① （宋）周敦颐：《周子通书》，上海：上海古籍出版社 2000 年版，第 32 页。
② （宋）周敦颐：《周子通书》，上海：上海古籍出版社 2000 年版，第 33 页。

和内在动能。因为，"太极"为纯粹至善者，而"动而未形、有无之间"的"几"若是在太极层面上说，不可能有所谓"善恶"的判分。再结合下文"诚、神、几，曰圣人"考量便可知，此一句在人心上说。根据"一实万分"的命题，人本性都是导源于"太极"，故"诚"和"神"亦落实在人道上。前者是人先天的道德品质；后者则是策动人心性和行为活动的思维功能。按此理解，"几"则是人思维和心理活动刚刚萌发而尚未明显的苗头。人在没有思虑萌发的时候秉持着先天的"诚"性，无所谓善恶；而一旦思虑产生，就已经有善恶的分别。这就是"诚无为，几善恶"。《太极图说》中"形既生矣，神发知矣，五性感动而善恶分，万事出矣"之义盖与此同。

既然思虑初动已有善恶之分，恶在一念之际，"故君子慎动"。此外，更要有对"几"深刻洞察的"思"的工夫。

《洪范》曰："思曰睿，睿作圣。"无思，本也；思通，用也。几动于此，诚动于彼，无思而无不通，为圣人。不思，则不能通微；不睿，则不能无不通。是则无不通生于通微，通微生于思。故思者，圣功之本，而吉凶之几也。《易》曰："君子见几而作，不俟终日。"又曰："知几，其神乎！"①

只有以"思"审辨"几"中所藏的善恶端倪，为善去恶，"见几而作"，久之，"几"无不善，每一思虑都自然而然地契应天道之"诚"，也就达到了"无思而无不通"的圣人之境，即所谓"诚精故明，神应故妙，几微故幽。诚、神、几，曰圣人"②。所以周敦颐又强调"静""无思"和"无欲"。

周敦颐这种主静、无欲的思维方式，既是对孟子"寡欲"和荀子"虚壹而静"及《易传·系辞上》"寂然不动"的继承，又是在当时对佛道修为方式的借鉴。如此种种，无非是为了达到与天地自然相通的"无我境界"，也就是真正践履"诚"的奥义。这从侧面反映出对"几"把握的重要性。

（五）天人合一的境界论

《太极图说》最后指出："故圣人与天地合其德，日月合其明，四时合其序，鬼神合其吉凶。君子修之吉，小人悖之凶。故曰：'立天之道，曰阴与阳。立地之道，曰柔与刚。立人之道，曰仁与义。'又曰：'原始反终，故知死生之说。'大哉易也，斯之至矣！"

引用《说卦》作结，凸现了其整个思想体系的易学渊源。天、地、人三才之道所透显的天人合一不但是《周易》一以贯之的精神，也是理学思想体系的总体

①　（宋）周敦颐：《周子通书》，上海：上海古籍出版社2000年版，第35页。
②　（宋）周敦颐：《周子通书》，上海：上海古籍出版社2000年版，第33页。

理路。

《系辞》言"生生之谓易","天地之大德曰生"。从这一宇宙视域出发就会发觉，现实世界的富贵远远不是君子所追求的终极目标，唯有对"道"有真切生命体认的人才享有最宝贵的财富。

> 颜子一箪食，一瓢饮，在陋巷，人不堪其忧，而不改其乐。夫富贵，人所爱也，颜子不爱不求而乐乎贫者，独何心哉？天地间有至贵至富、可爱可求而异乎彼者，见其大而忘其小焉尔。见其大则心泰，心泰则无不足，无不足则富贵贫贱，处之一也。处之一则能化而齐，故颜子亚圣。（《颜子第二十三》）

> 君子以道充为贵，身安为富，故常泰，无不足，而铢视轩冕，尘视金玉。其重无加焉尔。（《富贵第三十三》）

可见，"颜子之乐"是因自我生命之原发舒展获得的一种充实的和乐。它不同于对象性的审美愉悦，而是一种很高的精神境，乃至生命境界。

从总的分析来看，李退溪依据易学中的问题，通过对周敦颐太极图的解释，建立本体论学说。而退溪的本体论，偏重在人性论方面，他曾提出《天命新图说》，也是对朱熹说的阐发，其不同于朱熹者有：理能生气，太极能动静，在人性中理气相互发用，以体用关系为实体和运动的关系。这些不同，也是他在反对气本论和心本论的争论中坚持道器、理气之分而形成的。其中有些观点，未必符合理本论的思维路线，但其目的是为其性理之学即道德形上学提供理论依据，使他成了韩国儒学史上传播朱子学的代表人物。由于他的易学哲学强调道德实践的价值，其性理学又为李氏朝鲜的理学向实学转变开辟了道路。

第二　西铭图

概　述

　　"铭"，是古代刻在器皿上（多见于青铜器、墓碑、石等载体上）用来警诫自己或者称功德的文字，后来成为一种文体。这种文体一般是用韵的，内容大多数简短，特别是刻于器物上申鉴戒的铭文。铭文常由生活中一些小事上升到对生活的哲理性认识，言简意赅，雅俗共赏。文字短小精悍却构思精巧，内容朴素而义理深邃，形式活泼且易诵易记，对我们观察生活、思考生活、表现生活有很大的启示，很值得我们反复阅读、玩味。铭不仅是古文字研究的内容，而且有着十分重要的史料价值，对历史研究意义重大。多记载当时君主的功过以及当时社会的方面如交易、律法、祭祀等。

　　所谓《西铭》，与《东铭》相对而言，为北宋著名的思想家张载的两篇文章。张载退居横渠讲学时，尝于学堂双牖书写文章，东面为《砭愚》，西面为《订顽》，皆为改善顽愚者的意思。后程颐为避免引起争端，改曰《东铭》与《西铭》，即取其东西双牖格言之意。故《宋元学案》也以《东铭》和《西铭》称呼此两篇文章。张载的学生将此二文合并收入《正蒙》中，并取其首二字称谓《乾称》篇。

　　《西铭》可以说是张载的思想纲要，集中表达了他"关学"思想的最高理想境界。《西铭》将行"孝"实践哲理化，将宗法制平民化，以儒为本，复古明道，阐扬性理的"民胞物与"境界对于个体来说能安顿自我人生、一精神天地，对群体而言能安顿国计民生、社会家园，所倡导生存观给予了社会伦理道德以维系与温润。《西铭》伦理思想展现了"民胞物与""仁民爱物"的人生关怀与"亲亲而仁民，仁民而爱物"的淑世精神，昭示了一代新学说穷理明性的精神风范，为儒家建构了一个终极关怀体系，为中国人建立了一个精神家园，有着巨大的研究价值。

　　后世思想家《西铭》都有不同的阐释。与张载同时代的程颢、程颐对张载是极为推崇的，对《西铭》更是推崇备至，赞誉有加，认为是张载写得最精粹的文章，书中的"造道之言"，能使人产生急切完善自己的心情，具有激励督导之功效。程颢、程颐认为《西铭》提出了天人一体的伦理观，从而为事君事亲的伦理纲常找到了宇宙论上的根据，把事君事亲的关系与天人之间的自然关系等同起来，宣传事君事亲是人对宇宙所应该承担的责任和义务。程颢认为，《西铭》的纲要，就是"仁孝之理"，只有须臾不离仁与孝的道理，才不会做出不仁不孝之事，在程颢看来，仁与孝是为了体现仁孝之理的。程颢把《西铭》中伦理思想赋以宇宙论上"理"的意义，在其著名代表作《识仁篇》中所阐述的仁者与万物同体之意，其与《西铭》的"民胞物与"有极相似之处，程颢的《识仁篇》中的"仁"是一种人与万物为一体的精神境界，个体与宇宙万物是息息相关的整体，宇宙的每一个部分与自己都有着直接的联系，甚至就是自己的一部分，而《西铭》的"民胞物与"所展示的所有个体对于宇宙大家庭来说都是不可缺少的，人作为这个大家庭的成员，应该担负一个成员的责任和义务。

程颐则进一步把《西铭》的思想概括为"理一分殊"，认为《西铭》既讲"老幼及人"，即"尊高年，所以长其长；慈孤幼，所以幼其幼的'理一'"，又讲君臣父子，尊卑贵贱，各有分殊。只有根据《西铭》的在爱有差等中讲爱人，才能防止如墨子那样只讲"无别"而使兼爱流行，或只讲"分殊"而使私欲泛滥的片面性，从而体现"仁"的精神。《西铭》用自然哲学上的亲疏远近，决定人伦物理上的亲疏远近，程颢、程颐称前者为"天理"，后者为"天理"的体现，以事君事亲为主要内容的爱有差等，正是体现了天理自然，这是张载与程颢、程颐在伦理观上的相同之处。

朱熹是闽学的创始人，闽学虽是洛学续传，但也受到了关学的影响。他注释了《正蒙》，在其与吕祖谦合编的《近思录》中，他表彰周敦颐、程颢、程颐和张载，在该书中，他多次采用张载的论述，涉及气论、性论、穷理等方面。朱熹发表了《西铭解义》，在程门后学、续传中，朱熹是第一个为《西铭》做系统解说的人。朱熹与程颢、程颐一样特别推重《西铭》，他借《西铭》发挥其"理一分殊"之理，他认为宇宙发生的过程就是"理一分殊"的过程。从"理一"方面来看，天地之间，只有一个"理"，这个"理"又分为万事万物之理、万事万物存在的根据，本体是其自身中的"理"，这是由"理一"而推至分殊，是从上而下的。从"分殊"来看，万事万物的参差不齐都只是"理"的作用，这是从"分殊"而推至"理一"，是从下而上。对于"理一"与"分殊"的关系，可以用其著名的"月映万川"比喻之说来说明："一理"犹如空中月，万事万物之理，犹如月亮照在江湖之上，万事万物之理归于"一理"犹如江湖中的月是空中一月的映现。朱熹认为"理一分殊"包含有伦理纲常的道理，在这点上，他赞成程颢、程颐认为《西铭》

是儒家"爱有差等"的体现，他认为，天地是父母，人与万物是其中的子女，同样得到天地之气为体，天地之理为性，人与万物相同的，所以是"理一"。而人与物不同类，虽然说天下一家，但爱有差等，这就是分殊，也就是孟子所说的"亲亲而仁民，仁民而爱物"。

明末清初的王夫之对《西铭》做如此评价："乾坤为父母，人物之胥生，生于天地之德也固然也。尽敬以事父，则可以事天者在是：尽爱以事母，则可以事地者在是；守身以事亲，则所以存心养性而事天者在是。人与之天，理气一也，而'继之者善，成之者性'，谁继天而善吾生？谁成我而使有性？则父母之谓矣。张子此篇补天人相继之理，以孝道尽穷神知化之致，而尽致中和以位天地、育万物之大用，而辟佛、老之邪迷，挽人心之横流，真孟子以后所未有也。"他认为《西铭》以乾坤之性情与父母相比，是为了让人们明了人之"善性"本原于天地。对于乾坤之德，人们应该以"穷神知化"的工夫如孝敬父母一样去孝养它。天人关系是相继的，知晓天人相继之理后，人们即可以认识人性，成全人性。

冯友兰在《中国哲学史》中对张载《西铭》思想进行了的研究。该书第十二章"张横渠及程颢、程颐"分七个小节论述张载的思想，其中引用《西铭》全文，从"民胞物与"的宇宙观，存顺没宁的人生观等两个方面阐发其内容。冯友兰对《西铭》极为重视，后来也多次讲到《西铭》。在其著作《新原人》中，他提出《西铭》讲的是一种"事天"的精神境界，这种精神境界是道德境界与天地境界的统一，《西铭》所讲的是一种精神境界，也是一种生活方式。他说："张横渠《西铭》，即是从事天的观点，以看人道德底行为。""尽人职尽人伦底事，是道德底事。但天民行之，这种事对于他又有超道德底意义。……此篇的真正底好处，在其从事天底观点，以看道德底事。如此看，则道德底事，又有一种超道德底意义。"冯友兰认为《西铭》明确了人在宇宙中的地位，认为宇宙好比一个大家庭，乾坤是其中的父母，人好比其中的儿女，作为这个大家庭的成员，人应该担负一个成员的责任与义务。人与万物都是同一个乾坤父母所生，由此观念出发，便可得出"民胞物与"的结论。

张岱年《张载——十一世纪中国唯物主义哲学家》一书印行，在大陆首开1949年后张载研究的先河。此后，1959年，侯外庐主编《中国思想通史》第四卷上册专设《关学学风与张载的哲学思想》一章，重开1949年后关学学派研究之先例。在该章第四节中全文引用《西铭》，并进行了较为详细的剖析。他认为："张载这篇文字的中心主旨正在于把事君事亲的封建关系与天人之间的关系等同起来，为封建的法律虚构提供了哲学的先验的根据。"

进入20世纪80年代，先后有李泽厚《宋明理学片论》（1982年），姜国柱《张载的哲学思想》（1982 年），侯外庐、邱汉生、张岂之主编《宋明理学史》（1984 年），张立文《宋明理学研究》（1985 年），陈俊民《张载哲学思想及关学学派》（1986 年），冯友兰《中国哲学史新编》第五册（1988 年）等一批宋明理学史及张载专题研究论著发表，都涉及对《西铭》的理学地位、理学旨趣、创现的理想境界三节的讨论，对《西铭》思想的阐发越加详尽深入。冯友兰提出《西铭》讲的是一种天地境界。姜国柱先生认为《西铭》是"关于爱和孝道的伦理道德学说，只是进一步论证圣人、大人统治的合理性，要求凡人、小人安贫乐道，死而无怨。这就为君权神授提供了理论根据"。他认为《西铭》是关于爱和孝的伦理道德学说，为封建统治阶级的伦理道德和统治秩序提供一套形而上学的理论依据。张载写作《西铭》的动机是出于现实的政治考虑。

20 世纪 90 年代至今，先后有陈来《宋明理学》（1991 年）、朱汉民《宋明理学通论——一种文化的论释》（2000 年）以及丁为祥《虚气相即——张载哲学体系及其定位》（2000 年）等宋明理学史及张载研究专著问世。他们在辨析《西铭》本意的基础上，将关注点投射到《西铭》所论及的"天人合一""民胞物与"的精神境界，认为这才是《西铭》的主旨大意。如陈来认为："《西铭》是要解决如何从个人的角度来看宇宙，然后运用这种对宇宙的观点来看待个人与社会生活。"

《西铭》与张载

张载（1020—1077 年）字子厚，是北宋时期一位著名的思想家，是宋明理学的奠基者之一，他的哲学思想在我国哲学发展史上占有重要的地位，对以后的哲学发展产生了很大的影响。张载因为家住在陕西眉县横渠镇，并曾在此讲学，所以学者称其为"横渠先生"，其弟子大多是关中人，故创立的学派被后人称为"关学"。

张载的家族，原先世居大梁，祖父张复在宋真宗时任给事中，父亲张迪在宋仁宗时任殿中丞、知涪州事，都是中小官吏。张迪在涪州任上病故。此时，张载与弟张戬均尚年幼，无力返回老家大梁，因此，全家人便侨居在眉县横渠镇。张载自幼聪颖，积极向学，颇有大志。时值西夏常常侵扰北宋边境，北宋与西夏议和，每年向西夏纳大量"岁币"，大大增加了民众的负担，以致造成内忧外患、"积贫积弱"的局面，这对少年时代的张载带来很大的刺激。故张载向焦寅学习兵法，以至后来想组织兵力对西夏作战，收复失地，解除西夏对边境的侵扰，因此《宋史》说张载"少喜谈兵，至放结客取洮西之地"①。青年时，张载曾上书谒范仲淹，建议对边境用兵，范仲淹对张载颇有赞赏，劝其读《中庸》，研读儒学。张载听从劝告，苦读《中庸》，并不满足，又遍访诸释老，累年究极其说而无所得，终反而求之六经。张载经过艰苦曲折的探究，上下求索，并在横渠镇授徒讲学，最终建立起自己的思想体系，创立"关学"。

张载一生，发奋读书，关系边事，注重民隐，精于致思，勤于著述，著作丰富，思想宏大。他著有《正蒙》《横渠易说》《经学理窟》《性理拾遗》《张子语录》等书。

《正蒙》是张载最为重要的一部著作，也是中国古代哲学发展史上的一部经典著作，集中体现了张载毕生的哲学思想。《正蒙》取之于《周易·蒙卦·象》"蒙以养正"之义而作书名。王夫之说："谓之'正蒙'者，养蒙以圣功之正也。圣功久矣大矣，而正之性其始，蒙者知之始也。孟子曰：'始条理者，智之事也。'其始不正，未有能成章而达者也。"②"养蒙以是为圣功之所自定，而邪说之淫盅不足以乱之矣，故曰《正蒙》也。"③"正蒙"就是订正愚顽蒙昧，启蒙以致圣功，使人始终皆正不邪的意思。所以朱熹说："蒙者，蒙昧未明之谓；正者，订正之也。"张载的弟子们对《正蒙》一书非常尊崇，奉为儒家的经典著作，关中学者尊信之与《论语》《孟子》相等。后世学者对《正蒙》多有注释阐发，推崇服膺。

《横渠易说》是张载对《周易》一书的注解，《周易》作为六经之一，对其思想体系的构建产生了极重要的影响，颇受张载重视。《横渠易说》与《正蒙》构成了张载哲学思想的核心。《经学理窟》《性理拾遗》体现了张载的人性伦理思想，《张子语录》集中记载了张载毕生的讲学记录。中华书局1978年出版的《张载集》收录了张载的著作，比较完整，收集资料较为丰富，是研究张载思想的主要材料。

张载毕生致力于讲学，思想博大精深，涵盖了哲学、政治、教育、伦理等多个方面，形成自己独特的思想体系。

（一）"太虚即气"

具有很强的哲学思辨特色的佛、道哲学体系都是以本体论为基础的，作为新儒家的理学思想，为了与佛、道相抗衡，就必须弥补原始儒家在本体论上之不足，首先建立自己的本体论哲学。在中国哲学史中，所谓本体论是指探究天地万物产生、存在、发展变化根本原因的学说，张载首先从本体论入手，为理学的发展做

---

① （元）脱脱：《宋史·张载传》，北京：中华书局，1977年版，第12723页。
② 王夫子：《张子正蒙注·序论》，北京：中华书局，1975年版，第1页。
③ 王夫子：《张子正蒙注·序论》，北京：中华书局，1975年版，第4页。

出奠基。

张载第一次在哲学意义上明确提出"气"的概念，并以气为天地万物的共同本原。他认为："凡可状，皆有也；凡有，皆象也；凡象，皆气也。"①就是说宇宙中的一切现象，大到苍茫天空，变化莫测的风霜雨雪、山脉河流，小至飞鸟游鱼、花草树木等，都是"气"的不同表现形态。张载对"气"这一哲学范畴是这样规定的："所谓气者，非待其蒸郁凝聚，接于目而后知之；苟健、顺、动、止、浩然、湛然之得言，皆可名之象尔。然则象若非气，指何为象？"②在他看来，蒸发蓄积的气态物质是气，凝结聚合的固态物质是气，即使浩然（广袤无边）、湛然（深远无际）的无形质可见的虚空也还是气，"气"实际上成为张载概括一切客观实在的哲学范畴。

张载以"气"论为基点，引进了"太虚"范畴，"太虚无形，气之本体，其聚其散，变化之客形尔"③即是说气的原始状态是无形可见的，它的外延无限大，内涵无限小，"气无内外"④，从而构成气的至虚的本性，故而名为"太虚"。正是这种"太虚之气"才是"气之体"，是世界的本原，而其他的一切变化都只是太虚之气的暂时状态即"客形"。所谓"太虚即气"，是指气的原始状态，而与气的形化状态相区别。可见有形可见之"气"与无形可见之"太虚"的关系，实质上是气的两种不同表现形态之间的关系。张载说："太虚不能无气，气不能不聚而为万物，万物不能不散而为太虚。"⑤世界万物统一于气，气有聚散而无生灭，气聚则有形可见，气散则无形不可见，太虚无形无状，但并不是空无所有，因此"知太虚即气，则无无"⑥。

在此基础上，张载借"气""太虚"对"天道"做了介说："由太虚，有天之名；由气化，有道之名。"⑦由于有"太虚"，才有了"天"的名称，有了阴阳二气规律性的变化运动，才有了"道"的名称，故"天道"就是"太虚之气"的运动流行。

（二）"一物两体"

张载指出，气处于永恒的运动（气化）中，"气怏然太虚，升降飞扬，未尝止

---

① 张载：《张载集·正蒙·乾称篇》，北京：中华书局，1978年版，第63页。
② 张载：《张载集·正蒙·神化篇》，北京：中华书局，1978年版，第16页。
③ 张载：《张载集·正蒙·太和篇》，北京：中华书局，1978年版，第7页。
④ 张载：《张载集·正蒙·诚明篇》，北京：中华书局，1978年版，第21页。
⑤ 张载：《张载集·正蒙·太和篇》，北京：中华书局，1978年版，第7页。
⑥ 张载：《张载集·正蒙·太和篇》，北京：中华书局，1978年版，第8页。
⑦ 张载：《张载集·正蒙·太和篇》，北京：中华书局，1978年版，第9页。

息"。① 气的这种神妙莫测的变化本性，被张载称为"神"。他说："惟神为能变化，以其一天下之动也。人能知变化之道，其必知神之为也。"② 他还认为，气化的原因在于气本身包含有互相吸引、互相排斥的两个方面，"气有阴阳，推行有渐为化，合一不测为神"。③ 在张载看来，由气所构成的任何事物都是阴阳矛盾对立的统一体，如果没有对立，事物就不成其为事物。"物无孤立之理，非同异、屈伸、终始以发明之，则虽物非物也。"④ 张载还把整个宇宙内部的对立和宇宙中任何一个具体事物内部的对立概括为"两"，把他们各自内部的统一概括为"一"。他说："一物两体，气也；一故神（自注：两在故不则），两故化（自注：推行于一），此天之所以参也。"⑤"两不立则一不可见。一不可见则两之用息。"⑥ 这里是就整个宇宙的对立统一而形成的运动变化而说的。所谓"一物"，指统一的宇宙"太虚"；"两体"也称"两端"，指虚实、动静、聚散、清浊等矛盾对立，正因为有这种对立，才发生变化（两故化），这种变化是复杂不定的（两在故不测），而这种变化的趋势则是"推行于一"。天之所以为"参"，正因为它是包括内在矛盾（两体）的统一整体（一物）。

总之，张载强调"两"与"一"的互相依存、互相联系、反对割裂"两""一"，推测到这种既有"两"又有"一"的关系是事物变化发展的推动力。这种"一物两体""一故神两故化"的学说，丰富和发展了古代朴素辩证法思想。

（三）"天人合一"

在天人关系上张载提出了"天人合一"的思想。他说："均生死，一天人，唯知昼夜，通阴阳，体之不二。"⑦ 天即太虚，即气，人为气中一物，生死均是气的聚散，天与人、生与死均统一于阴阳交感，这是张载运用"太虚即气"思想对天人关系做出了新的阐释。张载接着说："天人不须强分，《易》言天道，则与人事一滚论之，若分别则是薄乎云尔。"⑧ 对天道的认识和遵循，需要通过尽人事、充分发挥人的才智来展现出来，以达到人合于天。

"人道"如何能彰显"天道"，张载引《中庸》中"诚"的观念来予以阐释。

---

① 张载：《张载集·正蒙·太和篇》，北京：中华书局，1978 年版，第 8 页。
② 张载：《张载集·正蒙·神化篇》，北京：中华书局，1978 年版，第 18 页。
③ 张载：《张载集·正蒙·神化篇》，北京：中华书局，1978 年版，第 16 页。
④ 张载：《张载集·正蒙·动物篇》，北京：中华书局，1978 年版，第 19 页。
⑤ 张载：《张载集·正蒙·参两篇》，北京：中华书局，1978 年版，第 10 页。
⑥ 张载：《张载集·正蒙·太和篇》，北京：中华书局，1978 年版，第 9 页。
⑦ 张载：《张载集·正蒙·乾称篇》，北京：中华书局，1978 年版，第 64 页。
⑧ 张载：《张载集·横渠易说·系辞下》，北京：中华书局，1978 年版，第 232 页。

他说："诚则实也，太虚者天之实也，万物取足于太虚，人亦出于太虚，太虚者心之实也。""诚"即实，发源于太虚，而天地万物和人都由"太虚"而禀受"诚"的品格。又说："至诚，天性也。"①至诚乃天的本性，人禀受了"诚"的品格，不断以"诚"来修身养性，最终达到至诚的境界，以彰显天道，实现"天人合一"。

（四）"天地之性"与"气质之性"

张载从"气一元论"的宇宙观出发来说明人性，认为宇宙中的事物是由气所构成的，人也是由气凝聚而成的。因为气有阴阳、清浊之别，因此便产生了万殊不一的人和物，气的本性就是人和物的本性。由此张载将人性分为"天地之性"和"气质之性"。他说："形而后有气质之性，善反之则天地之性存焉。"②张载认为，人的天地之性与气质之性都是根源于气的，但二者各自在根源上又有区别。天地之性根源于太虚之气，而气质之性则根源于各自禀受到的阴阳之气。由于人所禀之气各不相同，故气质之性是人人各异的，这种性，实际上是人在性格、智力、品德等方面的特殊性。天地之性清澈纯一而无不善，它通天道，体万物，是人先天具有的能力，是长期不变的；而气质之性是有形体之后才有的，它驳杂不纯是有善有恶的，可变的，是人的各种欲望和不善的根源。人性既然是由天地之性与气质之性所组成的，先天具有的天地之性纯善无恶，后天的气质之性有善有恶，那么一般的人性必然是善恶相混的；气质之性既然是可以变化的，因此，人人可以通过"变化气质"的道德修养工夫，恢复先天的善性。这就是张载人性学说的结论。

张载的人性论是对前人人性学说全面的批判性总结，他意识到人性有一般与特殊之别，这是一个重要贡献，从而开创了人性学说的新阶段。南宋著名理学家朱熹曾高度评价张载的人性说，认为它大有功于"圣门"。这种由张载所创始，后来又经程颐、朱熹加工改造的人性论，成为宋明理学中占统治地位的人性学说。

（五）伦理道德论

以"变化气质"的人性论为基础，张载又进一步阐明了自己的伦理道德学说。张载强调进行道德修养必须"变化气质""通蔽开塞"。他认为，人"蔽有厚薄，故有智愚之别。塞者牢不可开，厚者可以开，而开之也难，薄者开之也易，开则达于天道，与圣人一"③。"蔽""塞"指人的私欲，而私欲又有厚薄程度的不同，只

---

①　张载：《张载集·正蒙·乾称篇》，北京：中华书局，1978 年版，第 63 页。
②　张载：《张载集·正蒙·诚明篇》，北京：中华书局，1978 年版，第 23 页。
③　张载：《张载集·性理拾遗》，北京：中华书局，1978 年版，第 374 页。

有通过克己的工夫，去除蔽、塞，才能"存理""成性"，成为道德完美的圣贤。张载还特别强调"躬行礼仪"的道德实践。他指出，世上有一种人由于对天道"日用而不知"，即缺乏道德自觉，因此，他们"终身由之，只是俗事"，与道德实践是绝缘的，要改变这种状况，就必须"躬行礼仪"。张载所说的"礼仪""不害仁"，要求人都应当像古代尧舜禹诸圣贤那样去事亲、敬亲、以示永不忘本。张载把进行道德修养的过程划分为学者、大人（贤人）、圣人三个阶段，通过这三个阶段来体现人性的不断完善和自我完成，从而使人的道德实践由有意识的自我约束性践履，逐渐变为自由而自然的行为，这就提示了道德实践应当是一个持续努力、不断提升的过程。

张载以他精思力索、独立创新的哲学体系成为宋明理学的主要奠基人之一。他在中国哲学史上第一次提出比较完备的有关"气"的理论，建立了比较系统的"气一元论"哲学体系，对宋明清几代哲学家和如王廷先相、王夫之、戴震等都产生了重大影响。张载首创的"天地之性"和"气质之性"学说则备受程、朱推崇，也为明代的心学代表王阳明所吸收。总之，在张载思想体系中，从宇宙本体论、气体论、人性论、道德论，到社会政治论，理学的基本框架已经形成，许多理学的命题也已具备。

张载是关学派的创始人和领袖，他的思想在当时关中地区影响很大，追随他学习的门生一时云集，以他为中心形成了理学史上最大的四个学派（濂、关、洛、闽）之一。关学学派在学风上有自己鲜明的特点，第一是"学贵于有用"，这主要表现在重视对现实问题的研究，如军事、宗法、天文、井田制等。第二是"株守儒学，躬行礼教"。关学学者以捍卫儒术，反对释、老自任，在理论上批判了佛道的许多观点。同时，他们还特别重视躬行礼教的道德实践，反对把"心性之学"仅仅当作空谈。关学的传统学风在北宋以后经元、明、清各代，在很长时间内仍影响着关中地区的学者。因此，以至连理学中著名的心学代表明代的王守仁也说："关中自古多豪杰。其忠信沉毅之质，明代英伟之器，四方之士，吾见亦多矣，未有如关中之盛者。"（《王阳明全集》卷六《答南元善》）

《西铭图》初作者程复心

《西铭图》为程复心所初作。程复心（1257—1340 年），元朝人，字子见，号林隐。元至大（1308—1311 年）年间向朝廷献上他写的书，被授予徽州路教授，因为其母亲年老，而辞归。

《新元史》载："时婺源程复心，字子见，自幼潜心理学，会铺氏、黄氏之说，折衷成章，名《四书章图总要》二十二卷，皇庆二年，江浙省臣上其书，优诏擢用，辞不出。"《文渊阁四库全书·新安文献志》载："程教授复心，字子见，婺源人，号林隐。性敏悟敦厚，自幼嗜书，师朱文公从孙洪范，而友云峰胡炳文。中年益笃学力行，尝取文公《四书集注》，会黄氏辅氏众说而折中之，分章为图，间附己意，积三十余年始成名，曰《四书章图》；及取《语录》诸书，辨证同异，增损详略，著《纂释》二十卷，发明濂洛诸儒未尽之旨，有功后学。元至大戊申，浙江儒学提举司言于行省。皇庆癸丑行省进于朝，翰林史院考订其书，率皆称赞。学士赵孟頫请置诸馆阁，阐明大典，而平章李道复难之，乃议于江南诸路，教授中擢用，复心年将六十，以亲老固辞，特授徽州路儒学教授，致仕给半俸终其身。名士大夫如方回、程钜夫、王约、元明善、邓文原、虞集、杨载、范德机诸公，俱有制作，盛称之。至元六年庚辰十二月十八日卒，寿八十四，学者称林隐先生。"（纪昀：《文渊阁四库全书·新安文献志·程教授复心传》）程复心的著作除《四书章图总要》外，还编写了《孔子论语年谱》一卷、孟子年谱。

《西铭图》范畴阐释

《西铭》高度概括了张载关学的主要观点，文字简练，逻辑性强，所讨论的范畴有乾、坤、体、性、民胞物与、大君、宗子、尊老、慈幼、乐、孝、德、仁、穷神、知化、安身、立命、存心、养性、事亲、崇天等。

"乾称父，坤称母"

此句出自《周易·说卦》："乾，天也，故称乎父；坤，地也，故称乎母。"[1]

"乾"，《周易》中乾卦的卦名，指天。乾：元亨利贞，是乾卦的卦辞，指大通顺，有利于占卜。《彖》曰："大哉乾元，万物之始，乃统天。……乾道变化，各正性命。"[2] 就是说，天的元气盛大，万物靠着它就有了开始，是属于天的。乾道即天道变化流行，使万物各自端正自身的性命。《象》曰："天行健，君子以自强不息。"[3] 即天道或乾道刚健，君子法天故能自强不息。《文言》曰："'元'者善之长也，'亨'者嘉之会也，'利'者义之和也，'贞'者事之干也。君子体仁足以长人，嘉会足以合礼，利物足以和义，贞固足以干事。君子行此四德者，故曰'乾，元、亨、利、贞'。"[4]

---

[1]　周振甫：《周易译注·说卦》，北京：中华书局，1991年版，第284页。
[2]　周振甫：《周易译注·乾卦》，北京：中华书局，1991年版，第2页。
[3]　周振甫：《周易译注·乾卦》，北京：中华书局，1991年版，第3页。
[4]　周振甫：《周易译注·乾卦》，北京：中华书局，1991年版，第4页。

"坤"，《周易》中坤卦的卦名，指地。坤：元亨，指大通顺。《彖》曰："至哉坤'元'，万物资始，乃顺承天。坤厚载物，德合无疆。含弘光大，品物咸'亨'。"① 就是说，至善坤卦元始，万物依靠其生长，这是顺受天道的。地广厚而能载万物，坤德合于天德的无疆。含容广大，万事万物都能够畅达。《象》曰："地势坤，君子以厚德载物。"② 即坤道顺承天道，君子效法之，故能以德泽来化育万物。

王夫子《张子正蒙注》曰："谓之父母者，亦名也；其心之心不忍忘，必不敢背者，所以生名之实也。惟乾之健，故不敢背，惟坤之顺，故不忍忘，而推致其极，察乎天地，切求之近以念吾之所生成，则太和絪缊，中含健顺之化，诚然而不可昧。故父母之名立，而称天地为父母，迹异而理本同也。"③ 乾卦至健，代表自强不息的精神；坤卦至顺，代表厚德载物的品性；乾坤精神是宇宙演化运动的内在动力，万物生生不息的终极根据。在宇宙万物之中，天地相互交感而创生万物，至诚无私的庇养万物，是乾坤精神的最伟大体现者，故堪称人类万物共同的父母。

予兹藐焉，乃混然中处

予，我。兹，乃语气词。藐，小、幼，藐藐，幼小的样子。

"混然"即谓之本然一体，合而无间，"中处"处于天地之中，即谓之由天地所化育，集天地之性情于一。王夫子《张子正蒙注》曰："混然，合而无间之谓。合父母之生成于一身，即合天地之性情于一心也。"④

相对于至健至顺的天地，作为天地所孕育的万物之一员，我处于天地之间是很藐小的，然而却是吸收天地之精华灵气的，与天地合而无间，与天地为一体的，并且处于天地之中。

故天地之塞，吾其体，天地之帅，吾其性

"塞"，《朱子语类》："塞只是气，吾之体即天地之气。"⑤《张子正蒙注》曰："塞者，流行充周"⑥，"塞者，气也，气以成形"⑦，即天地流行之气，即孟子所言之浩然正气之"气"，《孟子·公孙丑上》："我善养吾浩然之气。……其为气也，至大至刚，以直养而无害，则塞于天地之间。"⑧ 浩然之气，是最伟大最刚强的，以正义善养它，则不会产生伤害，充沛于天地之间。

① 周振甫：《周易译注·坤卦》，北京：中华书局，1991 年版，第 13 页。
② 周振甫：《周易译注·坤卦》，北京：中华书局，1991 年版，第 13 页。
③ 王夫之：《张子正蒙注·乾称篇》，北京：中华书局，1975 年版，第 315 页。
④ 王夫之：《张子正蒙注·乾称篇》，北京：中华书局，1975 年版，第 315 页。
⑤ 黎靖德：《朱子语类·张子之书一》，北京：中华书局，1986 年版，第 2520 页。
⑥ 王夫之：《张子正蒙注·乾称篇》，北京：中华书局，1975 年版，第 315 页。
⑦ 王夫之：《张子正蒙注·乾称篇》，北京：中华书局，1975 年版，第 315 页。
⑧ 朱熹：《四书章句集注·孟子集注·公孙丑上》，北京：中华书局，1983 年版，第 231 页。

"帅",《朱子语类》卷九十八:"帅是主宰,乃天地之常理也,吾之性即天地之理。"① 此处,朱熹将"帅"解为天地之理,即是天地活动方向。《张子正蒙注》曰:"帅者,所以主持而行乎秩叙也。"②"帅者,志也,所谓天地之心也。天地之心,性所自出也。父母载乾、坤之德以生成,则天地运行之气,生物之心在是,而吾之形色天性,与父母无二,即天地无二也。"③ 此处"帅"为天地之秩序,天地之心,性所以由来也。

乾坤至健至顺,德被万物,作为父母则负天地之德以生我,所以天地之气化流行,形成我的身体,天地之本性、天地之活动方向即是我性,天地之心即是我心,吾人之体之性之心与父母无二,与天地统一,这体现出张载"天人合一"的思想。

民,吾同胞;物,吾与也

"民",《诗经·大雅·烝民》:"天生烝民,有物有则,民之秉彝,好似懿德。"④ 此处"民"指统指全体人类;"物",万物,此处指人类以外的生物。"与",指就天地生万物而言,我与"物"同为万物中之一。

既然天地为我们的父母,则普天之下,所有人都应该是我的同胞、我的兄弟姐妹,同胞之间必将相亲相爱,交往必会互相信任、和和睦睦。人类之外的事物与我们同为天地所孕育,共同生存于天地之间,栖息在地球上,也同样需要关心爱护,这样才能达到和谐顺畅,才符合"天地之大德曰生""生生不易"的自然法则。正如《张子正蒙注》曰:"由吾同胞之必友爱,交与之必信睦,则于民必仁,于物必爱之理,亦生心而不容已矣。"⑤ 这充分体现出张载"与天地万物一体"的思想,继承并扩展了孟子的"亲亲而仁民,仁民而爱物"的思想。

大君者,吾父母宗子;其大臣,宗子之家相也

大君,指天子、君王。吾父母,指乾坤、天地。宗子,指嫡长子。其大臣,天子的臣子,是协助君王管理天下的。家相,家宰、宰相。

就是说,万事万物都乃乾坤所生,天地所孕育。故君王即天子,大臣即家相,与我都为天地所生,天地同为我们的父母,天下人包括君王、大臣都好像我的兄弟,只是兄弟的际遇分工各有不同。作为君主者,是大家庭中的嫡长子,就是继承父母基业的宗子,要负责带领我们管理家业,君主就是代表天道的管理者,所

① 黎靖德:《朱子语类·张子之书一》,北京:中华书局,1986年版,第2520页。
② 王夫之:《张子正蒙注·乾称篇》,北京:中华书局,1975年版,第315页。
③ 王夫之:《张子正蒙注·乾称篇》,北京:中华书局,1975年版,第315页。
④ 周振甫:《诗经译注·大雅·烝民》,北京:中华书局,2002年版,第475页。
⑤ 王夫之:《张子正蒙注·乾称篇》,北京:中华书局,1975年版,第316页。

以他要负起管理天下的责任。但他管理天下之地位并非真是高人一辈，而是和人民好像兄弟一般，不过是兄弟的责任和其他有些不同，分配到不同的工作而已。而大臣就好像家相，协助宗子管理家业。天下就好像一个家庭，天下人民就好像兄弟，大家齐心各尽自己的职责，协力经营好大家共同的天下。这其实是孔子"君君、臣臣、父父、子子"的观念的鲜明体现，君要尽君的责任，臣要尽臣的责任，父要尽父的责任，子要尽子的责任，并不是说君高于臣，父高于子，而是说各尽其责，这才是正名分思想的主要内容。张载在此也是继承并扩展了这种想法，大君不是高于大臣，宗子不是高于家相，其实大家是同辈兄弟，只是角色不同，协力令天下大同，人人和谐共处。

尊高年，所以长其长；慈孤弱，所以幼其幼

尊，尊敬。高年，老者、年老之人。慈，爱护、照顾。孤弱，弱小、年幼之人。所以，以此、依据。长其长，幼其有，前面的"长""幼"为动词，后面的为名词。其，指别人的。

尊敬自家比自己年长之人，爱抚自家比自己年幼之人，以此推广扩充出去，尊敬别人的老人，爱抚别人的孩子，这样就能由亲亲而泛爱众，不独爱小家，而能博爱大家，以至于全人类、世界各地的每一个角落。这句话正应《孟子·梁惠王上》"老吾老以及人之老，幼吾幼以及人之幼"①而发，并且很好地继承了孔孟仁爱的思想。故王夫之《张子正蒙注》云："家之有长幼，必敬而慈之，故心从其类，有触必感。此理人皆有之，最为明切。"②

圣，其合德；贤，其秀也

王夫之《张子正蒙注》曰："合德，谓与父母之德合；秀者，父母所矜爱之贤子孙也。希圣友贤，成身以顺亲，即所以顺天。"③合德，谓之与父母之德合，而父母皆禀天地乾坤之德，故与天地之德合者即圣也。《周易·乾卦》："夫'大人'者与天地合其德，与日月合其明，与四时合其序，与鬼神合其吉凶，先天而天弗违，后天而奉天时，天且弗违，而况于人乎？况于鬼神乎？"④《孟子·尽心下》曰："可欲之谓善，有诸己之谓信，充实之谓美，充实而有光辉之谓大，大而化之之谓圣，圣而不可知之之谓神。"⑤大人者，既能光辉地表现出来，又能融化贯通，与圣人是一致的、统一的，故大人、圣人能合德于天地，合明于日月，合序于四时，合吉

① 朱熹：《四书章句集注·孟子集注·梁惠王上》，北京：中华书局，1983年版，第209页。
② 王夫之：《张子正蒙注·乾称篇》，北京：中华书局，1975年版，第316页。
③ 王夫之：《张子正蒙注·乾称篇》，北京：中华书局，1975年版，第316页。
④ 周振甫：《周易译注·乾卦》，北京：中华书局，1991年版，第9页。
⑤ 朱熹：《四书章句集注·孟子集注·尽心下》，北京：中华书局，1983年版，第370页。

凶于鬼神，即人与天地、日月、四时、鬼神是协调、和谐、贯通、合一的。贤人，则是集天地之灵秀于一身，集父母之所爱于一体。要做到这样的圣人、贤人是非常困难的，张载非常希望成为贤人、圣人，希望能有志同道合的贤人可以对话交流，这是张载终生为之努力的目标，故所以说希圣友贤，以此而能成就自身，顺承天道。

凡天下疲癃残疾，惸独鳏寡，皆吾兄弟之颠连而无告者也

疲癃：老病的样子，惸亦作"茕"，惸独：孤独无依靠；颠连：狼狈困苦的样子。无告：无可诉告，也作无靠，告通靠。《孟子·梁惠王下》："老而无妻曰鳏，老而无夫曰寡，老而无子曰独，幼而无父曰孤，此四者，天下之穷民而无告者。"[1]天下之疲癃残疾、鳏寡孤独，都是我的兄弟，更是我兄弟中非常狼狈困苦而又无处诉告无人依靠的人。张载以自身最亲切的感受推而广之，而感到他们的命运之悲惨，就自然而然地产生不忍之心，故能视他们如自己兄弟，视他们之苦如自己兄弟之苦，这是张载"民胞物与"精神的进一步深化，是张载仁爱之心的表现，从而也是道心、天心的体现。

于时保之，子之翼也，乐且不忧，纯乎孝者也

"于时保之"出自《诗经·周颂·我将》："畏天之威，于时保之。"[2]由于畏惧天的威严，于是就保全它。孟子曾引用这段来阐释"交邻国之道"和"乐天"与"畏天"的分别。《孟子·梁惠王下》："齐宣王问曰：'交邻国有道乎？'孟子对曰：'有。惟仁者为能以大事小，是故汤事葛，文王事昆夷。惟智者为能以小事大，故大王事獯鬻，勾践事吴。以大事小者，乐天者也；以小事大者，畏天者也。乐天者保天下，畏天者保其国。'"[3]仁者之道，以大国事小国，如汤、文王一样，能够乐天，能乐于顺从天道，自然地遵循天道，从而能保全天下，故仁者以德服人，顺天道而保天下。智者之道，以小国事大国，如太王、勾践，他们聪明得懂得敬畏，能够保全他们的国家，故智者以智事人而保其国，无往而不乐的人足以安定天下，而懂得畏惧、谨慎的人足以保住自己的国家。

于时，于是。之，天下，引申为天命、天道。子，我，泛指人。翼，小心翼翼、谨慎、恭敬的意思。乐且不忧，即是仁者的表现，《论语》云："仁者不忧。"[4]仁者能顺应天道，故能乐而不忧。王夫之《张子正蒙注》曰："守身以敬亲而事天，

①　朱熹：《四书章句集注·孟子集注·梁惠王下》，北京：中华书局，1983年版，第218页。
②　周振甫：《诗经译注·周颂·我将》，北京：中华书局，2002年版，第501页。
③　朱熹：《四书章句集注·孟子集注·梁惠王下》，北京：中华书局，1983年版，第215页。
④　朱熹：《四书章句集注·论语集注·子罕》，北京：中华书局，1983年版，第116页。

则悦亲而乐天，无小大之异也。"① 因为父母禀赋天道，故对待父母，我们要怀有恭敬之心，小心翼翼地侍奉他们，以仁爱之心，使他们能非常愉悦，而不忧伤，就是做到了"纯孝"，从而能够顺应天道，达到事天、乐天的目的，纯孝在此贯通敬亲、悦亲与事天、乐天，以至亲亲感通达于天道。

违曰悖德，害仁曰贼，济恶者不才，其践形唯肖者也

违曰悖德：违背天命天理，即违背天德。

害仁曰贼：仁是天德，亦是天性，害仁即是自觉根性，所以为逆天逆亲之"贼"，《孟子·梁惠王下》："贼仁者谓之'贼'。"②

济恶者不才：凡俊恶不改，不可教训者，世世代代成其凶暴，增其恶名，是为天之弃才，所以说"济恶者不才"。

其践形唯肖者也：所谓践形，即是将人之所以为人的仁心善性具体充分实现于行色动静之间。唯，只有。肖，即是"孝"，对天地父母尽其孝道，与天地合德。

知化则善述其事，穷神则善继其志

"知化""穷神"出自《周易·系辞下》"穷神知化，德之盛也。"③ 二"其"字都指天地乾坤而言。天地乾坤所做之事为化育，所存之志为神妙的天机，圣人继承其事其志犹如孝子继承父母。《中庸》："夫孝者，善继人之志，善述人之事者也。"④

王夫之《张子正蒙注》曰："化者，天地生物之事；父母之必教育其子，亦此事也。善述者，必至于知化，而引伸之以陶成乎万物。神者，天地生物之心理，父母所生气中之理，亦即此也。善继者，必神无不存，而合撰于乾坤以全至德。"⑤

不愧屋漏为无忝，存心养性为匪懈

典故出自《诗经·大雅·抑》："相在尔室，尚不愧于屋漏。"⑥ 屋漏；室内西北角隐僻处；又一说，古人于祭祀之末，在室内西北角隐蔽处，设馔食敬祭。又《诗经·小雅·小宛》："夙兴夜寐，无忝尔所生。"⑦ 忝；羞辱；所生；即父母。

《孟子·尽心上》说："存其心，养其性，所以事天也。"⑧《诗经·大雅·烝民》："夙夜匪解。"⑨ 匪；同"非"，解；通"懈"。保持人的本心，培养人的本性，终日不可懈怠，有所松懈，这就可以很好地对待天命了。

① 王夫之：《张子正蒙注·乾称篇》，北京：中华书局，1975年版，第317页。
② 朱熹：《四书章句集注·孟子集注·梁惠王下》，北京：中华书局，1983年版，第221页。
③ 周振甫：《周易译注·系辞下》，北京：中华书局，1991年版，第261页。
④ 朱熹：《四书章句集注·中庸章句》，北京：中华书局，1983年版，第27页。
⑤ 王夫之：《张子正蒙注·乾称篇》，北京：中华书局，1975年版，第317页。
⑥ 周振甫：《诗经译注·大雅·抑》，北京：中华书局，2002年版，第456页。
⑦ 周振甫：《诗经译注·小雅·小宛》，北京：中华书局，2002年版，第312页。
⑧ 朱熹：《四书章句集注·孟子集注·尽心上》，北京：中华书局，1983年版，第349页。
⑨ 周振甫：《诗经译注·大雅·烝民》，北京：中华书局，2002年版，第476页。

恶旨酒，崇伯子之顾养

恶旨酒，《孟子·离娄下》"禹恶旨酒而好善言"[1]，意为禹不喜欢美酒，而喜欢有益的话。崇伯子，夏禹之父鲧封于崇，史称崇伯，崇伯子即夏禹。顾养，顾念父母的养育之恩。《孟子·离娄下》："世俗所谓不孝者五。惰其四肢，不顾父母之养，一不孝也；博弈好饮酒，不顾父母之养，二不孝也；好财货，私妻子，不顾养父母，三不孝也；从耳目之欲，以为父母戮，四不孝也；好勇斗狠，以危父母，五不孝也。"[2]此处"从"通"纵"，"戮"：羞辱，"斗"即"斗"，意思是说一般人所谓不孝的事情有五件，四肢懒惰，不管父母的生活，一不孝；好下棋喝酒，不管父母的生活，二不孝；好钱财，偏爱妻室儿女，不管父母的生活，三不孝；放纵耳目的欲望，使父母因此受耻辱，四不孝；逞勇好斗殴，危及父母，五不孝。

育英才，颍封人之锡类

育英才：即教育天下优秀的人才。孟子曰："君子有三乐，而王天下不与存焉。父母俱存，兄弟无故，一乐也。仰不愧于天，俯不怍于人，二乐也。得天下英才而教育之，三乐也。"[3]意思是孟子说："君子有三乐。"

颍封人即颍考叔，其典故来自《左传》之隐公元年："颍考叔，纯孝也，爱其母，施及庄公。《诗》曰：'孝子不匮，永锡尔类'其是之谓乎！"[4]意思是颍考叔，是至极的孝子，仁爱自己的母亲，并延伸影响到庄公。《诗经》说道："孝顺的子子孙孙层出不穷，上天会永远恩赐福祉给孝顺的人及其后代子孙。"颍考叔就是这样的人。

不弛劳而厎豫，舜其功也

不弛劳：勤劳不松懈。弛，本义为放松弓箭，引申为松懈、延缓、减弱。厎豫：致使其快乐。《尔雅》："厎，致也。豫，乐也。"

舜其功也，意为这是舜所获得的成功。史称舜事其父瞽瞍至孝，《大戴礼记·五帝德》："舜之少也，恶悴劳苦，二十以孝闻乎天下。"[5]意思是舜小时候，受尽劳苦，二十岁就以至孝而闻名于天下。《孟子·离娄上》："不得乎亲，不可以为人。不顺乎亲，不可以为子。舜尽事亲之道而瞽瞍厎豫，瞽瞍厎豫而天下化，瞽瞍厎豫而天下之为父子者定，此之谓大孝。"[6]意思是不能得到父母的欢心，不可以做人；不

---

① 朱熹：《四书章句集注·孟子集注·离娄下》，北京：中华书局，1983 年版，第 294 页。

② 朱熹：《四书章句集注·孟子集注·离娄下》，北京：中华书局，1983 年版，第 299 页。

③ 朱熹：《四书章句集注·孟子集注·尽心上》，北京：中华书局，1983 年版，第 354 页。

④ 杨伯峻：《春秋左传注·隐公》，北京：中华书局，1990 年版，第 15—16 页。

⑤ 黄怀信、孔德立、周海生：《大戴礼记汇校集注·五帝德》，西安：三秦出版社，2005 年版，第 766 页。

⑥ 朱熹：《四书章句集注·孟子集注·离娄上》，北京：中华书局，1983 年版，第 287 页。

能顺从父母的意愿，不能做儿子。舜竭尽一切心力来侍奉父母，结果他父亲瞽瞍变得高兴了；瞽瞍高兴了，天下的风俗因此转移；瞽瞍高兴了，天下的父子伦常也由此确定了，这便叫作大孝。

无所逃而待烹，申生其恭也

申生之典故源于：《礼记·檀弓》："晋献公将杀世子申生，……使人辞于狐突曰'……申生受赐而死。'再拜稽首乃卒，是以为恭世子。"①

体其受而归全者，参乎！

出自《礼记·祭义》："曾子闻诸夫子：'父母全而生之，子全而归之，可谓孝矣，不亏其体，不辱其身，可谓全矣。'"②

勇于从而顺令者，伯奇也！

这个典故出自《颜氏家训·后娶篇》："吉甫，贤父也，伯奇，孝子也。贤父御孝子，合得终于天性，而后妻间之，伯奇遂放。"③

富贵福泽，将厚吾之生也

富贵福泽二句：福泽，福利恩泽。厚生，生计温厚，丰衣足食。《尚书·大禹谟》："正德，利用，厚生，惟和。"④

贫贱忧戚，庸玉汝于成也

贫贱忧戚二句：忧戚，忧虑烦恼。戚，忧患；悲哀。庸，用；以；乃。玉汝于成，爱护而使之有成就。《诗经·大雅·民劳》："王欲玉女，是用大谏。"⑤此处"女"通"汝"，玉女即是玉汝，大谏即是力谏。意思是王想成就你，特此用力大谏。

存，吾顺事，没，吾宁也。

存吾顺事二句：存，生存。顺事，顺从天地之事。没，通"殁"，死亡。宁，安宁。

① 李学勤主编，郑玄注，孔颖达疏：《十三经注疏·礼记正义·檀弓》，北京：北京大学出版社，1999 年版，第 182—183 页。
② 李学勤主编，郑玄注，孔颖达疏：《十三经注疏·礼记正义·祭义》，北京：北京大学出版社，1999 年版，笛 1335—1336 页。
③ 王利器：《颜氏家训集解（增补本）·后娶篇》，北京：中华书局，1993 年版，第 31 页。
④ 李学勤主编，《孔安国传》，孔颖达疏：《十三经注疏·尚书正义·大禹谟》，北京：北京大学出版社，1999 年版，第 89 页。
⑤ 周振甫：《诗经译注·大雅·劳民》，北京：中华书局，2002 年版，第 445 页。

《西铭图》说解

李退溪的《西铭图》分为上下图，上图专以明理一分殊之辩，下图以尽事亲之诚明事天之道，是根据程颐、朱熹注解《西铭》而来。

上图李退溪围绕理一分殊来展开阐释，以理一言，天父地母，乾父坤母，产生滋养万物，塞吾体、帅吾性，民吾、民物、兄弟之间其理皆一。以分殊言，以并生之仁而有人物分殊，以推行之仁而有君臣分殊，进而推演出长幼分殊、圣贤分殊、贵贱分殊，最终又都复归于一理。

下图由事亲之诚来明事天之道，由诚而明，因明故诚。有尽道不尽道之分，有圣贤各尽道之分，最终尽道归于存顺没宁。

朱熹《西铭解》

乾称父，坤称母，予兹藐焉，乃混然中处。

天，阳也，以至健而位乎上，父道也；地，阴也，以至顺而位乎下，母道也。人禀气于天，赋形于地，以藐然之身，混合无间而位乎中，子道也。然不曰天地而曰乾坤者，天地其形体也，乾坤其性情也。乾者，健而无息之谓，万物之所资以始者也；坤者，顺而有常之谓，万物之所资以生者也。是乃天地之所以为天地，而父母乎万物者，故指而言之。

故天地之塞，吾其体；天地之帅，吾其性。

乾阳坤阴，此天地之气，塞乎两间，而人物之所资以为体者也。故曰"天地之塞，吾其体"。乾健坤顺，此天地之志，为气之帅，而人物之所得以为性者也。故曰"天地之帅，吾其性"。深察乎此，则父乾母坤，混然中处之实可见矣。

民吾同胞，物吾与也。

人、物并生于天地之间，其所资以为体者，皆天地之塞；其所得以为性者，皆天地之帅也。然体有偏正之殊，故其于性也，不无明暗之异。惟人也，得其形气之正，是以其心最灵，而有以通乎性命之全，体于并生之中，又为同类而最贵焉，故曰"同胞"。则其视之也，皆如己之兄弟矣。物则得夫形气之偏，而不能通乎性命之全，故于我不同类，而不若人之贵。然原其体性之所自，是亦本之天地而未尝不同也，故曰"吾与"。则其视之也，亦如己之侪辈矣。惟同胞也，故以天下为一家，中国为一人，如下文所云。惟吾与也，故凡有形于天地之间者，若动若植，有情无情，莫不有以若其性、遂其宜焉。此儒者之道，所以必至于参天地、赞化育，然后有功用之全，而非有所强于外也。

大君者，吾父母宗子；其大臣，宗子之家相也。尊高年，所以长其长；慈孤弱，所以幼其幼。圣其合德，贤其秀也。凡天下疲癃残疾、惸独鳏寡，皆吾兄弟之颠连而无告者也。

乾父坤母而人生其中，则凡天下之人，皆天地之子矣。然继承天地，统理人物，则大君而已，故为父母之宗子；辅佐大君、纲纪众事，则大臣而已，故为宗子之家相。天下之老一也，故凡尊天下之高年者，乃所以长吾之长；天下之幼一也，故凡慈天下之孤弱者，乃所以幼吾之幼。圣人与天地合其德，是兄弟之合德乎父母者也；贤者才德过于常人，是兄弟之秀出乎等夷者也。是皆以天地之子言之，则凡天下之疲癃残疾、惸独鳏寡，非吾兄弟无告者而何哉！

于时保之，子之翼也；乐且不忧，纯乎孝者也。

畏天以自保者，犹其敬亲之至也；乐天而不忧者，犹其爱亲之纯也。

违曰悖德，害仁曰贼，济恶者不才。其践形，惟肖者也。

不循天理而徇人欲者，不爱其亲而爱他人也，故谓之悖德；戕灭天理、自绝本根者，贼杀其亲，大逆无道也，故谓之贼；长恶不悛、不可教训者，世济其凶，增其恶名也，故谓之不才。若夫尽人之性，而有以充人之形，则与天地相似不违矣，故谓之肖。

知化，则善述其事；穷神，则善继其志。

孝子，善继人之志、善述人之事者也。圣人知变化之道，则所行者无非天地之事矣；通神明之德，则所存者无非天地之心矣。此二者，皆乐天践行之事也。

不愧屋漏为无忝，存心养性为匪懈。

《孝经》引《诗》曰"无忝尔所生"，故事天者仰不愧、俯不怍，则不忝乎天地矣。又曰"夙夜匪懈"，故事天者存其心、养其性，则不懈乎事天矣。此二者，畏天之事，而君子所以求践夫形者也。

恶旨酒，崇伯子之顾养；育英才，颍封人之锡类。

好饮酒而不顾父母之养者，不孝也。故遏人欲如禹之恶旨酒，则所以"顾天之养"者至矣。性者，万物之一源，非有我之得私也。故育英材如颍考叔之及庄公，则所以"永锡而类"者广矣。

不弛劳而底豫，舜其功也；无所逃而待烹，申生其恭也。

舜尽事亲之道而瞽叟底豫，其功大矣。故事天者尽事天之道，而天心豫焉，则亦天之舜也。申生无所逃而待烹，其恭至矣。故事天者夭寿不贰，而修身以俟之，则亦天之申生也。

体其受而归全者，参乎！勇于从而顺令者，伯奇也。

父母全而生之，子全而归之，若曾参之启手启足，则体其所受乎亲者而归其全也。况天之所以与我者，无一善之不备，亦全而生之也。故事天者能体其所受于天者而全归之，则亦天之曾子矣。子于父母，东西南北，唯令之从，若伯奇之履霜中野，则勇于从而顺令也。况天之所以命我者，吉凶祸福，非有人欲之私。故事天者能勇于从而顺受其正，则亦天之伯奇矣。

富贵福泽，将厚吾之生也；贫贱忧戚，庸玉汝于成也。

富贵福泽，所以大奉于我，而使吾之为善也轻；贫贱忧戚，所以拂乱于我，而使吾之志也笃。天地之于人，父母之于子，其设心岂有异哉！故君子之事天也，以周公之富而不至于骄，以颜子之贫不改其乐；其事亲也，爱之则喜而无忘，恶之则惧而无怨，其心亦一而已矣。

存，吾顺事；没，吾宁也。

孝子其身存，则其事亲也，不违其志而已；没，则安而无所愧于亲也。仁人之身存，则其事天也不逆其理而已；没，则安而无所愧于天也。盖所谓朝闻夕死，吾得正而毙焉者。故张子之铭以是终焉。

朱熹论曰：天地之间，理一而已。然乾道成男，坤道成女，二气交感，化生万物，则其大小之分，亲疏之等，至于十百千万而不能齐也，不有圣贤者出，孰能合其异而反其同哉！西铭之作，意盖如此，程子以为"明理一而分殊"，可谓一言以蔽之矣。

盖以乾为父，以坤为母，有生之类，无物不然，所谓理一也。而人物之生，血脉之属，各亲其亲，各子其子，则其分亦安得而不殊哉！一统而万殊，则虽天下一家，中国一人，而不流于兼爱之弊；万殊而一贯，则虽亲疏异情，贵贱异等，而不牿于为我之私。此西铭之大指也。

观其推亲亲之厚以大无我之公，用事亲之诚以明事天之道，盖无适而非所谓分殊而推理一也，夫岂专以民吾同胞，长长幼幼为理一，而必默识于言意之表，然后知其分之殊哉！

且所谓"称物平施"者，正谓称物之宜以平吾之施云尔，若无称物之义，则亦何以知夫所施之平哉！龟山第二书，盖欲发明此意，然言不尽而理有余也，故愚得因其说而遂言之如此，同志之士幸相与折中焉。

熹既为此解，后得尹氏书，云杨中立答伊川先生论西铭书有"释然无惑"之语，先生读之曰："杨时也未释然。"乃知此论所疑第二书之说，先生盖亦未之许也。然龟山语录有曰：西铭理而分殊，知其理一，所以为仁；知其分殊，所以为义。所谓分殊，犹孟子言"亲亲而仁民，仁民而爱物"，其分不同，故所施不能无差等耳。或曰："如是则体用果离而为二矣。"曰："用未尝离体也。以人观之，四肢百骸具于一身者体也，至其用处，则首不可以加履，足不可以纳冠。盖即体而言，而分已在其中矣。"此论分别异同，各有归趣，大非答书之比，岂其年高德盛而所见始益精与？因复表而出之，以明答书之说诚有未释然者，而龟山所见盖不终于此而已也。

乾道壬辰孟冬朔旦，熹谨书。

　　始余作太极西铭二解，未尝敢出以示人也。近见儒者多议两书之失，或乃未尝通其文义而妄肆诋诃。余窃悼焉，因出此解以示学徒，使广其传，庶几读者由辞以得意，而知其未可以轻议也。

淳熙戊申二月己巳，晦翁题。

《西铭图》上图："明理一分殊之辨"

（一）理一分殊

　　"理一分殊"的命题最早明确地由二程提出，后经朱熹阐发，并以此来解张载《西铭》。以"理一"言，天至健，是乾道、父道；地至顺，是坤道、母道。天父地母，乾父坤母，只此一理，而产生万事万物。相对于万事万物来说，天地是唯一的父母，每一事物都承载天地之理。以"分殊"言，万事万物又各具自身之理，各自有各自的特殊之处，不同于其他事物，故有人物分殊，即人之为人之理与其他物之理不同，这是从天地并生之仁而言，即产生人与其他事物，使之具有不同属性；由此而推演开来，即是以推行之仁言，人与人之间又有不同之理，即君臣分殊、父子分殊、长幼分殊、夫妇分殊、圣贤分殊、贵贱分殊。也就是孔子说的"君君、臣臣、父父、子子"，推演下去，还有"夫夫、妇妇"，君为君，君要有君的样子以及责任和义务，臣为臣，臣要有臣的样子以及责任和义务，父为父，父要有父的样子以及责任和义务，子为子，子要有子的样子以及责任和义务，夫为夫，夫要有夫的样子及责任和义务，妇为妇，妇要有妇的样子即责任和义务。

（二）并生之仁

　　人物分殊，即人与物的不同，"人、物并生于天地之间，其所资以为体者，皆天地之塞；其所得以为性者，皆天地之帅也。然体有偏正之殊，故其于性也，不无明暗之异"。它的意思就是说由天地而产生人、物，人、物之体与性都是由天地所充塞和统帅的，但是人、物所得天地之体有正有偏，故人、物所帅天地之性也存在或明或暗的差异。其中唯人最得天地形气之正，人心最为灵觉，所以能通天地性命的全体，在并生之中又为我的同类，并且为最贵，故曰"同胞"。物则得天地形气之偏，而不能通天地性命之全体，在并生之中与我不同类，并且不比人贵。但是物的产生也是源自天地之大德、天地之并生，这是与人类相同的，故曰"吾与"。所以说，一方面，天地并生之中，人、物所得形气各有所正、偏，故有人物之分殊；另一方面，人、物同出于天地并生之中，故"民胞物与，其理一也"。

（三）推行之仁

儒家传统认为"天地之大德曰生"，天地于并生之中，产生了人、物，而有人物分殊，这体现了天地之仁，爱及天地之间所有物种。紧接着，儒家传统将天地之仁在人类当中推行开来。由于地位、年龄、修养等各个方面的差异，而有君臣分殊、长幼分殊、圣贤分殊、贵贱分殊。

君臣分殊体现为：大君为父母之宗子，大臣为宗子之家相。

长幼分殊体现为：尊年高所以长其长，慈孤弱所以幼其幼。

圣贤分殊体现为：圣合德，贤其秀。

贵贱分殊体现为：凡天下疲癃残疾、惸独鳏寡，皆吾兄弟之颠连而无告者也。

张载在此行天地推行之仁，推己及人，人人都是天地的儿子，君主是天地长子，大臣是协助君主管天地之业的佐相，尊敬老年长辈就是尊敬天地之长，慈爱孤儿幼子就是慈爱天地之幼。圣人是与天地合德者，贤人是天地之秀灵。天下病苦、残疾、鳏寡、孤独无所依靠之辈，都应当给予同情、抚育，人应当按照孝悌仁爱的原则，处理社会上的一切关系，都展现出张载"民吾同胞"的精神境界。

从总体上看，上图由"乾父坤母、天地之仁"之"理一"说起，而有"民胞物与""民吾民物兄弟其理皆一"的思想，这其中由于得天地之形气的正偏不同，进而有人物、人我的分殊，然而最后又"理归于一"。这一过程展现了张载的人伦亲亲、仁民爱物的思想，它超越了家族本位、宗法制度的排他性，而出现天下是一家、四海皆兄弟的超阔意识，它不仅涵括社会的亲缘、伦理与政治，也勾画出一种人性与物性和谐相融的境界。

如何达到这一"民胞物与"境界呢，这一境界不是可望而不可即的，它是可以达到的道德境界，是可以学而至之的。普通人经过不断的努力，慎独修身，恪守道德规范，提升精神境界，通过道德修养工夫回归天地之性，具备完善人格，都可成为圣人，人人皆可为尧舜。在这里"民胞物与"对人生实践，人生道德修养实践起着督导与导向作用，这就为道德人格的完善提出了要求。所以张载从天地同源、万物一气说起，从天地并生之仁说起，从乾坤父母入手，落脚点回到了仁义礼智、人伦日用事物当然之理中，以孝道以尽穷神知化，将实现"民胞物与"道德伦理境界的落脚点归于道德工夫修养论，这也就是《西铭图》下图所要做的道德修养工夫，即"尽事亲之道以明事天之道"。

《西铭图》下图："尽事亲之诚以明事天之道"

（一）尽道不尽道之分

于时保之，子之翼；乐且不忧，纯乎孝，此乃尽道之谓也。

何以尽道？以事亲之诚以尽道也。对于天命，我们应当恭敬，敬畏天命，乃敬天所至；畏天者，天德不丧，天良不失，表示强烈道德意识；乐天者，安顺天命，不怨不忧，顺天候命；二者皆从事道德实践工夫，此处对孝的赞叹，是与乐而不忧相连的，"孝"是生命情态的原始发动之力，而"纯孝"则把悦亲和乐天贯通，也是对亲亲感通达于天的揭示。张载这里的"孝"，首先是"事亲"的伦理概念，子女要孝敬父母。紧接着他从"事天"的立场来说明道德，说明"事亲"，父母与天地不仅赋予我生命，还赋予我心灵发展的全部可能性，孝敬父母不仅是对父母养育之恩的回报，还是继天地之善，感乾坤德，是生存意义的永恒根源，从而为其道德观奠定了基础。众人都是天地之子，若能彼此互爱，那就不单单是对父母尽孝，而且是对天地尽孝。事亲即是事天，唯有事天才是事亲，做天之孝子，这才是事亲的本义。以此将仁孝之心推而广之，便有了兄弟之义、夫妻之情、君臣之道、朋友之交、仁民爱物，从而扩展到社会伦理道德的方方面面。

接下来，张载将践行尽性与对天尽孝道结合起来，认为只有践行尽性才能称之为与天地合德。

"违曰悖德，害仁曰贼；济恶不才，践形惟肖，此乃不尽道之谓也"，凡违天、害仁、济恶者，皆是不能践行尽性之人，人能践行尽性，即对天地父母尽到了子道，则能与天地合德。与天德合德者，自是天地之肖子。若不能践行尽性，则违背天理、天德，这是从反面说明之。

（二）圣合德故尽道，贤其秀求尽道
穷神知化

"知化则善述其事，穷神则善继其志，此之谓圣合德，故尽道。"气质偏恶者可以经过变化气质，后天的修养努力恢复先天的善性——天地之性、德性之知，孟子称之为良知良能，王阳明称为良知。能够做到"穷神知化"，穷至生物不测之神，契知阴阳妙合之化，从而达到对天德天道、天道本体的认识，因此能够赞天地之化育，使万物各遂其生，各得其所，也就达到圣人君子的境界。故谓之"圣

合德以尽道"。

穷神，是要继承天德（"善继其志"）；知化，是要体悟天道（"善述其事"），作为气化最后产物的万物之灵秀之人，其最高的智慧以及认知的最高指向是穷神知化，即德性所知。张载认为，穷神知化代表人生德与智的最高指向，也是人生最宏伟的事业。达到穷神知化的路径是体天德，位天道。穷神知化不仅仅是通过理智活动来理解知识，更重要的是通过修养工夫自然而然地进入"天人合一"的人生境界。"易谓：'穷神知化'，乃德盛仁熟之致，非智力能强也。"①"穷神知化，与天为一，岂有我所能勉哉。"②在这里，张载强调穷神知化之知非思勉可得，非智力能强，这种境界是一个道德认识、修养、实践的结果，是道德观念经过躬行践履、不断纯熟和内化，从而转化为个人的道德品质所达到的境界。"穷神"的途径就是扩充本心原有的至善之德，穷神知化的内化过程是德育的完成过程。

穷神知化代表着人生的最高智慧，不是单纯以智慧之心所能达到的，只能通过体天德、位天道、与天为一的方式来与之一体化。勉力为圣固然亦得成就一番事业，但是真正最高明的圣人境界是纯熟而不需勉力的，不需勉力而事业成就，这才是达到化境的圣人境界了，达到"化"的境界的圣人才是真正"位天德"的意思。"神"与"化"既是说天道的本体论又是说圣人的境界论，人能穷神知化，则德合阴阳，与天地同流而无不通，从而达到合乎天德之境界。无论张载是就圣人作为来论说天道，还是就天道措施来论及圣人，都显示儒学体系在张载的建构中依然显示为天道与人道合一的哲学模式。

存诚尽性

"不愧屋漏为无忝，存心养性为匪懈，此之谓贤其秀，求尽道。"要达到穷神知化之圣人境界，还必须做到存诚尽性，"存诚"即存心养性，是要增强人们在伦理道德方面的自觉性、主动性，并且保有、扩充个人道德，使其保存并得到进一步反正，故谓"贤其秀求尽道"也。

"存诚"首先要除恶，"纤恶必除，善斯成性也"③。任何微小的邪恶都会遮蔽人的善性，只有克服邪恶，"不以嗜欲累其心，不以小害大"④，方能成就人性。除恶必须自觉，即使在别人看不到的地方也不做亏心事，才能不辱于天地，做到"不愧屋漏为无忝"。张载认为只有从人的本善之性出发而行善才是诚，存诚不是说空话，只有行实事、能践行，才符合诚的要求。只有一生坚持不懈，不止不息，才

① 　张载：《张载集·正蒙·神化篇》，北京：中华书局，1978 年版，第 17 页。
② 　张载：《张载集·正蒙·神化篇》，北京：中华书局，1978 年版，第 17 页。
③ 　张载：《张载集·正蒙·诚明篇》，北京：中华书局，1978 年版，第 23 页。
④ 　张载：《张载集·正蒙·诚明篇》，北京：中华书局，1978 年版，第 22 页。

可以存心养性，即"存心养性为匪懈"。

"存"与"养"都是针对心、性而言，存养就是存心、存性、养心、养性和养气。以孟子为代表的性善论和良心说认为，人之初，性本善，人早已具备了道德与良心，道德和良心起源于人性，与生俱来，并藏在人心之中，人的道德修养，最主要的路径和方法就是排除种种干扰，保持和发扬人所固有的善性，这种路径和方法就是存养。对于这点，孟子说得最清楚："仁义礼智，非由外铄我也，我固有之也。"① 就是说善性与生俱来，是天德良知，为了保持自己的道德良心，要做到"放其心"就需要"存心"，保存自己的善性、道德之心。"仁，人心也；义，人路也。舍其路而弗由，放其心而不知求，哀哉！人有鸡犬放，则知求之，有放心而不知求。学问之道无他，求放心而已矣。"② 人的道德之心不但要保存，而且还要扶养，扩充，使其由小变大，由弱变强，因为人所具有的善性和道德良心，只是起初的"善端"，需进一步充实、扩充，这就需要养心，把自己具有的"善端"加以养育，扩充，才可以极大完善发展自己所固有的善性。存养的最终目标是"尽心"，即充实、扩充、发展自己的"心"，以至于"尽性""尽道"。

（三）圣贤各尽道

圣合德故尽道，贤其秀求尽道，是通过"存诚"的践行方式、存心养性的修养来实现的，尽孝道以呈现天道。

禹不喜美酒保养本性，尽修身之道，不以嗜欲累其心，是为顾念父母养育之恩，即是顾天之养；颖考叔对天纯孝，英才与我为一体同胞，我应该推己及人而爱之育之，使其都成为天之孝子；舜极尽孝道使亲心豫乐，一人尽孝，使天下受化，感化；申生无所逃等待杀戮是为顺天候命；曾参遵循身之发肤受之父母不敢有损，不亏其体，不辱其亲，认为是孝，是为事天归全；伯奇受后母所虐而毫无怨言，是为敬天顺命。以上六人事例，不只是说孝而已，而是以事亲之心推至以事天，以求恪尽孝道。这些事例就人伦意义而言，是为了事亲，以尽自己的道德义务，但从根本上来说，这些思想行为同时也是对天地尽"孝道"，具有事天的意义在其中，由此体现出人性来，充分恢复自己以及人的本性，从而达到诚身践行即"尽性"。中庸讲："唯天下至诚，为能尽其性；能尽其性，则能尽人之性；能尽人之性，则能尽物之性。"③ 儒家认为，只有至诚的人，才能尽量发挥自己和他人的本性，进而发挥万物的本性，才能尽得天道。

---

① 朱熹：《四书章句集注·孟子集注·告子上》，北京：中华书局，1983 年版，第 328 页。
② 朱熹：《四书章句集注·孟子集注·告子上》，北京：中华书局，1983 年版，第 333—334 页。
③ 朱熹：《四书章句集注·中庸章句》，北京：中华书局，1983 年版，第 32 页。

（四）尽道止于至善

厚吾之生，玉汝于成，存顺没宁。

张载不以人的财富多寡，不以肉体的享受为人生苦乐的内容，也不以此为衡量标准，而是以人对道德的追求作为区分正当不正当的界限，并且主张即使身处逆境也要乐观对待人生。在张载看来，无论是富贵福泽还是贫贱忧戚都只是人生的状态问题，人生中最重要的是体天之道并践行之。人在世间，就该做自己分内之事，以豁达的心态去承受各种状态。"富贵福泽，将厚吾之生也；贫贱忧戚，庸玉汝于成也。""富贵福泽"处在富贵、安乐的环境，使我衣食无忧那是天地（父母）对你生活的厚待，人应当珍惜这种"幸会"，要坚守其"道"，不可辜负了天地的恩情；"贫贱忧戚"处在贫贱、困苦的环境，那是天地（父母）对你的考验和锻炼，使你得到成就，人应当在"劳其筋骨，饿其体肤"的困境中"动心忍性，增益其所不能"，恪守其"德"。虽然物质生活困苦，但也要甘守贫困与寂寞，自得其乐，为寻求理想而孜孜不倦，从而达至"孔颜乐处"的境界，这种境界是进行人自身的认同，体认人本身认识自然、顺乎自然的本质"天性"，体认人自身真善美高度统一的自由人格，实现"天人合一""万物一体"的境界。

张载继承并发扬了儒家的生死观。他说："气之不可变者，独死生寿夭而故论死生则曰'有命'，以言其气也。"[1]死生寿夭是由人的气质决定的，不可强求，所以说"有命"。但人的事业成败，需要人为，事业成功，富贵显达是人人追求的，但能否实现取决于"天命"，而道德伦理则完全在人为，求者必得。所以正确的人生态度应当是为学由己，努力求道从义。他认为，人的形体是有生有灭的，但天地之性是不灭的。人活着就要"顺事"，即顺从人性的法则行事，事亲事天，敬奉天命，奋发有为，真正地做父母天地的孝子。一息尚存，就按照"顺事"的原则尽自己对社会的责任与义务。生命终结，便按照"没宁"的原则自然接受，既不畏惧，也不回避，这不是对死亡无可奈何的接受，而是对肉体生命的精神超越，是在完成了自己对家、国、天下义务之后的一种心灵的平静、安详和满足，也是中国士大夫千百年来所追求的圣贤境界。

---

[1] 张载：《张载集·正蒙·诚明篇》，北京：中华书局，1978年版，第23页。

第三　小学图

概述

一、《小学》与《小学图》

《小学》，旧题宋代朱熹撰，实为朱熹与其弟子刘清之合编。书的发凡起例出于朱熹，而类次编定则有出于弟子刘清之。朱熹曰："后生初学，且看《小学》书，那个是做人的样子。"

《小学》全书共六卷，分为内外两篇。共有 285 章，以"立教""明伦""敬身"和"稽古"为纲，以父子、君臣、夫妇、长幼、朋友、心术、威仪、衣服和饮食为目，除了进行直接的道德论证外，还多采格言、故事、诗歌、家训、书信等。[①]《小学集注·卷一》中注言：许文正公（衡）曰："内篇者，小学之本源；外篇者，小学之支流。"

内篇有四个纲目：前三个分别是立教，明伦，敬身，第四个是稽古，按照《小学集注》中所言，即"考虞夏商周圣贤已行之迹，以证前篇立教、明伦、敬身之言也"（《四库全书·钦定小学集注》）。因此这四个纲目关系并不是完全意义上的并列，其内容和相互关系大致可以概括为：

内篇有四，立教、明伦、敬身皆述虞夏商周圣贤之言，乃小学之纲也；稽古，摭虞夏商周圣贤之行所以实立教、明伦、敬身。

外篇分两部分：一是嘉言，二是善行，《小学》在《外篇·说见内篇》开篇即言：

诗曰：天生烝民，有物有则。民之秉彝，好是懿德。孔子曰："为此诗者，其知道乎！故有物必有则，民之秉彝也，故好是懿德。"历传记，接见闻，述嘉言，

---

① 姚郁卉：《朱熹〈小学〉的蒙养教育思想》，《齐鲁学刊》2005 年第 4 期。

纪善行，为小学外篇。

《集注》中如此介绍嘉言、善行：

> 历考前代汉魏晋南北朝隋唐之传记，承接近代五代之见闻，凡言之本乎物则民彝者，嘉言也，则述之；行之本乎物则民彝者，善行也，则纪之。(《四库全书·钦定小学集注》)

鉴古、嘉言和善行，均各有立教、明伦、敬身三纲目，记载汉以后贤者的嘉言善行，这三纲目诗相对应实证内篇的论述，实际上是内篇的近世例证。其内外篇二者关系，《集注》做如下解释：

> 外篇有二，嘉言述汉以来贤人之言，所以广立教、明伦、敬身也；善行纪汉以来贤人之行，亦所以实立教、明伦、敬身也。

所以合（外篇）内篇而为《小学》之全书也，学者读《内篇》而远师虞夏商周之圣贤，读《外篇》而近师汉唐宋之君子，盛德大业，于是乎在矣。

因此，不难看出《小学》整篇的行文结构：

文章第一部分由四部分构成，一、立教；二、明伦；三、敬身，然后探采虞夏商周圣贤的事迹，构成第四部分稽故，这是《小学》的内篇，也即《小学》的第一部分。第二部分分为嘉言、善行两部分，以汉魏以来之见闻论述、支持第一部分的论点。

《小学图》是李退溪宣宗元年十二月所献《圣学十图》之一种。十图中，有七图为前人所作，有三图为李退溪所作，《小学图》是退溪根据《小学》行文之结构，所独立绘制的三图中的一幅，其后附有李退溪的解说。单从《小学图》本身来看，退溪因袭《小学》原作之逻辑关系，与原文之结构和论证关系大体相当。这一点从李退溪《进圣学十图札》就可看出：

> 其三者，图虽臣作，而其文其旨，条目规画，一述于前贤，而非臣创造。[①]
> 右小学，古无图，臣谨依本书目录为此图，以对大学之图。又引朱子《大学

---

① [朝] 李姚著，贾顺先主编：《退溪全书今注今译》，成都：四川大学出版社，1995 年版，第149 页。

或问》通论大小之说，以见二者用功之梗概。盖小学、大学相待而成，所以一而二，二而一者也。故或问得以通论，而于此两图，可以兼收相备云①。

这不仅介绍了小学图的来历，更说明了与《大学图》的逻辑关系。二者是修养工夫的两个方面，"相待而成"。

二、《小学》与《大学》

《小学》与《大学》是紧密相连的两个阶段，朱熹一生极为重视教育的教化作用，这既是依据儒家传统的思维，更是他自己独特的理学体系的必然要求。

朱熹认为，教育的目的在于变化气质之性，恢复本然之性，使一般学子都以圣贤使命为己任，最终走向修身、齐家、治国、平天下的使命。因此，教育的目的第一要务就是使学者立志做圣贤事。这种教育思想的来源可以看作对儒家思维的延承，如孟子"人皆可以为尧、舜""尧、舜与人同耳"的启示，周敦颐"希圣、希贤"，邵雍"圣人可学"，以及张载"为天地立心，为生民立命，为往圣继绝学、为万世开太平"的主张。朱熹在《语类》中曾言：

> 凡人须以圣贤为己任。世人多以圣贤为高，而己别是一样人，则早晚孜孜，别是分外事，不为亦可，为之亦可。然圣贤秉性与常人一同，既与常人一同，又安得不以圣贤为己任？自开辟以来，生多少人，求其尽己者，千万人中无一二。只是滚同枉过一世。

他认为许多人原本应以圣贤为己任，但因为缺乏教育，而只枉过一生。因此，他又说："所谓学者，始乎为士者所以学而之乎圣人之事也。"

在他看来，圣贤既然是人生的最高境界，所以，所谓教育，无非是培养每人的圣贤品质。而培养圣贤的不二法门，从朱熹的理学体系加以解释，即在促进学者的本然涵养与气性。

朱熹认为，人性分为本然之性和气质之性，又把人心分为道心与人心；并以为气质之性与人心未必完全与"理"合，即达到"敬"的境界，所以有时候可以为善，而有时则易犯错。因此，按朱熹"存天理、灭人欲"，即是积极发扬道心，抑制消极的人心。因此，他在《续近思录》中说："大凡人心若勤谨收拾，莫令放纵逐物，安有不得其正：若真格捉得紧，虽半月见验可也。"

① [朝] 李滉著，贾顺先主编：《退溪全书今注今译》，成都：四川大学出版社，1995年版，第177页。

教育或学习的最高目的即是培养儒家一直以来所追求的完美人格。这一过程可分为五个步骤：一、立志；二、坚毅；三、用敬；四、求知；五、践实。[①]这贯穿于整个的学习和教育中，是一个长期的过程。因此，在朱熹看来，理想的教育模式，则应分为小学、大学两个阶段：

> 古者初年入小学，只是教之以事，如礼、乐、射、御、书、数及孝、弟、忠、信之事。自十六七入大学，然后教之以理，如致知、格物及所以为忠、信、孝、弟者。

张伯行《小学集结·序》中曾提及朱子编著《小学》的经过：

> 古者有大学、小学之教。八岁入小学，十五入大学。大学之书，传自孔门，立三纲领、八条目，约二帝三王教人之旨以垂训。程子以为入德之门是也。而小学散见于传记，未有成书，学者不能无憾。于是朱子辑圣经贤传及三代以来之嘉言善行，作小学书，非为内外两篇，合三百八十五章，以立教、明伦、敬身、稽古为纲，以父子、君臣、夫妇、长幼、朋友、心术、威仪、衣服、饮食为目，使夫入大学者必由是而学焉，所谓做人地样子是也。

从上述表述可以看出，大学、小学实际就是朱熹整个教育思路的体现，是归于同一目的而分化的两个阶段。

小学原意本是教育的一种初级阶段，按照《大戴礼记·保博》所记载，八岁入小学，十五成童入大学。朱熹从大学、小学的本意引申，赋予了二者伦理学、知识论的含义。朱熹主张把个人的教育历程分为小学和大学两个阶段，他说："大学者，大人之学也。古之教者，有小子之学，有大人之学。"（《朱文公文集》卷十五）

《小学》是教授基本人伦礼节的书籍，正如《小学·原序》所讲：

> 古者小学教人以洒扫应对进退之节，爱亲敬长隆师亲友之道，皆所以为修身齐家治国平天下之本。而必使其讲而习之于幼稚之时，欲其习与智长，化与心成，而无扞格不胜之患也。

习《小学》的本意则是增加涵养工夫，作为进一步教育的根基，正如朱熹所

---

①　范寿康：《朱子及其哲学》，北京：中华书局，1983 年版，第 146—148 页。

言："不习之于小学，则无疑收其放心，养其德性，而为大学之基本。"（《小学集解》）

按照朱熹《大学》所提之意，修、齐、治、平是递进修养关系，修身是所有人的修行根本，是开先王之法的第一基础：

古之欲明明德于天下者先治其国，欲治其国者先齐其家，欲齐其家者先修其身，欲修其身者先正其心，欲正其心者先诚其意，欲诚其意者先致其知。致知在格物，物格而后知至，知至而后意诚，意诚而后心正，心正而后身修，身修而后家齐，家齐而后国治，国治而后天下平。自天子以至于庶人壹是皆以修身为本。

因此，只有心正、身修之后，方可以进一步推源及流，这是朱熹哲学体系中一直的观点。如朱熹在《小学辑说》所言：

学之大小，固有不同，然其为道，则一而已。是以方其幼也，不习之于小学，则无以收其放心，养其德性，而为大学之基本。及其长也，不进之于大学，则无以查夫义理，措诸事业，小学之成功。今使幼学之士，必先有以自尽乎洒、扫、应、对、进、退之间；礼、乐、射、御、书、数之习。侯其既长，而后进乎明德、新民，以至于至善，实乃次第之当然，又何为不可哉？

即，小学教育是大学之道的基础，大学所提出之"三纲领八条目"均是在小学教育基础上的继续深造和培养。虽然二者程度方面有高低、深浅之分，但是从"次第"即学习的发展阶段看，它是合乎由浅至深、循序渐进的原则的。他在《答吴晦叔书》中说：

盖故人之教，自其孩幼而教之以孝悌诚敬之实，及其少长而以诗书礼乐之文，皆所以使之即夫一事一物之间，各有已知其义理之所在，而知涵养履践之功也。及其十五成童，学于大学，则其洒扫应对之间，礼乐射御之际，所以涵养践履之者，略以小成矣，于是不离乎此，而教之以格物以致其知焉。致知云者，因其所已知者推而致之，以及其所未知者，而极其至也，是必至于举天地万物之理而一以贯之，然后为知之至，而所谓诚意、正心、修身、齐家、治国、平天下者，至是而无所不尽其道焉。

三、《小学》与朱熹哲学体系

《小学》是《大学》的初成和基础，是启蒙的基本读本，更是朱熹学术体系中所有修养工夫的基本起点。

朱熹心性论的两大纲领为"心统性情"和"性即理"两个方面。心之体为性，即平常所谓的仁义礼智信等伦理纲纪，而心之用则是性情，即平日所谓喜怒哀乐等。体为用之本，则心统性情。"天命之谓性"，因此，性即理，心有已发未发，未发则为涵养工夫，已发则为善恶之行。朱熹认为，心具众理，所为之事理应中节，而行为却有善恶之别，原因就在于心体为物欲所蒙蔽。因此，为改变这种矛盾，必须要求增加修养工夫，恢复心体的本来面目。

这种修养工夫，可以用程颐"涵养须用敬，进学则在致知"概括，这是朱熹哲学体系的纲领，朱熹终其一生都将这句话作为他哲学体系的核心，他认为这是对于"尊德性""道学问"内外两端最好的对应表述。"敬""致知"成了朱熹哲学体系的两条主要线索，而小学之修养工夫，则正是这两条主线的起点。

"敬"并非一项独立优先完成的任务，它可以是一种内心的自我体认，是一种涵养在人的思维中的直接折射和反应，是道德伦理范畴的顶端。"敬"在朱熹哲学体系中尤其与主体的涵养修行密切相关。

如上所言，《小学》的主要内容是学习正确处理伦理纲常之伦理行为，"小学是事，如事君、事父、事兄、处友等事，只是教他依此规矩做去"[①]，小学之涵养则可视为《小学》规则的圆满实施，尽管具有一定理想主义色彩，但正是这种孜孜不倦的修行，方成为朱熹哲学体系中臻于完善人格的基础。

朱熹哲学体系中，对人格完善中的"敬"极为推崇，可以概括为"涵养"精神的最高境界。"敬字工夫乃圣门第一义。彻头彻尾，不可顷刻间断。"[②]根据钱穆先生的研究，在朱熹著作中，"敬"共有六种意义[③]，足可见他对敬的重视。同时，也可以看出，在他认为，涵养工夫最高境界，也即达到了"敬"。因此，朱熹对小学的涵养养成的价值极为关切，比如《在朱子语类中》言：

如今全失了小学工夫，只得教人且把敬为主，收敛身心，却方可下工夫。
……
而今自小失了，要补填，实是难。但须在敬诚实，立其基本，逐事逐物，理会道理。

① （宋）朱熹著，（宋）黎靖德编：《朱子语类·第1册》，武汉：崇文书局，2018年版，第94页。
② （宋）朱熹：《朱子语类》，北京：中华书局，1989版，第5页。
③ 钱穆：《朱子新学案》，成都：巴蜀书社，1986版，第96—97页。

……

某与大学中所以力言小学者，以古人于小学中医师把捉成了，故于大学之道无所不可。今日既无小学之功，却当以敬为主。

上述的三段话表述的意思大致相当，即是现在的人都缺少小学涵养的养成，因此，无法直接达到格物、致知的境界，唯一的补救途径在于"敬"填补这个不足。

根据朱子之义利系统，"敬"的养成是需要不断努力的，涵养工夫也断不能停顿。涵养可分为已发与未发两种。但小学中涵养的养成，是为伦理的内在化，可视为未发涵养。在朱熹的哲学体系中，未发涵养为"日用见本领工夫"，已发涵养为其进一步的逻辑延伸，所以，小学涵养有可称为已发涵养的基础与前提。因此，小学可称为"敬"之工夫的开端，它为"敬"境界的达到做了伦理上的有效铺垫。

致知是朱熹哲学体系中另一个重要方面，致知、格物，实际上是相辅相成的同一件事情的两个方面。格物是对外界而言，致知乃是对自身学习而言，格物、致知在朱熹哲学体系中，是实现儒家完美人格的最中心点，因此，大部分学者认为格物学说是朱熹哲学的核心，也是理论体系的出发点。这可从《大学》之"三纲领八条目"的逻辑关系看出。

"格，至也。物，犹事也。穷至事物之理，欲其极处无不到。"① 根据牟宗三先生的观点，朱熹认为"所穷之理"为存在之理，是一切事物存在的缘起，是一种唯一的答案；而形构之理则是每一事物独特的缘起，是通向无数注解的。② 因此，刘述先先生曾一针见血地指出："而朱子之病正在他之不能真正正视德性之知与闻见之知二者之间的区别。"③ 但是从《小学》乃至《大学》所探讨的角度二样，是格物穷理中的存在之理，亦即人心中的性理，在内容上具有逻辑主体的一致性。

上文已经阐明，"已知之理"是存在之理，其过程和目标中，即如《朱子语类》"所谓格物者，常人于此理或能知一二分，及其一二分之所知者推之，直是要推到十分，穷得来无去处，方是格物"，按照朱熹的观点，常人所知的"一二分已知之理"，便是小学涵养构成。《语类》又有表述：

人谁无知，为子知孝，为父知慈，只是知不尽。须是要知得透底。且如一穴

① 朱熹：《四书章句集解》，北京：中华书局，1983版，第10页。
② 牟宗三：《心体与性体》，上海：上海古籍出版社，1999年版，第88—96页。
③ 刘述先：《儒家思想与现代化：刘述先新儒学论著辑要》，北京：中国广播电视出版社，1992版，第89页。

之光也唤作光，然遂旋开划得大，则其光愈大。

上述可见，朱熹认为小学涵养如"一穴之光"尚需不断进步，但是从另一个角度可看出，正是这"一穴之光"方使得"格物"有了基础，才有了现实可能性，"因此端绪从而穷格之"，因此，朱熹在《语类》中明确表述：

今之学者所谓格物，却无一个端绪，只是寻物去格。如宣王因见牛发不忍之心，此该端绪也。便就此扩充，直到无一物不被其泽，方是致与格，只是推效穷理到尽处。……如孩提之童，知爱其亲，长知敬其兄。以至善意是非之际，亦甚分晓，但不推放充广，故其见识也终只如此。须是因此端绪从而穷格之。未见端倪发见之时，值得恭敬涵养。有个端倪发见，直是穷格去，亦不是凿空寻事物去格也。涵养于未发之前，穷格于已发之后。

从上述表述中我们可以看出，尽管未经过格物工夫的深化，尚显浅陋。但《小学》中的修行工夫所带来的个人"涵养工夫"，为德性之知创下了基础，有了这个基础，格物、致知就可以自然而然地去入手。如果无这个阶段，"涵养工夫"无疑为空中楼阁，只能"凿空寻事物去格"。

因此，可以从逻辑顺序上推导出，从知识论的角度而言，小学修养，是格物、致知的前提基础，也是朱熹整个格物学说体系的逻辑基础。

从上述论证过程中可看出，朱熹哲学体系的两翼"敬""致知"为其哲学体系的基础构架，二者均是建立在小学修养的基础上，它们的深化，均依赖于小学工夫的深湛精纯而来的完美人格，因此，小学成了朱熹哲学体系的理论发源地和逻辑起点。

四、《小学图》与退溪哲学体系

尽管《小学图》与《小学》从微观上讲并无二致，前者可看作对后者结构的概括，但从宏观上看，《小学图》被列在《圣学十图》的第三位，则体现了李退溪独特而宽宏的思想体系结构。

这首先需要从退溪与朱熹的思想体系异同说起，尤其是作为认识论的重要组成部分知行观方面，李退溪既有师承，又有许多改动，按照张华先生的研究，李退溪在知行问题上仍然坚持朱熹那种将"知"看成先天认识的唯心论观点和把封建伦理道德规范当作"知"与"行"的对象和目的的基本思想。然而，李退溪变朱熹的"知先行后"为"知行并进""互为先后"，将朱熹的"行重于知"变为"相互轻重"。① 可以说李退溪对朱熹理学体系既是继承，又有新的发挥。朱杰人先生在将《圣学十图》与朱熹《近思录》比较研究后，曾有如下结论：

1. 李退溪认同与恪守朱子的宇宙论与本体论。所以他把太极图与西铭图放在圣学图最主要位子，以强调"本于天道"（第五图结语），"是道理大头脑处，又以为百世道术渊源"（第一图结语）。

2. 退溪在总结前五图时说："以上五图，本于天道，而功在明人伦，懋德业。"可见，他的落脚点是人，人本是《圣学十图》之本。这是他构建"圣学"的第一层次。

3. 李退溪构建"圣学"的第二层次是："源于心性，而要在勉日用，崇敬畏。"这是他在总结后五图时的结语。

4. 由此，我们是否可以这样来看由李退溪所重新构建的朱子学体系；它更注重人伦，注重人的心性的修养和自律，而这种修养与自律最主要的杠杆则是"敬"。②

应该说，朱先生敏锐地看出了退溪在《圣学十图》中的题旨与朱熹的不同之处。李滉在《进圣学十图札》中说：

道之浩浩，何处下手；古训千万，何所依从？圣学有大端，心法有至要，揭之以为图，指之以为说，以示人入道之门，积德之基。

可见，李退溪自己也认为《圣学十图》是一部明了揭示"圣学大端"的作品，是他自己多年深思熟虑、提纲挈领的知识体系总结。十图的排列次序，无疑体现了他独特的理学思想的逻辑结构。从《小学图》所处的位置，我们亦能窥见小学在他思想体系中的地位。

第一图《太极图》具有融会自然、社会、人生和天道、地道、人道整体思考的特性，因而被李退溪当作《圣学十图》的第一图。而其他九图实际上是《太极图》"立太极"和"立人极"的展开。

第二图则采用了元儒程复心的《西铭图》，但正如朱杰人先生所言，程复心无论当时还是后世，都不是一个非常重要的学者，但为什么他却同朱熹、程颐、张载等人并论，其《西铭图》被引用至第二位呢？这恐怕得从退溪之独特的学术视角入手。

---

① 张华：《朱熹和李滉哲学之比较》，《延边大学学报》（社会科学版）2010 年第 1 期。

② 朱杰人：《李滉〈圣学十图〉与朱子〈近思录〉比较研究》，《台湾东亚文明研究学刊》第 3 卷第 2 期。

《西铭》原名《订顽》，为《正蒙·乾称篇》中的一部分，张载曾将其录于学堂双牖的右侧，题为《订顽》，后程颐将《订顽》改称为《西铭》，才有此独立之篇名。此篇虽"大抵皆古人说话集来"（《朱子语类》卷九十八），但全部由儒家典籍中引证事例。可以把它分为两个部分：前一部分为思想之发挥，后一部分是具体之事例的列举。说明了一体性与万殊性的关系。

一统而万殊，则虽天下一家，中国一人，而不流于兼爱之弊；万殊而一贯，则虽亲疏异情，贵贱异等，而不梏于为我之私，此《西铭》之大旨。

因此，程颐说《西铭》是"为仁"的法式。由此可见《西铭图》实际上是将《太极图》中万物统考的道理细化接引到"求仁"的认知哲学中来。因此，顺理成章，如何处理好不流于兼爱之弊和不梏于为我之私，便变成了下一个面对的问题，于是关于人的教育问题便自然而来。上面已经论述《小学》《大学》之间的逻辑关系，实际上，《小学图》《大学图》以及其后《白鹿洞规图》均是基于此一种考虑。构成了一个由浅到深、由易到难的完整学习、提高过程。

正如张立文先生所言："李退溪按朱子及宋儒的思想，依据自己的体悟，以简明的图的形式，发展了朱子思想。"① 因此，尽管从《小学图》中我们看不出李退溪对《小学》的发挥和发展，但从整个《圣学十图》的体系构成而言，这无疑重新诠释了《小学》的逻辑地位，实是一大贡献，因此可以如许概括：既是一次退溪自己体系的建构，更是对原来儒家理学体系的发展。

《小学图》阐释

如张立文先生言："退溪按朱子及宋儒的思想，依据自己的体悟，以简明的图的形式，发展了朱子思想，如第三《小学图》以立教、明伦、敬身为纲，这就把小学教育的组织、内容、目的、宗旨讲得非常明确具体。如立教包括立胎育保养，小大始终，三物四术，师弟授受之教；明伦包括明父子之亲、君臣之义、夫妇之别、长幼之序、朋友之教；敬身包括明心术之要，威仪之责，衣服之制、饮食之节等。"李退溪用简练的图表，将《小学》的结构表达出来，下面，我们将依照《小学图》的结构，并依照《小学集解》进行详细的注说。

内篇共分为立教、明伦、敬身、稽古等四篇，退溪将前三者分为并列的三章，

① 《东方著名哲学家评传（韩国卷）》之《退溪李滉》，第 231 页。

而将第四章定为论证前三章的顺成一章。

（一）立教

立教之意为树立教化；进行教导。《韩诗外传》卷八言："学校庠序以立教，事老养孤以化民。"南朝（梁）刘孝标之《辩命论》亦言："或立教以进庸怠，或言命以穷性灵。"宋代叶适之《〈黄文叔诗说〉序》中说："自文字以来，《诗》最先立教，而文、武、周公用之尤详。"

《小学·立教》开篇亦言：

> 子思子曰，天命之谓性，率性之谓道，修道之谓教。则天命，尊圣法，述此篇。俾为师者，知所以教。而弟子知所以学。

由上述可见，立教乃是树立榜样，教化育人之意。通过对天理、圣法的讲述，让教育者知道该教的，让学习者知道哪些是应该学的，是此一篇的主旨。《集解》中言：

> 此篇述古圣人所以立极教人之法，其大目不出乎立明伦之教、立敬身之教而已。

可见，此篇是教人之人伦、立身之规矩行迹，即讲授教育的重要性和方法。《小学》中在《立教》之下共有十三章，李退溪《小学图》下将此篇分为了四目：

1. 立胎育保养之教

胎育，大致等同于现代之"胎教"一词，为怀胎时候对腹中胎儿的教育，此一目即讲究孕期胎教之说，在《小学》中为此目中之第一章，原文述：

> 《列女传》曰："古者，妇人妊子，寝不侧，坐不边，立不跸，不食邪味，割不正不食，席不正不坐，目不视邪色，耳不听淫声，夜则令瞽诵诗，道正事。如此则生子，形容端正，才过人矣。"

朱熹对早期教育十分重视，文中记载了古时妇女怀孕的时候，孕妇应该注意的事项，从躺、坐、立、食、视、听以及日常修养等诸方面做了说明。只有这样，"则生子，形容端正，才过人矣"。这实际上就是中国古代的"胎教"。在《史记》载周文王之母怀上文王时候"目不视恶色，耳不听淫声，口不出傲言"。朱熹关注到了胎教在教育中的现实意义，因此，主张对儿童的道德教育，也要从胎教开始。

李退溪按照原文意思，将此一层单独划为了一章，名为立胎育保养之教，正是朱熹之本意的强调，也是退溪自身继承和发扬朱子理学思想的体现。

2. 立大小始终之教

"大小"即为自小至大（的教育过程），"始终"指从小至大所学的内容。"大小始终之教"即从小至大的应该的教育步骤，这是本目中内容。大致同《小学》中《内则》《曲礼》二章相吻合。

《内则》中对小大始终之教的过程和内容介绍得极为详细：

第一，当小孩子出生之后，就要为他（她）选择一个合适的乳母，要求乳母必须"宽裕、慈惠、温良、恭敬、慎而寡言"，"使为子师"，实际上就是婴儿的乳母或幼师。

第二，自孩子开始独立地吃东西，就需要教导其用右手，并根据男女性别的不同，区别对待，在十岁之前这段时间里，尤其重视从日常着手，逐渐教育，由浅入深、由简到难，由事到理，逐渐培养孩子的修养。

子能食，食教以右手；能言，男唯女俞；男鞶革，女鞶丝（按：《集注》中言：唯言应之速，俞言应之缓，刚柔之义也。革、丝之别，亦为男女刚柔之别）；六年，教之数与方名；七年，男女不同席不共食；八年，出入门户及即席饮食，必后长者，始教之让；九年教之数日。

以上为十岁之前，男女之教育大致相同，都是从日常行为入手，教育培养其修养之工夫。而十岁最后，则就区别对待了。

第三，对于男性十岁之后，则要外出求学，在日常行为中要始终如一地学习修养工夫，并需要学习儒家之六艺知识，随着年龄的逐渐增长，走上儒家要求的修齐治平的士大夫人生历程：

十年，出就外傅，居宿于外，学书计，衣不帛襦袴，礼师初，朝夕学幼仪，请肄简谅；十有三年，学乐、诵诗、舞韶；成童，舞象学射御；二十而冠，始学礼，可以衣裘帛、舞大夏，淳行孝悌、博学不教、纳而不出；三十而有室，始理男事，博学无方，逊友视志；四十始仕，方物出谋发虑，道合则服从，不可则去；五十命为大夫，服官政；七十致事。

第四，对于女子十岁之后，则因受传统礼教之男尊女卑的消极思想的影响，要求女子无才便是德，专门学习女红等事，以培养温顺之性体：

女子十年不出，姆教婉娩听从，执麻枲，治丝茧。织纴组纼，学女事，以供衣服，观于祭祀，纳酒浆，笾豆菹醢，礼相助祭；十有五而笄；二十而嫁，有故，二十三而嫁，聘则为妻，奔则为妾。

经过持之以恒的"潜移默化"的教育，就把伦理道德的基本要求，内化为受教育者的自觉的道德守则，成为人格中的一部分，使之能自觉地按照封建伦理道德的要求去做。

第五，在此一节中，除了论证从小到大的教育过程外，还间或涉及了对教育机构的设置，如原文引《学记》："古之教者，家有塾，党有庠，术有序，国有学。"

除了讲述教育的一般过程外，还对教育机构的层次设计提出了要求，这也对教育的整个过程提出了设计蓝图。

3. 立三物四术之教

三物，犹三事，指六德、六行、六艺。《周礼·地官·大司徒》曰：

以乡三物教万民，而宾兴之。一曰六德：知、仁、圣、义、忠、和。二曰六行：孝、友、睦、姻、任、恤。三曰六艺：礼、乐、射、御、书、数。（郑玄注："物犹事也"）

《左传·襄公三年》载："解狐得举，祁午得位，伯华得官，建一官而三物成，能举善也夫！"

明代宋濂《送邓贯道还云阳序》："《周官》之制以乡三物教万民而宾兴之，所谓三物，若六德、六行、六艺是也。"清曾国藩《送江小帆同年视学湖北序》："承平既久，法意寖失，郡县有司不知三物为何事，而教民之任，独以责之学政与校官。"

四术，诗、书、礼、乐四种经术。《礼记·王制》曰："乐正崇四术，立四教，顺先王诗、书、礼、乐以造士，春秋教以礼、乐，冬夏教以诗、书。"

《宋书·文帝纪》载："故诏以三德，崇以四术，用能纳诸义方，致之轨度。"

《通典·选举一》载："诗、书、礼、乐，谓之四术。四术既修，九年大成。"

三物四德，均是指儒家教育里面的必修内容，是每一个儒家传统的士君子修身求学最起码的知识和技能要求，可见，此一目是介绍学习的内容。这也基本上概括了《小学》此一部分的主体内容。《小学》中除了介绍三物四教的内容外，还从儒家教育思想的角度对教育的本质做了回溯，因此，《小学》此部分还载：

《孟子》曰："人之有道也，饱食暖衣，逸居而无教，则近于禽兽。圣人有忧之，使契为司徒，教以人伦，父子有亲，君臣有义，夫妇有别，长幼有序，朋友有信。"

他认为正是源于对前人之行为失当、圣籍不存的忧患，"圣人们"才重视教育，试图通过诗书礼化的教育，从而使民众能够秩序有常，从而达到社会克定、万物和谐的理想境地。故《小学》又载：

> 舜命契曰，百姓不亲，五品不逊，汝作司徒，敬敷五教，在宽。命夔曰，命汝典乐，教胄子，直而温，宽而栗，刚而无虐，简而无傲。诗言志，歌咏言，声依永，律和声，八音克谐，无相夺伦，神人以和。

4. 立师弟授受之教

师，指老师，教授学问的师者；弟，此处不是兄弟之意，而是弟子，因此，师弟指师徒关系。授，指传授；受，则是指接受、学习之意。

此条目指师徒传授中要明白遵守的礼节和规矩，也即在师徒传授与学习的时候，做弟子的需要懂得的道理。

在《小学》原文中述：

> 《弟子职》曰，先生施教，弟子是则，先生施教，弟子是则。温恭自虚，所受是极。见善从之，闻义则服。温柔孝悌，毋骄恃力。志毋虚邪，行必正直。游居有常，必就有德。颜色整齐，中心必式。夙兴夜寐，衣带必饰；朝益暮习，小心翼翼。一此不懈，是谓学则。

意思是说，在学习过程中，先生所教导的，弟子一定要作为行事准则。而具体的细则有哪些呢？文中也一一列举，自"温恭自虚，所受是极"一直到"朝益暮习，小心翼翼"，都是需要在日常学习中养成的习惯性礼节。另外《小学》还对学习的过程做了要求："《乐记》曰，礼乐不可斯须去身。"

礼和乐的修养和精神，不可片刻忘记。那么师徒授受中，学习目的达到的评价标准是什么呢？《小学》也做出了明确界定：

> 子夏曰，贤贤易色，事父母能竭其力，事君能致其身，与朋友交言而有信，虽曰未学，吾必谓之学矣。

《小学集注》中如此注解：

四者皆人伦之大者，而行之必尽其诚，学求如是而已。故子夏言有能如是之人，苟非生质之美，必其务学之至，虽或以为未尝为学，我必谓之已学也。

由此可见，学习的最高目标仍然是通往个体伦理道德修养的范畴。这也正是立教为学的最高境界。

（二）明伦

明伦一语原出《孟子》，意为，明白人伦之义。《孟子·滕文公上》载："夏曰校，殷曰序，周曰庠，学则三代共之，皆所以明人伦也。"

这里不但点出明伦的含义，更重要的是，从孟子此处的表达中，我们可以知道，儒家思想中，教育的目的所归都是指向"明伦"，故此，《小学》中对明伦也非常重视，对之内涵进行了分类论述，内容十分充实。《小学》在《明伦第二》中开篇即言："孟子曰，设为庠序学校以教之，皆所以明人伦也，稽圣经，订贤传，述此篇以训蒙士。"

《小学集注》中《明伦第二》中题解："明，明之也；伦，人伦也；其目有五，明父子之亲，明君臣之义；明夫妇之别，明长幼之序，明朋友之交，凡百七篇。"

由此可见，此章之编纂，依照传统之五伦顺序（父子、君臣、夫妇、兄弟、朋友）。李退溪《小学图》中之《明伦图》，延承上述五目之结构，直观展示了此节的逻辑关系。

1. 明父子之亲

父子关系，为五伦之首，是中国传统社会宗法关系的核心纽带，因此，在此目中，《小学》费极多之笔墨，列织典籍中之言论，进行论述。从内容看，此目共分为四部分进行了论述，四部分分别为亲待父母之节，顺从父母之命，事父母病、亡之仪，父母之孝的外化。

第一，亲待父母之节。

这一部分是讲父子之亲的最具体化、最普遍化的行为表征，《小学》从日常服侍父母生活、对待父母态度、面对父母时的仪表等诸方面进行了详细说明。比如在日常服侍父母中，《小学》对成年子、儿媳、男女未笄者均做了规定，如对父母晨起这一节就做了仔细的规定，比如对成年子的规定：

《内则》曰，子事父母，鸡初鸣，咸盥、漱，栉、縰、笄、总，拂髦、冠、緌、缨、端、韠、绅，搢笏，左右佩用。左佩纷帨、刀、砺、小觿、金燧，右佩玦、捍、管、遰、大觿、木燧，偪，屦着綦。

这是说成年子女在日常生活中应当随身做好准备，以便照料父母。而对儿媳，也做了相应的规定："妇事舅姑，如事父母，鸡初鸣，咸盥漱，栉，縰，笄，总，衣绅，左右佩用，紟缨綦屦。"

然后子、媳一同服侍父母起床梳洗：

以适父母舅姑之所，及所，下气怡声，问衣燠寒，疾痛苛痒，而敬抑搔之。出入则或先或后，而敬扶持之。进盥，少者奉盘，长者奉水，请沃盥，盥卒，授巾。问所欲而敬进之，柔色以温之。父母舅姑必尝之而后退。于运反之。温，藉也，承尊者必和颜色。

而未成年子女，则又有一套独特的礼节：

男女未冠笄者，鸡初鸣，咸盥漱，栉縰，拂髦，总角，紟缨，皆佩容臭。昧爽而朝，问何食饮矣。若已食，则退；若未食，则佐长者视具。

以上是对生活中一个具体的环节中孝待父母所做的规定，另外在面对父母之时，也尚有许多注意的细节问题，比如在对待父母时的神态上：

《礼记》曰，孝子之有深爱者，必有和气；有和气者，必有愉色；有愉色者，必有婉容。孝子如执玉，如奉盈，洞洞属属然如弗胜，如将失之。严威俨恪，非所以事亲也。

再如：

《礼记》曰，父命呼，唯而不诺，手执业则投之，食在口则吐之，走而不趋。亲老，出不易方，复不过时。亲癠，色容不盛，此孝子之疏节也。

第二，顺从父母之命。

孝不单是对待父母的礼仪或日常的奉养，而且还表现在顺从父母的意愿，这就表现在当自身利益同父母意愿冲突时，要以父母之命为第一需求，而顺从父母之愿望。比如《大学》中载：

《内则》曰，父母有婢子若庶子庶孙，甚爱之，虽父母没，没身敬之不衰。子有二妾，父母爱一人焉，子爱一人焉，由衣服饮食，由执事毋敢视父母所爱，虽父母没不衰。

上文以庶子、二妾为例，清晰地说明父母的喜好与自己不一致时候，作为孩子应该如何取舍。再如：

子甚宜其妻，父母不说，出。子不宜其妻，父母曰，是善事我，子行夫妇之礼焉。没身不衰。

如果一个人自己跟自己的妻子感情很好，但是父母不喜欢，便只能"出"妻；而如果自己跟妻子的感情恶化，"不宜"，但是只要父母乐意，就必须一直在一块生活下去，"没身不衰"。现在看来似乎匪夷所思，但这样的具体事例，在中国古代是存在很多的，比如我们耳熟能详的《孔雀东南飞》，焦仲卿和刘兰芝即使再恩爱，在焦母反对时，也不得不分离；再如陆游和唐婉，也是因为陆母的反对，而劳燕分飞，空余《钗头凤》红酥手、黄滕酒之叹。尽管上述事例与现在的价值观并不完全一致，甚至有许多必须摒弃的糟粕、迂腐成分，但从中，更清楚地看出自己感情与父母感情之间主从关系。因此，忽视了上述事例的极端化倾向，其目的和原则，《小学》也交代得极为详尽：

曾子曰，孝子之养老也，乐其心，不违其志，乐其耳目，安其寝处，以其饮食，忠养之。是故父母之所爱亦爱之，父母之所敬亦敬之。至于犬马尽然，而况于人乎。

这对现代越来越讲究个性、忽视孝道的风气来说，无疑仍然有警醒意义。当然顺从父母意愿之孝也不仅是指牺牲个人情感，还包括在父母有过错时，子女的处理态度上。比如此节，《大学》中要求：

《内则》曰，父母有过，下气怡色柔声以谏。谏若不入，起敬起孝，说则复谏。不悦与其得罪于乡党州闾，宁孰谏。父母怒不悦，而挞之流血，不敢疾怨，起敬起孝。

在孝义之前，对子女应有态度，行为做了明确说明。

第三，对待病、亡父母之孝。

对待父母之孝，还表现在父母有疾病时的孝养以及父母身没之后追思之道，这也是父母之亲重要的一方面。对于父母疾患之时，孩子们必须做到："君有疾饮药，臣先尝之。亲有疾饮药，子先尝之。医不三世，不服其药。"

亲人有病之时，要求子女先尝之，并且，如果医生不是世传之艺，不能听从他的治疗，充分表述了孝子对父母应具有的负责态度。同时，若父母在病中，子女的行为举止也当有度："父母有疾，冠者不栉，行不翔，言不惰，琴瑟不御，食肉不至变味，饮酒不至变貌，笑不至矧，怒不至詈。疾止，复故。"

当父母离世之后，则要求子女从心情一直到追思、施祭的行为中都做到"孝"："《祭义》曰，霜露既降，君子履之，必有凄怆之心。非其寒之谓也。春雨露既濡，君子履之，必有怵惕之心，如将见之。"

除了感情上的怀念，还应对先父母原先教导、行为的恪守，即"不改父母之道"，《小学》如此解释："孔子曰，父在观其志，父没观其行。三年无改于父之道，可谓孝矣。"

只有如此，才能不枉父母之前的教导，在行动中恪守道德。"《内则》曰，父母虽没，将为善，思贻父母令名，必果。将为不善，思贻父母羞辱，必不果。"

当然，对父母的追思，还包括纪念中亦必贯彻"孝"的理念，因此，对父母、先祖的祭祀活动，也是极为庄重严肃的。首先，在仪式上，要求必须亲临之乃可：

《祭统》曰，夫祭也者，必夫妇亲之。所以备外内之官也。官备则具备。

君子之祭也，必身亲莅之。有故则使人可也。

而且，必须通过祭祀仪式的外在形式，内化为对先祖们深沉的怀念、追思之情，这才是祭祀的目的：

《祭义》曰，致齐于内，散齐于外，齐之日，思其居处，思其笑语，思其志意，思其所乐，思其所嗜，齐三日，乃见其所为齐者。祭之日，入室僾然必有见乎其位，周还出户，肃然必有闻乎其容声，出户而听，忾然必有闻乎其叹息之声。是故先王之孝也，色不忘乎目，声不绝乎耳，心志嗜欲不忘乎心。致爱则存，致悫则着。着存不忘乎心。未安得不敬乎。

因此，祭祀的地位如此，对祭祀过程必须重视，不能搪塞，对祭祀使用的祭器，以及祭祀的仪式，都必须严格遵循要求。

《曲礼》曰，君子虽贫，不粥祭器，虽寒，不衣祭服，为宫室，不斩于丘木。
《王制》曰，大夫祭器不假。祭器未成，不造燕器。

第四，对父母之孝的外化

中国的传统文化，是以伦理为特征的，而伦理的发端，则是以亲情关系为第一中心点，这也是《小学·明伦》以明父子之亲为第一的主旨所归。父子之亲外化推演之其他伦理关系，再推之其他社会关系，方构成了和谐统一的伦理社会，即《小学》中所言："孔子谓曾子曰，身体发肤，受之父母。不敢毁伤，孝之始也。立身行道，扬名于后世，以显父母，孝之终也。夫孝始于事亲，中于事君，终于立身。"

因此，从上述可以推理出，"孝"不仅是对子女对待父母这么简单的事情，正如其文所言："孔子曰，父母生之，续莫大焉。君亲临之，厚莫重焉。是故不爱其亲，而爱他人者，谓之悖德。不敬其亲，而敬他人者，谓之悖礼。"

因此，在孝的演绎深化中，可以外化出许多方面的行为，这些行为，既包括"父子之亲"的内涵，更包括"父子之亲"的外延，而这些都是孝的基本逻辑范畴，构成了"孝"的全方位含义：

孝子之事亲，居则致其敬，养则致其乐，病则致其忧，丧则致其哀，祭则致其严。五者备矣，然后能事亲。事亲者，居上不骄，为下不乱，在丑不争。居上而骄则亡，为下而乱则刑，在丑而争则兵。三者不除，虽日用三牲之养，犹为不孝也。

《孟子》曰，世俗所谓不孝者，五。惰其四支，不顾父母之养，一不孝也。博弈，好饮酒，不顾父母之养，二不孝也。好货财，私妻子，不顾父母之养，三不孝也。从耳目之欲，以为父母戮，四不孝也。好勇斗狠，以危父母，五不孝也。

曾子曰，身也者，父母之遗体也。行父母之遗体，敢不敬乎。居处不庄，非孝也。事君不忠，非孝也。莅官不敬，非孝也。朋友不信，非孝也。战陈无勇，非孝也。五者不遂，灾及其亲。敢不敬乎。

在这种思维逻辑之下，从"父子之亲"而外延，推及之各自社会角色，并各守其职，必定构成稳定、和谐的社会伦理关系：

爱亲者，不敢恶于人。敬亲者，不敢慢于人。爱敬尽于事亲，而德教加于百姓，刑于四海。此天子之孝也。在上不骄，高而不危。制节谨度，满而不溢。然后能保其社稷，而和其民人。此诸侯之孝也。非先王之法服，不敢服。非先王之法言，不敢道。非先王之德行，不敢行，然后能保其宗庙。此卿大夫之孝也。以孝事君则忠，以敬事长则顺。忠顺不失，以事其上，然后能守其祭祀。此士之孝也。用天之道，因地之利，谨身节用，以养父母。此庶人之孝也。故自天子之于庶人，孝无终始，而患不及者，未之有也。

因此，在明父子之亲的最末，《小学》感慨："孔子曰，五刑之属三千，而罪莫大于不孝。"这不仅是着眼于父母与孩子的伦理关系，更重要的是着眼于"孝"对于整个传统社会的伦理结构，具有最基本的影响意义。

2. 明君臣之义

君与臣，是封建社会社会等级的核心上下级关系。《易·序卦》："有父子，然后有君臣；有君臣，然后有上下。"唐代韩愈《送浮屠文畅师序》言："彼见吾君臣父子之懿，文物事为之盛，其心有慕焉。"宋代范仲淹《阳礼教让赋》言："侯以明之，罔替君臣之义；礼无违者，遂诣宾主之情。"可见，君臣之关系，主要讲求臣对君之敬、臣对君之忠二者。

君臣之义，是五伦关系的又一个重要方面，在孟子的五伦中，排列在第二位，而到了西汉董仲舒提出的三纲五常之中，君与臣之间，则成了伦理中的第一范畴，可见，君臣之间的关系是何等重要。在《小学·明伦》中，自四十到五十九，共有二十篇专述此目，从内容上分，大致可以分为两大部分，其一为为臣要注意礼仪、服饰上之修饰，以外彰对君主之敬重、忠贞；其二要怀有对君主之忠贞不贰之心，注重为臣之节。

注重礼仪、服饰之修饰部分，约计十二章论之，大约讲述了见君主时所应遵守的仪式、规范，从仪表、神态、服饰等一系列方面做了规定。比如，早晨觐见时候，《小学》中如此要求："礼记曰，将适公所，宿齐戒，居外寝沐浴，史进象笏，书思对命；既服，习容观玉声乃出。"

而见君主之时，则要求：

入公门鞠躬如也。如不容。立不中门，行不履阈。过位，色勃如也，足躩如也，其言似不足者。摄齐升堂，鞠躬如也。屏气似不息者。出，降一等，逞颜色，怡怡如也。没阶，趋进，翼如也。复其位，踧踖如也。

从入公门一直到退出，走路、说话，甚至喘气，一系列动作有严格的规定，都要求毕恭毕敬。《小学》的教育思路就是如此，通过仪式、行为的严格限制，从而凸显出行为背后的庄重性和合理性，从而内化为行为者思维的恪守准则。不单对待君王本人如此，即使对待君王的使臣或者君主所赐之物，亦要求毕恭毕敬，如《小学》如此记载：

> 礼记曰，君赐车马，乘以拜，赐，衣服，服以拜赐；君未有命，弗敢即乘服也。
> 曲礼曰，赐果于君前，其有核者怀其核。御食于君，君赐余，器之溉者不写，其余皆写。
> 论语曰，君赐食必正席先尝之。君赐腥必熟而荐之。君赐生必畜之。

而当君主探访自己之时，即使在病中，亦要求服饰仪表的合乎礼度。"疾，君视之，东首，加朝服，拖绅。"

以上都是讲求"君臣之义"在外在仪表、仪式之上的体现，而"君臣之义"对臣子"忠"的要求，除了上述仪式性的行为外，更重要的体现则是在臣子对待君主的态度上，亦即要怀有对君主之忠贞不贰之心，注重为臣之气节与本分。

首先，对待君王的态度上，《小学》中要求做到："孔子曰，君子事君，进思尽忠，退思补过，将顺其美，匡救其恶。故上下能相亲。"

子路问事君。"子曰，勿欺也，而犯之。"

君臣双方亦要做到互敬："君使臣以礼，臣事君以忠。"

而忠在伦理学的最高境界，《小学》阐述为："王蠋曰，忠臣不事二君，贞女不更二夫。"

上述是"明君臣之义"的两个方面。从仪式而及内心，分层次进行了阐述。

3. 明夫妇之别

夫妇是血缘伦理关系的缘起，是家庭组成的最基础环节，有了夫妇，才有了血缘家庭的纽带，《易·序卦》言："有天地然后有万物，有万物然后有男女，有男女然后有夫妇，有夫妇然后有父子。""有男女然后有夫妇，有夫妇然后有父子"充分表明了夫妇在五伦中之重要地位。传统的"夫妇之别"并不是我们所狭义理解的男与女在生理、心理上的差别。在此处是指夫妇双方职责的不同，即"男主外、女主内"的传统模式，通过夫妇有别来说明女子的从属地位，突出男尊女卑的传统家庭伦理，具有很深的性别歧视的色彩，自然其中有许多需要摒弃的思想。

比如文中载：

> 孔子曰，妇人伏于人也。是故无专制之义。有三从之道。在家从父，适人从夫，夫死从子。无所敢自遂也。教令不出闺门，事在馈食之间而已矣。是故女及日乎闺门之内。不百里而犇丧。事无擅为，行无独成。参知而后动，可验而后言。昼不游庭，夜行以火。所以正妇德也。女有五不取：逆家子不取，乱家子不取，世有刑人不取，世有恶疾不取，丧父长子不取。妇有七去：不顺父母去，无子去，淫去，妒去，有恶疾去，多言去，窃盗去。

尽管其中对女子某些不好的品行具有批评意义，但绝大部分透露出来是对女子的歧视。这自然不能成为现代人学习的标准。当然《小学》中此目还有许多规定男女婚配仪式，以及男女交往礼节的内容，对现代人有一定程度的借鉴意义，而正如原文中所提，"夫妇有别"的主要目的，是为建立有序、和谐的伦理关系服务。故此，《小学》中载：

> 男子亲迎男先于女，刚柔之义也。天先乎地，君先乎臣。其义一也。执挚以相见，敬章别也。男女有别，然后父子亲。父子亲，然后义生。义生，然后礼作。礼作，然后万物安。无别无义，禽兽之道也。

"男女有别"，方有了"父子亲"，也才"义生""礼作"，才能够"万物安"，建立和谐的社会伦理秩序。

4. 明长幼之序

《荀子·君子篇》载："故尚贤使能，则主尊下安；贵贱有等，则令行而不流；亲疏有分，则施行而不悖；长幼有序，则事业捷成而有所休。"以字面意思我们不难理解为年长者和年幼者之间的先后尊卑。《小学集结》中言："凡二十条，礼文虽殊，要皆不出乎敬之一字，曰先生以教称之也，曰君子以德称之也，曰尊父行也，曰长兄长也。皆以长为主也。"即此目以尊长者为主要目的，此亦五伦关系之重要一条。而所述诸事，同《小学》其他章节大致一致，取洒扫应对之事，自小处行为熏陶学生对长者之"敬"。如此目开篇即言："孟子曰，孩提之童无不知爱其亲。及其长也，无不知敬其兄也。"而对幼者对待长者的态度，也做了周详说明：

> 年长以倍，则父事之。十年以长，则兄事之。五年以长，则肩随之。（明伦）
> 从于先生，不越路而与人言。遭先生于道，趋而进，正立拱手。先生与之言

则对，不与之言则趋而退。从长者而上丘陵，则必乡长者所视。（明伦）

当然，说明之内容还有很多，均为尊敬长者、君子之条文，正如《小学》集注》中所言，"皆以长为主也"，兹不一一列举。

5. 明朋友之交

朋友之交，即平辈人之间的交往，既讲求双方的平等关系，更讲求双方的互信、互助关系。孔子言"与朋友交，言而有信"，"吾日三省吾身，为人谋而不忠乎，与朋友交而不信乎，传不习乎"，均是指朋友之交的原则问题，《小学图》明朋友之交一目，除说明朋友的结交原则外，还对交往中的礼节问题加以说明。在交往朋友的目的上，《小学》用《论语》中的言语说明："曾子曰，君子以文会友，以友辅仁。"而对交朋友的标准，《小学》如此论述：

孔子曰，朋友切切偲偲，兄弟怡怡。

孟子曰，责善朋友之道也。

子贡问友。孔子曰，忠告而善道之，不可则止。无自辱焉。

曲礼曰，君子不尽人之欢，不竭人之忠。以全交也。

在朋友交往过程中，要注意对朋友的热心帮忙，而帮助过程中，要"忠告而善道之"，并且凡事有度，"不可则止"。另外，与朋友交往，也应注意此点，做到"不尽人之欢，不竭人之忠"。对于交往中的礼节问题，《小学》做了细致的介绍，比如在客人登门拜访的时候，《小学》如此介绍：

凡与客入者，每门让于客。客至寝门，主人请入为席，然后出迎客。客固辞。主人入门而右，客入门而左。主人就东阶，客就西阶。客若降等则就主人之阶。主人固辞，然后客复就西阶。主人与客让登。主人先登客从之。拾级聚足，连步以上。上于东阶则先右足，上于西阶则先左足。

对客人来访时候的礼节，从迎接客人，与客人交流时候的姿态，一直到如何上下台阶都做了详细说明，再如主客之间的交流，《小学》如此介绍："大夫士相见，虽贵贱不敌，主人敬客，则先拜客。客敬主人，则先拜主人。主人不问，客不先举。"

上述礼节表明了朋友之间的相互敬重。这是"敬"在朋友交往在礼节上的体现。《小学》中，在明朋友之交后，尚有《通论》一目，属于引申及阐述性的内容，总论上述五伦关系之重要性及其原因。在《小学图》中从略，可能是为图例的精简明了目的。

（三）敬身

敬身，字义为敬重自身，《礼记·哀公问》载："公曰：'敢问何谓敬身？'"《孔子家语·大婚》载："是故君子无不敬，敬也者，敬身为大。"两处敬身均为上述之意义。《小学·敬身第三》中言：

> 孔子曰，君子无不敬也。敬身为大。身也者亲之枝也。敢不敬与。不能敬其身，是伤其亲。伤其亲，是伤其本。伤其本，枝从而亡。仰圣模，景贤范，述此篇，以训蒙士。

它的意思是说，身体承载着亲人之寄托期望，因此，需要爱惜自持，唯有如此，才是真正重其本、爱其亲。《小学》中此篇共分为心术、威仪、衣服、饮食四目。《小学图》亦按照此一排比顺序，顺承而为四目。

1. 明心术之要

心术，即内心之品德修养，主要为一个人所思、所为。《礼记·乐记》载："奸声乱色不留聪明，淫乐慝礼不接心术。"或者是指思想品质，居心。宋代罗大经《鹤林玉露》卷十四："柳子厚文章精丽，而心术不掩焉，故理意多舛驳。"明代唐顺之《答洪方洲王事书》："虽然，山人所知者，去权场中弊病犹易，去心术中弊病则难。"清代蒲松龄《聊斋志异·锺生》："于众中见生，忻然握手，曰：'君心术德行，可敬也。'"

按《小学集解》中所言，心术是"正乎内"的"修德之事"。因此"明心术之要"，即此一方面之大端准则。通言之，大致讲述了内心之理性与欲求、感情与理智之间的取舍关系。比如论述理性与欲求的关系时，《小学》如此观点：

> 丹书曰，敬胜怠者吉，怠胜敬者灭。义胜欲者从，欲胜义者凶。（敬身1）
> 孔子曰，非礼勿视，非礼勿听，非礼勿言，非礼勿动。（敬身3）
> 曲礼曰，礼不逾节，不侵侮，不好狎。修身践言。谓之善行。（敬身9）
> 孔子曰，君子食无求饱，居无求安，敏于事而慎于言，就有道而正焉。可谓好学也已。（敬身11）

上述四章从敬与怠、礼、道与欲关系的角度论述人之心术应该重视的因素，即要更多地追求敬、礼、道。再比如,在体现个人"心术"的日常行为中,《小学》也做了一整套的规定,注重日常行为中修行庄重、敬信等品行,如在《小学·敬身2》中载:

> 曲礼曰,毋不敬,俨若思,安定辞,安民哉。敖不可长,欲不可从,志不可满,乐不可极。贤者狎而敬之,畏而爱之。爱而知其恶,憎而知其善。积而能散,安安而能迁。临财,毋苟得。临难,毋苟免。狠,毋求胜。分,毋求多。疑事,毋质。直而勿有。

即要求在日常行为中,要持敬的态度,要克制自身的欲望,并且有坦荡、广阔的胸怀,不贪财,不懦弱,并且能懂得给人留有余地。再比如《小学·敬身4》中载:"出门如见大宾,使民如承大祭。己所不欲勿施于人。"这里说的是自身一定重貌修容,敬以持己,恕以及物。在出门的时候如同见国宾,而役使民众的时候就如同举行国祭,并且自己不乐意的事情不强加给别人。这种待人接物的方式,也是提高自身修养所必须学习的。此部分还讲述了行为中应做到言忠信、行笃敬等优良品质,如《小学·敬身6》中言:"言忠信,行笃敬,虽蛮貊之邦行矣。言不忠信,行不笃敬,虽州里行乎哉。"只有言行忠厚、笃敬,才能在世间畅行无阻。此一部分实际上是同传统文化中一直对士大夫提出的完美人格的修养并无二致。对我们现代人的品行修养,也有重要意义。

2. 明威仪之则

威仪,在古代有两个意思:其一指古代祭享等典礼中的动作仪节及待人接物的礼仪。如《礼记·中庸》载:"礼仪三百,威仪三千。"孔颖达注疏道:"威仪三千者,即《仪礼》中行事之威仪。"其二指庄重的仪容举止。《书·顾命》载有:"思夫人自乱于威仪。"孔传言:"有威可畏,有仪可象。"《汉书·薛宣传》言:"宣为人好威仪,进止雍容,甚可观也。"此处还引申指服饰仪表。《小学图》"明威仪之则"中的"威仪"大致等同于后者之意,指庄重的仪容举止和服饰仪表。《小学集解》中认为:"心术正乎内,威仪正乎外,则敬身之大体得矣","心术、威仪,修德之事也"。可见无论是《小学》,还是《小学图》均将"威仪"作为同"心术"同等地位的敬身之要。

《小学》此一目中,凡二十一章,分别从容体、举止、神态、穿着、修饰等方面阐述了树立威仪的细节。礼仪之始源于威仪的修饰,即"正容体,齐颜色,顺辞令",只有此三条做好,方能"正君臣,亲父子,和长幼",也才能"礼义立"。实际是从威仪之对人的内化作用做了逻辑上的阐述。对于举止、神态的修养,《小学》是认为有如下方面不能做：

> 曲礼曰，毋侧听，毋噭应，毋淫视，毋怠荒。游毋倨，立毋跛，坐毋箕，寝毋伏。敛发毋髢，冠毋免，劳毋袒，暑毋褰裳。

因为上述动作既不雅不庄，往往让人粗鄙流俗，同士君子之行为大相径庭，而呵护礼仪规范的容止，《小学》中已有描述，如《敬身16》载：

> 礼记曰，君子之容舒迟。见所尊者齐遫。足容重，手容恭，目容端，声容静，头容直，气容肃，立容德，色容庄。

上文对士君子的行为举止，做了细致而严格的描绘，用以规范正确的行为、礼仪。此外，《小学》还通过对穿着、修饰等的阐释，对"立威仪之则"做了细致的说明。

3. 明衣服之制

衣服，原意指衣裳，服饰。《诗·小雅·大东》有言："西人之子，粲粲衣服。"《史记·赵世家》："法度制令各顺其宜，衣服器械各便其用。"上述衣服均指所穿衣物等。《小学》中所言"明衣服之制"，衣服与上意略同，指符合儒家礼制精神，合乎"敬"之思想的衣饰。故"明衣服之制"是指清楚合乎儒家礼法精神，合乎"敬"之思想的衣饰规范。

此一目更有七章，自《敬身34》至于《敬身40》，分别记载了男子冠礼、日常以及重大仪式时候所应注意穿着的衣饰。比如，在日常时候，为人子穿衣需注意到：

> 曲礼曰，为人子者，父母存冠衣不纯素。孤子当室冠衣不纯采。（敬身35）

因穿衣的款式同人之心情相连，素衣以追远，故父母在不能穿，而纯采之义则多吉庆，故与孤子追远之意相悖，亦不应穿着。又如在日常起居中，亦要注意到衣服的合乎礼法：

> 论语曰，君子不以绀緅饰，红紫不以为亵服。当暑袗絺绤。必表而出之。（敬身36）

绀緅为三年之丧饰物，而红紫色不纯近于妇人之色，故亦不穿；袗絺绤为单薄之衣，穿着失君子庄重之态，故穿着必"表而出之"。又如在祭祀等正式场合，穿衣亦必要合乎规范："孔子羔裘玄冠不以吊。"因羔裘用黑羊皮做成。古代丧礼主素，吉礼方主玄。吊必变服，所以哀死，所以羔裘、玄冠不能临祭奠之礼。

上述行为的目的是为陶冶传统士君子之品行，使之形成合乎儒家礼仪的品格，正如此目最后之结尾处所言："孔子曰，士志于道而耻恶衣、恶食者未足与议也。（敬身 40）"

正如孔子评价颜回："一箪食，一瓢饮，在陋巷，人不堪其忧，回也不改其乐，贤哉回也！"衣、食日常之事看似平常，在儒家修行中，却与志于道相关切，是关系"克己复礼"之大节，一举一动反映出其修养和心性志趣，因此必须引起重视，故此，"明衣服之制"也就是顺理成章了。

4. 明饮食之节

饮食，原意指饮料和食品。如《诗·小雅·楚茨》中载："苾芬孝祀，神嗜饮食。"郑玄笺注为："苾苾芬芬有馨香矣，女之以孝敬享祀也，神乃歆尝女之饮食。"某些时候，亦引申为吃喝。如《书·酒诰》言"尔乃饮食醉饱"即是此意。"明饮食之节"之"饮食"，大致与此二意相当，"明饮食之节"亦指明了合乎儒家立法精神的饮食仪态和习惯，因与上述"明衣服之制"相同，饮食之节，亦是反映个体修养的重要一面，需要时刻注意，将之合乎儒家礼仪规范。

此目从饮食之时应注意的仪态、饮食的款式、饮食的内容以及饮食时的禁忌都有涉及，比如，对饮食时候仪态的介绍：

> 曲礼曰，共食不饱。共饭不泽手。毋抟饭，毋放饭，毋流歠，毋咤食，毋啮骨，毋反鱼肉，毋投与狗骨，毋固获，毋扬饭，毋嚃羹，毋絮羹，毋刺齿，毋歠醢。客絮羹，主人辞不能亨。客歠醢主人辞以窭。濡肉齿决，干肉不齿决。毋嘬炙。

在同人共食之时的礼节，均交代得比较清晰，又如对饮食的花样和要求上，也有比较明确的规定：

> 论语曰：食不厌精，脍不厌细。食饐而餲，鱼馁而肉败，不食。色恶不食。臭恶不食。失饪不食。不时不食。割不正不食。不得其酱不食。肉虽多，不使胜食气。惟酒无量，不及乱。沽酒市脯，不食。不撤姜食。不多食。

对食物的款式、花色、滋味均做了仔细的规定，另外对饮食的程度、选择也有相应的要求，正是"明饮食之节"的应有之义，而之所以为此，文中也有明确态度："孟子曰，饮食之人则人贱之矣。为其养小，以失大也。"

因为饮食之人过于追求口腹之欲求，而往往失去对心志的束缚与砥砺。故此，正如《小学集注》中言："衣服、饮食，所以奉身也，苟不制之，以义节之，以礼将之，其所以养人者反害于人也。"

上述衣服、饮食虽是奉身之小事，却正跟人格的修养相关切，须时时警觉规守。

（四）稽古

此为小学内篇之第四部分，籍，原意为考证，考核。《荀子·正名》言"无稽之言"即是此意。稽古即考察古事。《书·尧典》载："曰若稽古。帝尧曰放勋。"《汉书·武帝纪赞》载："高祖拨乱反正，文景务在养民，至于稽古礼文之事，犹多阙焉。"《晋书·裴頠传》曰："博学稽古，自少知名。"《明史·邓继曾传》载："割恩以定礼，稽古以崇孝。"以上引文中的稽古均是此意。

稽古，即考察故事，援引古人的事迹来证实上述内篇前三部分之论点。《小学集注》卷四《内篇·稽古第四》注解中即言："稽，考也，考虞夏商周圣贤已行之迹，以证前篇立教、明伦、敬身之言也"，对稽古篇的内容和目的均做了详细的注解。《稽古篇》开首也言：

> 孟子道性善。言必称尧、舜。其言曰，舜为法于天下可传于后世。我犹未免为乡人也。是则可忧也。忧之如何。如舜而已矣。摭往行，实前言，述此篇使读者有所兴起。

上文认为，道即是人性也，本性是同尧舜相同，但由于众人沉湎于利欲之中，而将善良的本性蒙蔽，因此，孟子言必称尧舜，但是他也仍然承认，自己仍然未免于"乡人"（既然圣人都已经如此），平常人更是需要常称、常思尧舜之道。这就是《稽古篇》"摭往行，实前言"的目的，自是使"读者有所兴起"。

稽古既然作用如上述，必然需一一对应前篇之立教、明伦、敬身三者，分而叙述之，因此，稽古亦分为立教、明伦、敬身三个方面，共计四十七章，分条例证前例。

1. 立教

此目以古圣贤事例论证上文之"立教"，共有四章。

第一章以周文王之母太任为例，论证胎育保养之教，文中如此言道：

> 太任，文王之母，挚任氏之中女也。王季娶以为妃。太任之性端一诚庄，惟德之行。及其娠文王目不视恶色，耳不听淫声，口不出敖言。生文王而明圣。太任教之以一而识百。卒为周宗。君子谓太任为能胎教。

以文王之母重视胎育，最终"生文王而明圣"的事迹，说明胎育保养的重要意义。

第二章以孟轲之母对孟子的教育，论证上文"小大始终之教"，讲明在孩子幼稚时期正确的教育方法的重要性，《小学》载文如此：

> 孟轲之母，其舍近墓。孟子之少也，嬉戏为墓间之事踊跃筑埋。孟母曰，此非所以居子也。乃去舍市。其嬉戏为贾炫。孟母曰，此非所以居子也。乃徙舍学宫之旁。其嬉戏乃设俎豆揖让进退。孟母曰，此真可以居子矣。遂居之。孟子幼时，问东家杀猪何为。母曰，欲啖汝。既而悔曰，吾闻古有胎教。今适有知而欺之。是教之不信。乃买猪肉以食之。既长就学，遂成大儒。

孟母通过三次迁徙，为孟子选取了合适的成长环境，并且，在教育过程中讲究自身的言传身教，以身为范，孟子"既长就学，遂成大儒"。

《小学》第三章、第四章则分别以孔子对其子孔鲤的教导，说明"三物四术之教"的重要意义。如第三章：

> 孔子尝独立。鲤趋而过庭。曰，学诗乎。对曰，未也。不学诗无以言。鲤退而学诗。他日又独立。鲤趋而过庭。曰，学礼乎。对曰，未也。不学礼无以立。鲤退而学礼。

第四章：

> 孔子谓伯鱼曰，女为周南·召南矣乎。人而不为周南·召南，其犹正墙面而立也与。

上述均是通过孔子教育其子孔鲤的对话，说明学诗、学礼的重要性，亦即学习六德、六行、六艺这儒家"三物"的意义所在。

2. 明伦

同上一条目相同，此目以古圣贤之事例证述《明伦》之条目内容，共计有三十章内容，分别论述了父子、君臣、夫妇、长幼、朋友等五伦关系。

自《小学·稽古五》到《小学·稽古二十一》共十七章内容，论证上文"明父子之亲"，如稽古第五、稽古第六、稽古第七章，以虞舜为例说明子女对父母之亲的正确态度和做法。并且在《小学·稽古第七》中总结说："杨子曰，事父母自知不足者其舜乎。不可得而久者，事亲之谓也。孝子爱日。"

正是对所述主体内容比较中肯的阐述。稽古第八到稽古十一，则是列举了西周先王及周公事亲的实例，比如说武王的事亲的行为时，以文王有疾，武王"不说冠带而养""一饭亦一饭"为例证，说明武王"对父子之亲"的身体力行。而后一直到《稽古二十一章》以孔氏门人、老子等事例继续罗列证实圣贤之人对"父子之亲"的重视，以及对"孝道"的切实力行。

自《小学·稽古二十二》到《小学·稽古二十六》则是例证上文明伦篇之"明君臣之亲"的内容，分别以殷商三仁（箕子、比干、微子）、伯夷与叔齐、蘧伯玉、智伯之臣豫让、王孙贾等前贤、名臣忠、敬事君的事例，说明上述论点。

自《小学·稽古二十七》到《小学·稽古三十》则是以冀缺妻、公父文伯之母、卫共姜、蔡人妻之事例，论述夫妻之别，尤其是妻子或明理、或坚贞之品行。

第四 大学图

概述

一、《大学》产生发展的历史

（一）《大学》简介

《大学》是《礼记》四十九篇中的第四十二篇，共 1751 字，《礼记·大学》中的"大"，在先秦时代读作"太学"，宋以后一般读作"大学"。既然出自《礼记》，我们不妨先来了解一下《礼记》。其是先秦的一本古籍，是由西汉经学家戴圣根据自己的理解并加入一些文献后整理而成的一部总集。《礼记》最初的地位并不太高，但到了东汉末年，经学家郑玄把《仪礼》《周礼》和《礼记》"三礼"合并为"三礼经"后，《礼记》就从"记"的地位上升到了"经"的地位，成了儒家的重要经典。《礼记》包容量极大，几乎涉及了上古三代至秦汉文化的一切领域，而且它思想极为深刻，对很多重大的哲学问题尤其是关于人与文化的问题，有着极为透彻的论述。"礼记"的意思就是对人们所应当遵守的礼节、仪式的记载，其中"礼"不仅包括今天我们所说的各种礼节，也包括了人类社会的一切文化现象和各种规则，以及作为各种文化现象和规则根基的最基本的原则。我们将要提到的《大学》并不是汉代的文献，而是先秦的文献，亦是全书 49 篇中思想最为深刻的篇目之一。

（二）《大学》的作者

《大学》的作者是曾子，或说由其弟子加以补充。曾子（前 505 至前 435），姓曾，名参，字子舆，春秋末年鲁国南武城（现山东省临沂市平邑县魏庄乡）人，是黄帝的后代，也是夏禹王的后代，是鄫国太子巫的第五代孙。他十六岁拜孔子为师，勤奋好学，颇得孔子真传。孔子的孙子孔伋（字子思）师从参公，又传授给孟子，因之，曾参上承孔子之道，下启思孟学派。他的修齐治平的政治观，省身、慎独的修养观，以孝为本、孝道为先的孝道观影响中国两千多年，至今仍具有极其宝贵的社会意义和实用价值。曾参一生积极推行儒家主张，传播儒家思想，是孔子学说的主要继承人和传播者，在儒家文化中具有承上启下的重要地位，后世儒家尊他为"宗圣"。

（三）《大学》的发展与演变

在韩愈、李翱以前，《大学》并没有引起人们的特别重视，韩愈、李翱二人最先将《大学》与《论语》等著作相提并论，同等重视。经宋朝司马光作《大学广义》，再经过程颢、程颐、朱熹等人的大力推崇，《大学》受到了知识分子特别是为官的知识分子的特别青睐，也因此被誉为圣学经典著述，更被尊为帝王之学。需要特别讲到的是《大学》是如何独立成书的问题，对此历来有不同推测。比较合理的说法是：在南宋，《大学》首先得到了当时两位儒学大师程颢、程颐的认可，他们认定《大学》是"孔氏之遗书"，推许为"初学入德之门"，因此，《大学》受到了当世儒者的普遍重视，为它以后的单行奠定了稳固的基础。而作为程氏弟子的朱熹，研究儒家的经典用心至为细密，他把《大学》重新编排整理，并分章析句和作注，分为"经"一章，"传"十章。他认为："经一章盖孔子之言，而曾子述之；其传十章，则曾子之意而门人记之也。"就是说，"经"是孔子的话，曾子记录下来；"传"是曾子解释"经"的话，由曾子的学生记录下来。在宋孝宗淳熙十六年（1189年），届60岁之际，朱熹为《大学章句》写了序言，其后更将《大学》《中庸》《论语》《孟子》合并为"四书"，由此可知，《大学》完全脱离《礼记》而成为一部独立的文献，便是由此开始。朱熹说过："某要人先读《大学》，以定其规模。次读《论语》，以立其根本。次读《孟子》，以观其发越。次读《中庸》，以求古人之微妙。《大学》一篇有等级次第，总作一处，易晓，宜先看。"（《朱子语类》卷十四），这就说明《大学》集中体现了儒家的思想，是入门的重要途径。另外需强调的是，《大学》的版本主要有两个体系：一是经朱熹编排整理，划分为经、传的《大学章句》本；一是按原有次序排列的古本，即《礼记》中的《大学》原文。朱熹《大学章句》本流传最广、影响最大。

二、《大学》的精神内涵

《大学》引用孔子的言论，论述品德的修养是本，处理具体的外在事物是末，先修养品德，再用美德感化百姓，这才是当务之急，可以说，儒家思想的意义在于强调个体的心灵光辉和精神价值。《大学》认为，君子只有在道德上做到推己及人，才可能治理好国家、安定天下。指明君子要有仁爱之心，而不应该嫉妒贤能，常怀公正之心，大道才能得以推行，天下才能得以平定。三纲八目的目的是约束君子品行，使其逐渐完善人格并对社会做出贡献。大学之道有三个纲领：明明德、亲民和止于至善，即要把内在过分的欲望去掉，彰显美好的品德，推己及人，普济天下，进行精益求精，达到至善。实现这三个纲领有其具体做法："知止而后有定，定而后能静，静而后能安，安而后能虑，虑而后能得。"这三个纲领还要配以具体的步骤，即"八目"——格物、致知、诚意、正心、修身、齐家、治国、平天下。"八目"是一个从小到大，从客观到主观的历练、成长过程，是《大学》的核心思想，有着深厚的思想关怀和人文意识。八个条目是实现三条纲领的途径，在八个条目中，修身是根本的一条，"自天子以至于庶人，壹是皆以修身为本"。十章分别解释明明德、新民、止于至善、本末、格物、致知、诚意、正心、修身、齐家、治国、平天下。明明德是指弘扬光明正大的品德，新民是指让人们革旧图新，止于至善是指要达到最好的境界，本末是指做事要分清主次，抓住根本，格物、致知是指穷究事物的原理来获得知识，诚意就是"勿自欺"，不要"掩其不善而著其善"，正心就是端正自己的心思，修身就是加强自身修养，提高自身素质，齐家就是管理好自己的家庭、家族。治国、平天下是谈治理国家的事，怎样治理国家呢？首先要做表率；自己讨厌的，不加给别人；要得众、慎得、生财、举贤。"得众则得国，失众则失国"，"有德此有人，有人此有土，有土此有财"；见贤能举，举而能先。

三、《大学》的当代价值与意义

　　作为经典的《大学》亦有着其当代价值与意义。《大学》强调尊重历史、尊重教化、尊重道义、注重个体精神修养的重要性，这对当今世界中人的和谐发展具有不可低估的作用。在当今社会，经济飞速发展，社会上出现了一些拜金主义思想和贪污腐败的现象，在经济繁荣的大背景下，其实难掩人们精神上的空虚和道德上的退化，如今我们重看《大学》，研究其所表达的文化心理，对于我们社会的发展是大有裨益的。

　　首先，《大学》的思想可以对人的文化心理结构起到塑形的作用。因为大学之道是向内心去发掘个体内在的"扪心自问"，是进行心灵反省的重要方式，是让人拿出自己本真知觉的精神醒悟。

　　其次，《大学》思想强调对人的教化，强调道义的重要性。当代社会是一个被西方中心主义怂恿的消费主义社会。在全球化中，消费主义甚嚣尘上，人人都想自己的生活变得超前富有。这有正义和合理之处，但消费主义是在超出个体支付能力的情况下，过分地向整个社会攫取，去获得那些非礼之财、非义之财，以致使多少人锒铛入狱！研究《大学》思想对于抵制过分的功利主义、拜金主义、享乐主义以及个人主义都是大有好处的。

再次，《大学》还特别强调个体精神修养的重要性，这一点对于当今世界的和谐发展的意义不可低估。克制自己非分的欲望，保持一颗平常心，通过对自我内在精神美德的光大发扬，去做有利于这个社会的事情，当然有其积极意义和正面价值，这些都体现出传统儒家思想超越历史的价值。

最后，《大学》有着重要的当代精神生态价值。现代大学教育主要强调的是人的全面发展，包括德、智、体等方面。古代中国的大学教育则主要强调对内在道德心性的开发和完善。二者有所区别。这一侧重内心完善的大学教育与现代大学教育非但不是冲突对立的，而且是完全可以相互融合的。因此，在全球化时代重新阅读、审视《大学》等儒家思想著作，这不是发思古之幽情，而是说明古代思想有其亘古常新的魅力。另外，如今的全球化对于东方来说是一种前所未有的挑战，西方人认为全球化等同甘共苦于同质化，即整个世界完全一体化，而东方思想家则认为，全球化应该有东方的价值和地位，由此，东西方的文明冲突日益尖锐。中国作为儒家文明的发祥地和代表者，应该坚守我们固有的精神文化家园，并将之发扬光大，只有这样，才能抵抗西方经济、文化攻势下的思想侵蚀，才能永葆我们大国的风范。

权近与《大学图》

本文中所要说解的《大学图》是由韩国思想家权近所作。权近（1352—1409），朝鲜高丽末期、李朝初期的哲学家，字可远、思权，号阳村。他出身于贵族，为李穑弟子，1370年文科及第，官至密直。1392年李朝建立后，他被拜为大提学，被封为吉昌君。他继承师业，又受师兄郑道传的影响，持"理先气后"论和"天人合一"论，提倡办书堂，培养地主贵族子弟，著有《礼记浅见录》《东国史略》《入学图说》《五经浅见录》等，后刊有《阳村文集》。

《大学图》图文文字简练，将大学的三纲八条目用图的形式形象地表达出来，其中涉及在、明明德、新民、止至善、知、行、推行、始、终、工夫、功效、格物、致知、正心、诚意、修身、齐家、治国、平天下等一系列的范畴。

退溪在此选择了韩国儒者权近的《大学图》，未用朱熹的《大学图》。为此陈荣捷先生有一短文《退溪不用朱子大学图》探讨其中原因。他认为退溪不用朱熹《大学图》的原因是《圣学十图》乃"为人主修养而作"，"朱子之图"乃为大学整个思想而作"。其意在退溪较重《大学》的工夫论意涵，我们的确可以在权近的《大学图》看到"工夫""功效"以和"明明德""新民""止至善"一样大的字体标示，而朱熹《大学图》并未出现"工夫""功效"等字眼。权近的图除了出现"工夫""功效"之外，也出现"知""行""推行"等字眼，并且以"格物、致知"属于"知"，以"诚意、正心、修身"归于"行"，以"齐家、治国、平天下"为"推行"，这是横看。纵看则"推行"属于"新民"，"知"和"行"属于"明明德"。同时在"明明德"左边标示"体"，在"新民"左边标示"用"，在"止至善"左边标示"体用之标的"。不仅"行""推行"未出现于朱熹《大学图》，"体用"亦未出现于朱熹《大学图》。"止至善"的右边则标示"极自新新民"，"新新民"是由"新民"再推进一层，这与由"行"再引申出"推行"，其用意相同，即不断地推陈出新，不断地修身实践。权近的图出现"始""终"，强调由"知止"到"能得"是一个有始有终的过程，这也是朱熹《大学图》所无。在"始"之下有"明明德新民知至善所在之效"，"效"即图末的"功效"。在"定静安虑"四字之下有"四者自知止至能得，之脉络皆以效言"，在此"效"字还是一个重点。

权近所作《大学图》最有深意之处在于图最上端显得至高无上的"在"字，此字以圆圈圈起来，底下一切仿佛由此字派生而来。在权近图，"在"字的形象性的强化，核心地位的提升，显示工夫的"现时存在"，显示"存在的扩充"，当然也因此"使存在变得更丰富"。

《大学图》阐释

《大学图》的图文异常精练，而且层次清晰，并逐级推进，形成一个严密的整体。下面我们就图文做逐一说解，以期能参透图文所表达出来的精神实质和宏大内涵。

1. 在

"在"又通"宰"，意思是"在于"，指出大学之道的本质内容和目标。"在"字处于整部《大学图》的最上方，以圆圈圈起来，底下的一切仿佛皆由此字派生而来。由此可以看出，"在"字在此图中处于最核心的地位，而且更加形象地表达了此字的重要性，同时，亦显示出"工夫"的"现时存在"，显示"存在的扩充"，当然也因此"使存在变得更丰富"。

2. 明明德

意思是说发扬光大人们的优良品德。前一个"明"字作"发扬光大"之意解；后一个"明"字作"美好""优良"之意解。明德，指人的优良品德、人的优秀本质、人的善良天性。

郑玄说："明明德，谓显明其至德也。"孔颖达说："'在明明德'者，言大学大道在于章明己之光明之德，谓身有明德而更彰显之。"朱熹说："明，明之也。明德者，人之所得乎天，而虚灵不昧，以具众理，而应万事者也。但为气禀所拘，人欲所蔽，则有时而昏，然其本体之明，则有未尝息者，故学者当因其所发，而遂明之，以复其初也。"赵顺孙《大学纂疏》："《语录》曰：明德未尝息，时时发见于日用之间，如见非义而羞恶，见孺子入井而恻隐，见尊贤而恭敬，见善事而叹慕，皆明德之发现也，如此推之极多。又曰：人之明德，未尝不明，虽其昏蔽之极，而其善端之发，终不可绝，但当于其所发之端，而接续光明之，则其全体可以常明。则如人知己德之不明而欲明之，只这知其不明而欲明之者，便是明德，就这里便明将去。又曰：明明德，是明此德，只见一点明，便于此明去。正如人醉醒，初间少醒，至于大醒，亦只是一醒。学者贵复其初，至于已到地位，则不着个复字。黄氏曰：明德者，一体一用，无时而不明也。因其所发，特言人虽昏聩，忽有醒时，初不分体用。又曰：平旦之气，好恶与人相近，固是发处。处事接物，而行其所当然，读书玩理，而喜其所可法，皆是发处。因其发而遂明之，则若火然泉达，有不可御者。发者自发，而不加明之之功，则虽有萌蘖之生，牛羊又从而牧之矣。明之如何？曰：玩绎思索，以尽吾格其初也。蔡氏曰：学者当因其发端之明而遂明之，使超然不为气禀物欲所累而有以全其体用之明，此所谓复其初也。"

胡炳文《大学通》云："《章句》释'明德'专以心言而包性情在其中。'虚灵不昧'是心，'具众理'是性，'应万事'是情，'有时而昏'又是说心，'本体之明'又是说性，'所发'说情。盖心虽有时而昏。然性之本体具于心则不可得而泯，故必有时而发焉。学者当因其发之端而遂明之，即孟子言仁礼智之端而谓知，皆扩而充之也。"郑玄说："明明德，谓显明其至德也。"孔颖达说："'在明明德'者，言大学之道在于章明己之光明之德，谓身有明德而更幸显之。"

3.亲民

即新民，使人弃旧图新、去恶从善。

朱熹说："新者，革其旧之谓也。言既自明其明德，又当推己及人，使之亦有以去其旧染之污也。"张居正说："亲字，当作新字，是鼓舞作兴的意思。民，是天下的人。天下之人，也都有这明德，但被习俗染坏了。我既自明其德，又当推己及人，鼓舞作兴，使之革去旧染之污，亦有以明其明德。譬如衣服浼了，先得重新一般，这才是有用之学。所以大学之道，在新民。"胡炳文说："心之虚灵，我与民同。在我者有时而昏，昏者虚灵之反也，如之何不自明？在彼者有旧染之污，污亦虚灵之反也，如之何不使之自新？然何谓新民，非强有以新之也。或使之得于观感，或使之由其政教，不过有以作其自新之机尔。"

其实对于"亲"字的理解，学术史上一直存有争论。程颐和朱熹主张"亲民"当作"新民"，程颐作《大学》定本一卷（又名《伊川先生改正大学》，收入《二程集》第四册《河南程氏经说》卷五），对《大学》文字做了两处更动，一是将"身有所忿懥，则不得其正"改为"心有所忿懥，则不得其正"，另一处即是将"亲民"改为"新民"；朱熹也认为"今亲民云者，以文义推之则无理；新民云者，以传文考之则有据。"（朱熹：《大学或问》上，载《朱子四书语类》，上海古籍出版社1992年版）其所作《大学章句》"亲民"下注曰："亲，当作新。"但反对程、朱者也不乏其人，影响较大者如王阳明，曾与弟子徐爱辨"宜从旧本作'亲民'"，列在《传习录》首章，认为"说亲民便是兼教养意，说新民便觉偏了"，足见二者的对立。但要确定"亲民"是否为"新民"，仅有文字的根据还不够，因为这里实际存在两种可能性，一是"亲民"写作"新民"，但作"亲"讲，郭店简就是这种情况；一是"亲民"通"新民"，所以还须从思想内容上做进一步的判断。朱熹等改"亲民"为"新民"，主要是他们看到下文有"苟日新，日日新""作新民"等语，而没有"亲民"的内容，这就是其所说的"以传文考之则有据"；另外则是考虑到思想上的联系。他在"新民"下注曰："新者，革其旧之谓也，言既自明其明德，又当推己及人，使之亦有以去其旧染之污也。"在他看来，前面既已说"明明德"，下面自当是与"明德"有关的"新民"，若说是"亲民"，则"文义"多少不够连贯。朱熹认为"今亲民云者，以文义推之则无理"，多少有些夸大其词，但他把"新民"与"明明德""止于至善"理解为一种并列关系，无疑是合理的。与此不同，王阳明则把"明明德"与"亲民"看作体用的关系："明明德者，立其天地万物一体之体也。亲民者，达其天地万物一体之用也。故明明德必在于亲民，而亲民乃所以明其明德也。"这显然不符合原意，且与后面的"止于至善"无法统一，故从文义的连贯来看，"新民"无疑胜于"亲民"。但王阳明主张恢复古本的"亲民"，并非仅仅出于文义的考虑，而是对早期儒学政治理想的一种承接，他认为"说亲民便是兼教、养意，说新民便觉偏了"，所谓"偏了"，便是指偏于"教"的一面。在他看来，早期儒家往往重视民众的生养问题，主张先养后教。孔子讲"老者安之，朋友信之，少者怀之"（《论语·公冶长》），也是"养"之意大于"教"之意，所以"亲民"显然比"新民"更符合早期儒学的一贯主张。王阳明所论，可能是针对后儒"重教轻养"甚或"只教不养"的流弊而发，有其自身的价值，但却不足以解决《大学》"亲民""新民"问题的争论，因为《大学》虽然提出"修、齐、治、平"的政治理想，但其主要是属于儒学内部的"明德"系统，而不是"事功"系统，从它的一些论述来看，也是重"教"（德）甚于重"养"（财），如"德者本也，财者末也""是故财聚则民散，财散则民聚""仁者以财发身，不仁者以身发财"，所以从《大学》的思想性格看，仍是"新民"比"亲民"更接近原意。另外，从上下文看，《大学》的"亲民"主要对应的是"齐家""治国"，而作者在论述这些内容时，依然侧重的是"德""教"，如，"一家仁，一国兴仁；一家让，一国兴让；一人贪戾，一国作乱。……此谓一言偾事，一人定国""上老老而民兴孝，上长长而民兴弟，上恤孤而民不倍""君子贤其贤而要亲其亲，小人乐其乐而利其利"。这同样说明，《大学》的"亲民"应作"新民"。

4. 止于至善

意思是达到最美好的品德境界。止于，达到。至善，最美好的品德境界。

朱熹说："止者，必至于是而不迁之意。至善，则事理当然之极也。言明明德、新民，皆当止于至善之地而不迁。盖必其有以尽夫天理之极，而无一毫人欲之私也。此三者，《大学》之纲领也。"胡炳文说："《大学》之教，言理必及于事。故《章句》释'明德'则曰'具众理应万事'，及释'至善'则曰'事理当然之极'。事事物物各有一理，故曰众理。事物之理各有其极，故曰'事理当然之极'。事理当然之极即天也，故末又曰'天地之极'。一实万分，故曰众会。万为一，故曰天。"孔颖达说："'在止于至善'者，言大学之道在止于至善之行，此其三也。言大学之道在于此三事矣。"孔氏从品德行为上说解"在止于至善"，朱子从品德心理上说解"在止于至善"，实际上我们应该从美好的品德心理与美好的品德行为结合上去理解"在止于至善"。王阳明说："至善者，明德、亲民之极则也"，注意到"至善"与"明德""亲民"的关系，他的解释又略胜于前面的解释了。

其实"止于至善"就是下文的"明明德于天下"，《大学》的这两段话具有一种内在的联系。作者先在文章的首段提出"明明德""新民""止于至善"三纲领，又在"古之欲明明德于天下也"一段里，通过"修、齐、治、平"等八条目对此做了进一步阐发，前面说过，"明明德"主要是指"修身"，那么，"止于至善"显然是指修身的最终结果"明明德于天下"了。

5. 格物

"格"即穷究，"物"是指万事万物。格物就是说要认识研究万事万物，穷究事物之理。

朱熹说："格，至也。物，犹事也。"又说："言欲致吾之知，在即物而穷其理也。"世间万物都有其存在的道理，事物之理，深浅不同，分许多层次，必须深入探求到最尽处，才是"格物"。

"格物"与"物格"既有区别又有联系。"物格"指在具体事物的处理上已经达到了"明德"的境界，"格物"则是指对具体事物的处理应该达到"明德"的境界。"物格"是现实性，"格物"是必要性。

6. 致知

致，尽、极。知，知识。致知，使认识达到极点，即认识明确。

朱熹说："致，推极也。知，犹识也。推极吾之知识，欲其所知无不尽也。"而且他举例说明："如读书而求其义，处事而求其当，接物、存心，察其是非、邪正，皆是也。"（《朱子语类》卷十五）

"致知"与"知至"也不同。"致知"是对知识在"明明德"上的要求，"知至"是对"明明德"的体认，是认识程度。

7. 诚意

"意"指心意，包括意向和意志。"诚"为动词，"诚意"就是"诚其意"，使心意真实无妄，即"毋自欺"。

朱熹说："诚，实也。意者，心之所发也。实其心之所发，欲其一于善而无自欺也。"

"诚意"是对意识的要求应该实实在在，是提出的要求；而"意诚"是指思想意识诚实不欺，即在思想上及意识上实实在在认识到"明明德"的意义，是指明的结果。

8. 正心

"心"，是人的心灵，人的天赋的本心，是人的主宰。"正"，使本有的善良的心灵恒居于主宰的地位，而不为七情六欲所蒙蔽。

"正心"是对心的要求，而"心正"是说"明明德"在心中已完全摆正了位置，是修养的程度，即结果。

9. 修身

修整自身的操守，培养自身的品德，建立自身的道德人格。

10. 齐家

管理好自己的家庭或家族，使家庭或家族和睦美满，兴旺发达。

11. 治国

治理好自己的国家。

12. 平天下

使天下人都能自明其明德，都成为品德高尚的人。

13. 知止

朱熹说："止者，所当止之地，即至善之所在也。""知"就是认识到，懂得。"止"，最完善的境界。

"知止"即认识到了"明明德""亲民""止于至善"。具体地说，就是"为人君止于仁，为人臣止于敬，为人子止于孝，为人父止于慈，与国人交止于信"。

14. 定

朱熹说："知之，则志有定向。""定"即心志的定向，指确定奋斗的方向和目标，这个奋斗目标就是"至善"。反言之，如果一个人的人生观不确定，就没有了努力的方向。

15. 静

朱熹说："静，谓心不妄动。"就是说心态平和安静，不胡思乱想。有了明确的奋斗目标，保持一份平稳的心态，自然就能心气平和清静专一。

16. 安

朱熹说："安，谓所处而安。"即意志坚定，注意力集中，不管遭遇到何种情况，都能安之若素。

17. 虑

朱熹说："虑，谓处事精详。"是指做任何事情都能精审详尽地思考，再三思索之后方才行动。张居正就说过："虑，是处事精详。心里既是安闲，则遇事之来，便能仔细思量，不忙不错。"

18. 能得

朱熹说："得，谓得其所止。""得"就是指有所得，达到预期的目标。

《孟子·离娄下》第十四章说："君子深造之道，欲其自得之也。"这个"得"是自得，即学到一些美德，真正成为自己的美德，而不是停留在口头上。

19. 知

由图可以看出，"格物"和"致知"属于"知"的范畴。在《大学》第五章中写道："此谓知本，此谓知之至也。"

20. 行

"行"包括"诚意""正心""修身"三个层面。其中"诚意"是自我修养的最起码要求，"正心"是自我修养的基础保障，而"修身"则是自我修养的标准。

21. 推行

"齐家""治国""平天下"属于"推行"的内容。古代治国主要抓两个方面：一是法令政制，一是礼乐教化。法令政制无疑是治国所必需的，但单凭法令政制并不能使百姓愿意守法，必须通过礼乐教化，而最有效的办法就是以家庭以起点，先对家人施教。其后，再通过政令等手段加强国家的整治，而后才能平定天下。

22. 始、终

《大学》经一章文曰："知止而后有定，定而后能静，静而后能安，安而后能虑，虑而后能得。物有本末，事有始终。知所先后，则近道矣。"由此可知，"知止""定""静""安""虑""能得"是一个循序渐进和逐步深入的过程，同时亦是完成理想人格所必经的认识与实践的过程，其中"知止"无疑是这个过程的开端，即"始"，而"能得"则是这个过程的结束，即"终"。

23. 求知至善之所在

是对上一层"知"的再解释，即知道什么样的品德境界才是完善、最美好的。

24. 求得止至善之事

是对上一层"行"的再解释，即怎么做、做什么才能达到完善与美好的品德境界。

25. 新民求得止至善之事

是对上一层"推行"的再解释，即在施行"齐家""治国""平天下"的过程中，民众懂得如何达到至善的品德境界。

26. 明明德新民知至善所在之效

是对上一层"始"的再解释，即知道自己所要达到和坚持不变的最完善境界。

27. 四者自知止至能得之脉络皆以效言

是对上一层"定、静、安、虑"的再解释，即说明此四者为"始"与"终"所必经的过程。

28. 明明德新民皆得止于至善

是对上一层"终"的再解释，即学到一些美德，真正达到完善的境界。

29. 工夫

将"格物""致知""诚意""正心""修身""齐家""治国""平天下"所传达的旨意进行总结归纳，以"工夫"命名之。

30. 物格

在处理具体事物上达到了明德的境界。格，达到。

31. 知至

认识到了"明明德"的重要性，指在知识上明白了"明明德"的普遍意义。

32. 意诚

思想意识诚实不欺，也就是在思想上、意识上实实在在认识到了"明明德"的意义。

33. 心正

"明明德"在心中已经完全摆正了位置。

34. 身修

自身已经达到了"明明德"的要求。

35. 家齐

已经在一家范围内达到了"明明德"的境界。

36. 国治

已经在一国范围内达到了"明明德"的境界。

37. 天下平

已经在全社会范围内达到了"明明德"的境界。

38. 已知至善之所在

即指这是"物格""知至"的功效。

39. 已得止至善之序

即指这是"意诚""心正""身修"的功效。

40. 新民得止至善之序

即指这是"家齐""国治""天下平"的功效。

41. 功效

即"物格""知至""意诚""心正""身修""家齐""国治""天下平"所产生的作用，以"功效"命名之。

《大学图》说解

一、"三纲"的历史语境

"大学之道"有三个纲领，也称"三纲"，即"在明明德，在亲民，在止于至善"，我们可以通过分析其历史语境，从而参悟其精神内涵。

（一）内在品格的自我体现

要探讨这个问题，我们首先来看一下"大学之道"的"道"指的是什么。众所周知，道是道家的核心思想，老子在《道德经》里经常提到"道"。其实，"道"也是儒家的核心思想之一。"道"不仅有"道路"形而下的意思，还有形而上的意思，如"大道之行也，天下为公"的"道"，这个"道"已经从形而下的具体道路升华为具有形而上学意思的思想。总之，"大学之道"的"道"主要指道理、宗旨、规律等。

"大学之道"的第一纲领是"在明明德"，其具体意思我们已在前面分析过，即明白、弄清楚并且彰显人人内心原有的光辉品德。儒家强调性善为主，"人之初，性本善"说明人的本性原来就像赤子之心一样，生下来不是恶的。之所以长大以后有的变成了有为青年，而有的却变成了罪犯恶人，呈现如此之大的差异，就在于后天社会环境的影响。正如傅玄《太子少傅箴》所谓"近朱者赤、近墨者黑"。因此，外在的环境和人性发展的关系就成为大学教育不得不考虑的方面了。可见，儒家谈到人时，指出"性本善"，讲的是人刚生下来并不是恶的，长大后的改变是由后天社会影响造成的，德行的彰显也是和环境有着密切关系的。

儒家找到一种面对世界的上佳方式就是"明明德"，当一个人，面对人与自我、人与他人、人与社会、人与世界等等关系时，可以把自己内在的光辉发掘出来。而《大学》的意思也就在于：当一个人通过良好的教化和陶冶之后，能够把内在的清净无染的本性释放出来，而成为一个真实的人。要做到这点，就要克服环境的恶劣侵蚀，其实"明明德"就是以一种自我启蒙的方式，洗掉那些蒙蔽心灵的赘物和虚假的承诺，从而把美好的德行开启光大出来。

（二）推己及人的公共意识

这里要讲到的是第二个纲领"亲民"，前面说过，"亲民"应作"新民"释意。"亲民"告诫人们，要将通过自我完善而获得心性提升的成果推而及人。因为知识权力告诉人们，知识不能独享，一旦人经过自我启蒙达到了刚健清新的人生境界之后，还有去除其他人理智之"蒙"的义务，从而让一个民族、一个国家去掉蒙昧，走向新生。这就是"亲民"的精神，就是强调要推己及人，使人人都能去除内在的心灵蒙昧而成为一个新的人。而这种启蒙，也正是知识分子和大学教育的重要功能。大学不是"独善"，而是"兼善"，不仅让自我变得更加完美，而且也让天下更为完美起来。有这一批觉悟的知识分子不断去发扬这种精神，就会让这个世界变得更加美好一些。

（三）止于至善的思想境界

"知止"是对自己的很高要求——知道进退、知悉利害、去掉杂念私欲，有所不能而有所能。这个"止"的意思是说人的目的是达到最高的善，抵达人生最完美之境，不达此境界就不能停止追求，即使达到也还要精益求精。可以说，大学之所以为大学，就在于其成就的人不仅仅在于一般的"善"，而是在于要对事物体察入微并持有心灵"知止"之定，这标志着作为大学最高境界的"止于至善"要求人超越一般的自我之善而成为至善之人。

要达到这一点，首先要知道什么不能做，就是不做那些不善的事情。第二，要知道自己该去做什么，就是那些善的事。这看似简单实则很难，人们总是在最简单的道理面前犯错。要避免那些不好的，去做那些好的，就是强调自己清醒的判断力和坚定的意志力。正是因为有了清醒的判断力，人才会有所不为而有所为，有了坚定的意志力，才能达到至善完美。可以说，至善不仅是道德的要求，也是做事业的要求，成为人们思想超越的内在尺度。

（四）循序渐进的精神跃升

"明明德""亲民""止于至善"是说要把内在的欲望去掉，从而显露出美好的品德，推己及人，普及天下的真正亲善思想，进而精益求精达到至善。实现这三个纲领有其具体做法，其具体做法又有重要的几条规定："知止而后有定，定而后能静，静而后能安，安而后能虑，虑而后能得。"需细细分析方能理解其中必然之联系。

"知止而后有定"中的"知止"是说知道自己的目的，就是说知道做什么和不做什么；"定而后能静"是说意志有了定力，心才能清静，才能安静下来；有了定力，内心才能不妄动，在身处的环境中处于一种安适的状态，即"静而后能安"；"安"是指一种主动的行为，是主动去寻求安适的状态，只有在"安"之后，人才能够处事有度，思虑周详，即"安而后能虑"，而且一旦安定下来就不再变，能够思考问题的各个方面从而达到最佳境界，就样就会有所得，即"虑而后能得"。

"定""静""安""虑""得"都是一种精神的、意志力的内在规范和秩序，循此步骤就能达到至善境界。

二、"三纲"的重要性阐释

《大学》"三纲"在大学图中具有十分重要的意义，需要我们不断加以揣摩和研究，发现那些经过漫长历史的碾磨后依然可以嵌入当代生活中的本质而美好的碎片，并对其加以重新清理整合。

（一）光明大德的主体自觉性

"《康诰》曰：'克明德。'《帝典》曰：'克明峻德。'皆自明也"。"明明德"就是除掉一己之私欲，把被现实污染的内心本有的宁静的德行彰显出来光大起来。这个彰显、光大的思想在孔子以前就出现了。这些思想汇集到《大学》里面，用来阐发一种观点，这种方式就是"引经据典"，即"六经注我"，就是用先人思想来说明、证明、阐发作者本人的思想。

"明明德"所讲述的是人们自己的美德怎样得以彰显和发扬。"明明德"正是人区别于动物的关键所在。如果想"以其昏昏"而"使人昭昭"，肯定是不行的。自己都没弄清楚，都是糊涂、昏庸、偏私的，那怎么可能让这个社会变成一个清净明白的和谐社会呢？如果自己内心都是充满了贪婪、野蛮和疯狂，怎么可能让这个社会变得公正、公平和文明呢？由此可知，儒家抓住了一个根本点，人之所以不同于动物，人之所以来自动物界又高于动物，就是因为他有一个很重要的思想维度，那就是他有自我灵魂心性和价值判断。

（二）君子维新的社会担当

"明明德"是对自我内在德行的要求，而"亲民"则是对社会外在的要求。在自我启迪以后，进而把这种明德推广到整个社会和全体国民当中，让人们共同享受启迪蒙昧之乐，享受人类向前和升华之乐。"亲民"不是对他人的一种强迫，而是如春风化雨般滋润人的心灵。启蒙不是强制别人升华，而是诱导所有的人自觉地升华。这个原理虽然简单，但却相当深刻。

"是故君子无所不用其极。"有德行的圣人君子没有什么是不可以达到极点的。君子或者品德高尚的圣人，由于他们没有极限、不断地超越，虽然"路漫漫其修远兮"，但"九死其犹未悔"，他们将不断地以崭新的自我来面对这个世界。这里的"无所不用其极"是一个非常简练而深刻的概括，它有两个方面的意思，一个是在自我修养方面，无论做什么，他都可以做到日日新；另一个是在修养的境界上，不为自己设限，不是说达到一个美好的境界就终止，而是到生命终了都要尽力。进一步说，"止于至善"说明"至善"是不断接近但永远也不可能达到的，因此，"止"本身就是过程性的。一旦终止在某个固定的点上那就是保守，就会没落而走向衰亡。这就是《大学》强调的君子无所不用其极之奥妙所在。

（三）"止于至善"的精神高度

1. "知止"主体与多元取向

《大学》"止于至善"一章引用了《诗经》上的箴言。"《诗》云：'邦畿千里，惟民所止'。"《诗经·玄鸟》上说，邦国的王都有千里之广，都是他老百姓所居住的地方。"惟民所止"指老百姓所达到、所居住的地方。"止"除了终止、截止以外，还有理想境界、至善之地的意思。在这里可以把它解释成"至善之地"，即最美好、最理想的生活环境。"邦畿千里，惟民所止"是说，邦国的土地都很宽阔，老百姓所居住的是美好的地方，人们在这里安居乐业。

在引用了《诗经》之后，接着又引用了孔子的话来加以说明。"子曰：'于止，知其所止，可以人而不如鸟乎？'"孔子感慨道，对于"止"，就是停留在一个善良、美好的地方，对自己栖息之地有自足感，就是说不能盲目地扩展，不能无所顾忌地占有别人的领地，然后自己一个人独享，而是只住到我应该住的地方。通过一个比喻，可以知道儒家思想对节制、秩序、知足和分寸是极为重视的。儒家的"止"有其深刻的人类主义价值和意义。

在我看来，"止于至善"极为重要，安居乐业是老百姓的事，国泰民安是国家的事情。有了"止于至善"，国和家都是安康的。由此可知，为什么孔子要把人和动物加以比较，就是因为，人有超越于动物之上的对社会、自我的思考。莎士比亚说"人是宇宙的精华，万物的灵长"，人有语言，会创造和使用工具，远远超越了动物。而孔子认为这都不是最重要的，如果不遵守秩序，不遵守人伦礼节，那连禽兽都不如。人与动物的差别很可能不像一般所说的那么大，要不然为什么动物可以做到的，人却不能做到呢？人通过"比德"，从动物身上看到了很多光辉的品德，比如"知止"。当然，最常见的就是动物的母爱。这种母爱被人冠以"本能"而草率地从价值平台转移到了科学的冷冰冰的事实平台上。其实，人很可能在走向文明的过程中遗忘了这种来源于天地本身的母爱。

"止于至善"对于人而言，首先就是要坚守人伦礼节，饱含人性的美好光辉，如果肆意践踏道德礼法，人也就不能称其为人了。其实，"止于至善"的君子哪怕有小过失也犹如日月之蚀而难逃公众的眼睛，更不要说有大错了。因此，君子应该严于责己宽以待人，不张扬他人之过或拿别人的错误轻侮别人，这样他将拥有更多的朋友并使敌人减少。

2. 人伦所止的现代意义

"止"非常重要，"止"就是定位。定位到什么形态就显示出什么样的政治品格、社会利害。行仁政、爱人民，还是暴政、害人民，结局截然不同。行暴政的结局就是君不成其君被人民厌弃。因此要"为人君"就应该定位于"仁"，"仁"就是对一个君王的基本要求。《大学》鲜明地指出，作为国家领导者，应该定位于仁，就是爱人民。

"为人臣，止于敬"，指作为下级应该定位在尊敬、恭敬上；"为人子，止于孝"，是说作为子女应该定位在孝顺父母上；"为人父，止于慈"，是说作为父母要定位在慈爱上；"与国人交，止于信"，是说与他人交往应该定位在诚信上。只有君、臣、父、子、国人都各有其所"止"，准确定位自己的身份，遵守道德行为的伦常，社会才能在诚信与和谐中发展。尽管今天民主国家已无君臣，但还有上下级，其对当代社会仍有观古鉴今的现实意义。

《大学》第三章，强调了仁、敬、孝、慈、信，说明中国儒家文化是一种非刚性的软性文化。《大学》规定，作为国家领导者，作为家族里边的子和父，以及作为普通人的老百姓，是紧密相关的社会链条。《大学》提出了关于个人自由与社会规范关系的问题。对现代社会而言，君臣关系可以转换为上下级关系，不能苛求在孔子的时代或先秦的时代，就有现代意义上的上级与下级的关系，经过现代的阐释，我们可以赋予古代君臣关系以上下级的新意。同样父子关系也应该赋予新意，但子孝父慈从根本上说是合理的。从品德意义上来说，仁爱、尊敬、慈孝和诚信，在今天基本上还应该继续发扬下去。当然，要是愚忠、愚敬、愚孝、愚慈，那是不允许的。因为今天的社会是一个民主而理性的社会，强调人的个体自由不可以出让，这是与古代不同的。因此我们不应该对古代的东西完全加以摒弃，当然也不能完全加以肯定。正确的做法是，理性地丢掉不合时宜的部分，并去发扬仍然有生命力的元素。

三、"八目"的方法论问题

《大学》的"三纲"必须配以具体的步骤，这就是《大学》的"八目"。

（一）内在修养的人格境界

"古之欲明明德于天下者，先治其国；欲治其国者，先齐其家；欲齐其家者，先修其身；欲修其身者，先正其心；欲正其心者，先诚其意；欲诚其意者，先致其知；致知在格物"，这一段话中的"平天下""治国""齐家""修身""正心""诚意""致知""格物"是很重要的关键词，也表明了八个层次。这八个层次形成一个由外到内的谱系："天下""国""家""身""心""意""知""物"。相应还有八个动词："平""治""齐""修""正""诚""致""格"。

在"八目"中，"平天下""治国""齐家"可以说是一种"亲（新）民知识"，通过启迪民众的智能，把自己所体会到的意义传播到天下去。这是对外的一方面，对内的方面是修身。如果说前面的外是"外王"，那个这个内就是"内圣"。"修身"主要是强调言行的一致，言语的谦恭，行动的合乎规范。

"修身"之后是"正心"。心正不正不能从表面看出来，即使有人口口声声说自己心正也不能完全相信。人们常说"知人知面不知心"，在某种程度上说明了"知心"之难。知心之难就在于不能把握那颗心到底正还是不正。儒家讲究的"正心"就是让自己做到问心无愧。"正心"的关键是"诚意"。"诚意"有多方面的要求，其中真诚性、本真性、真血性，这些"真"是"诚意"的关键所在。"致知"是指"凡一事不晓皆为耻"，要尽其所能去把握外在世界的各方面知识以全面提升自己。"致知在格物"，在古代"格"有多重含义，今天只保留下来部分含义，比如"格斗"的"格"，就是指把一些不好的敌对的东西推开。除此之外，"格"还有另一个意思是"穷极"，即对事物方方面面尽可能精微地加以观照把握。"格"的意思就是指去掉那些遮蔽眼睛的表面现象，看清楚事物的本质，这就叫穷极观照。这个"格物"在古代被人说得很玄，或者很形而上。其实，"格"最重要的意思就是去掉事物的表面现象，对它加以深度把握，直观真实本体。"格物"就是要排除那些虚幻的、引人走入歧途的东西，去把握真实的本质。

"致知"就是主体去掉蒙昧变得智慧起来。"格物""致知"之后使自己"诚其意"。"诚"极为重要，甚至一本《大学》都立足于"诚"字。"诚意"之后是"正心"。此时的"心"就如同一块透明的翡翠、一块珍贵的宝石，心灵经过了精神陶冶纯净之后，在言行上达到君子所具备的风度与规范，并以这样的君子风度去治理国家，使天下和谐太平。

（二）"内圣外王"反思性考量

当代新儒家提出"内圣"开出"新外王"，是一种拯救利欲熏心之世人的努力，但也有根本性局限。因为"内圣"是"格物""致知""诚意""正心""修身"，这五大方面的内容与个体相关，是"内圣"修为之学。这很重要，却不一定能够开出"新外王"。"外王"是社会制度社会秩序，就是"齐家""治国""平天下"。由"内圣"开出"新外王"很难，因"格物""致知""诚意""正心""修身"强调的是心性调养、自我陶冶，修身是一个自我提升、灵魂净化的过程。但要说道德很好了就能够"齐家""治国""平天下"，在今天看来至少是不全面的，因为社会并不仅仅包含个体的方面，还包括制度的方面。一个灵魂再善的人，如果没有一个健全良好的社会制度，他的善就不可能被他人接受，人与人之间就不可能形成平等对话，这个社会也就不能达到良性循环。人类仍然需要具有公正性、合法性的制度，制度的建立仍然是必要的。重心性只能起到陶冶心灵的作用，但并不必然开出新外王。教育可以直接影响人的心灵和道德，但教育不可能直接导致制度的完善。从内心进行教育就可以对政治有直接影响的看法太理想化。

（三）格物穷究的精神指向

"物格而后知至，知至而后意诚，意诚而后心正，心正而后身修，身修而后家齐，家齐而后国治，国治而后天下平"。正序叙述之后，又反序申说一遍，说明"八目"之间的关系很密切。当你穷极观照那个物，你就可以获得一种智能。当你获得了一种智能以后，你的意志可以正平。因为只有智慧者才可能剔除内心的私欲，尽可能地使自己公平、公正和善良。一个蒙昧的人，你要求他的意诚，他可能做得到，但是你要他完全消除私利却不可能。意诚才会心地端正，心地端正才会言行得体、修养合度。这样才可以让整个家族生活整齐、规范、良善和谐。有了这种能力和品德，就有资格服务社会，才可以去治理国家，成为一名好的官员。

治理好国家以后，才可以使得天下太平，使得人类的大同世界到来。

这是中国古代所说的由小及大、循序渐进、环环相扣的思想方式和作为方式，具有积极的实践价值。不要以为小事就不必在乎或不值得做，细节往往决定成败，一个人小时候的某个习惯可能决定他一辈子的走向。这就在于他是否认真地去格物，是否获得了对内在自我的提升，从而彰显区分差异性的精神魅力。

（四）修身为本的人文内涵

"自天子以至于庶人，壹是皆以修身为本。"从领导人到一般老百姓都有同样的规则，都应该把修养身心看作自己处事的根本。修身为本的"本"就强调每个个体、全体民众乃至最高统治者都应该去修身，无分上下，这是超越上下关系的人伦大本。只有这样，整个民族修养才能得到提升，全民才会有教养，这个社会才会是一个文而化之、文明知礼的社会。

"其本乱而末治者否矣。其所厚者薄，而其所薄者厚，未之有也。"如果根本是混乱的，本质是出了问题的，却还能把那些花枝招展的枝叶、末梢做得光辉灿烂，这是不可能的，即使做到了也只是一时的，因为表面的繁华掩盖不住本质的虚空，建立在空虚本质之上的繁华也会迅速衰败。"华而不实"或"外强中干"就表达了这层意思。正因为本乱、无本、无实，末就不能得到治理。"其所厚者薄，而其所薄者厚，未之有也。"这句话是说，应该厚的心性灵魂而不去培根厚本，应该薄的功名利禄而不去鄙视摒弃。这种当厚不厚、当薄不薄的做法就使其结局适得其反。如此，想成为一个高尚的人，终将是南辕北辙。

从大说到小，从天下说到"格物"；又反过来，从"格物"说到天下；然后再反过来，指出去追逐末流而舍弃根本、追逐虚假现象、否定本质的真实和灵魂的升华，而要成为一个良善之人、能治国之人，那是根本不可能的。《大学》开篇便表明了一个道理，就是个人的修养很重要，即"修身为本"之"本"就是一切事情的根本，如果没有这个根本，你就做得越多错得越多，不是不断进步，而是不断"巩固错误"。

中国儒家所说的"修身为本"对丰富灵魂极为重要。如果是一个情趣高尚的人，哪怕住在冷寂陋室也可以写出境界高远的《陋室铭》（刘禹锡）；哪怕处于污泥浊水之中也可以出淤泥而不染，灵性自高（周敦颐）。这就是修身为本的思想光辉和价值光彩，如果追逐舒适生活而遗忘了修身根本，那么即使获得最优越的生活条件，也依然没有得到高迈的精神生活。

除了"本"，还有一个字是"止"，终止的止。"止"告诉我们，有些事是不能做的，到此为止，保有价值底线。至此，我们才可能心定，心定就是目标坚定，有一个远大的目标，即"无欲则刚"，最后才会有所得。人们喜欢说两个字"舍得"，只有"舍"才能"得"，只有有所不为才能有所为。这就是《大学》"八目"给我们的重要思想启示。

四、内本外末的人格提升

（一）求真知本的人文价值

《大学》"八目"是一个从小到大、从客观到主观、从个体到整体渐进修为的过程，其中格物致知的重要之处在于它是"大学之道"的起点。

"格"除了有"去掉"的意思外，还有反反复复不断钻研的意思，"格物"就是去掉那些虚伪的不真实的杂质。"致知"之"知"是智能的"智"。格物就是穷究根本、沿波讨源，找到事物最重要的内在规律或道路。"致知"就是寻求一种大智慧，一种超越了日常生活的高智能。"致知"代表了人类对最高智能的追求。在这个过程中，要能"弃己"，能把自我固执的主观性逐渐抛弃，尽可能地贴近真理。同时还要明白，致知的对象——大自然、世界、万事万物，需要人去认识，而不是要人去破坏；需要人去尊重，而不是要人去践踏；需要人去了解爱护，而不是要人为地误解和误读。致知说明了对规律把握的态度和难处，因为致知往往不能做到"弃己"，而是自满自足、自傲自负。正是由于不断超越自己，人才可以宽容博大不断精进，成就一番大事业。

格物致知，说简单也简单，说难也很难。数十年如一日地对问题穷追不舍，剥掉那些伪善、虚假、不实的表层，寻找真实的本体，探究其中肯的结论，实际上颇为不易。孔子说："朝闻道，夕死可矣。"把"闻道"——认识规律、大道、真理和死亡联系起来。这也是中国的智者、哲人第一次把求真，把对规律的认识和死亡相连，可见求真之难。同样，西方人也曾提出，"在科学的入口就是地狱的入口"，把求真、了解事物规律和进入地狱相联系。可以说，格物致知之不容易，因为人总是有私心的，总是带有主观情感的，而事物是他者，是和人相对的客观存在，不排除一己私心，怎么可能进入事物内部去发现和把握它的规律呢？要把握事物规律，一定要克服私心。

（二）君子慎独的人格典范

诚意在《大学》中非常重要。"所谓诚其意者，毋自欺也，如恶恶臭，如好好色，此之谓自谦。故君子必慎其独也。"就是说让自己的心像通体透亮的赤子之心一样，不可自欺，你能欺骗其他人，但最不可骗的就是自己。在我看来，《大学》

把诚意集中表述为不自欺、毋自欺是非常有见地的。如何做到诚意，《大学》用了两个类比，一是"如恶恶臭"，是说就像厌恶恶臭的气味那样；二是"如好好色"，"好色"有两种解释，一种是美丽的颜色，另一种就是女色，此处的"好色"应该是泛指所有亮丽夺目的美好事物。"此之谓自谦"，意思是说这就叫作自己内心惬意满足，自己才能融洽和谐地与他人相处。

末句"君子必慎其独也"，就是说君子最重要的就是"慎独"。在所有其他人都不在场的情况下，自己成了自己灵魂的法官，成了自己行动的监视器，成了自己一心向善的提升者。天下的万物不难战胜，最难战胜的就是自己。儒家就是要战胜最难战胜的自己。"胜人易，胜己难"，要自己约束自己，提升自己，做到表里如一，哪怕极小的瑕疵也要去掉，通过这种艰难的人生修炼达到最完美的境界。儒家最尊重的器物是玉，因为一块玉里即使有一点点杂质，也要尽量"如琢如磨"地去掉。真正的好玉通体透明，很少有杂色，这样的玉不仅是价值连城的瑰宝，也是光辉人格的体现。孔子常以玉作为君子品质的象征，标明自己德行高尚文质彬彬。

"曾子曰：'十目所视，十手所指，其严乎'。"这是《大学》第一次引用曾子的话。君子慎其独，曾子把它形象化了。当你在一个地方独处时，可以想到有众多的眼睛在看着你；在做什么坏事的时候，有很多双手在指点你。所谓"举头三尺有神明""其严乎"——岂不是很严厉的吗？你怎么可能逃掉呢？

（三）以诚为本的精神意义

"富润屋，德润身，心广体胖，故君子必诚其意。"有了钱以后，就可以拥有一所豪华的房子，但这不是最重要的，最重要的是"身"，身只有用德性才能养护。如果有了品德，德行很高，就会润养身心。人们总是把身体说成皮囊，好像不需太重视，其实"身"在中国并不是单纯指肉体，而是扩大为健康、风神、意态等，蕴涵了诸多精神因素，这就是内德外显的魅力！这种内在的精神美德发出超越人的神性光辉，让人的身体光辉透亮。"心广体胖"意味着只要你心胸开阔，不去欲求那些蝇头小利，不去津津乐道那些日常生活中的低俗趣味琐碎之事，当你面对这些已经不感兴趣时，你的身体就会因为纯粹而处于非常良好的状态。《大学》告诉人们，德可以富身，德可以增寿，德可以养人。"故君子必诚其意"，诚意能达到养性养心的高度实在不可低估，其当代意义同样是不言自明。诚意不仅是让心意真诚，也是让人心有诚信，诚意和诚信不可分割。比如晋商在中国历史上是相当有名的，晋商的根本经营思想并不是唯利是图，而是诚信为本。心诚了就无所畏惧，无所畏惧就天地宽阔，天地宽阔便知道了整个宇宙的秘密，知道宇宙的秘密更能反观到人生的一瞬，"生年不满百，常怀千岁忧"。人通过这种方式能深刻地认识自己，反过来说也是一样。君子正是因为不欺骗天、不欺骗地、不欺骗人、不欺骗自己的良知，才可以无愧于天地，才可与天地万物相往来而无所负累。

（四）诚意修身与面对本真

诚意的"意"还不是显示出或说出的话，"意"是大脑中人们看不见的东西，是转瞬即逝的心灵活动，就连这样的心理活动都要诚，可见儒家对人要求之严。在我看来，行善犹如春原之草，不见其长日有所增；行善如磨刀之石，不见其损日有所亏。春天的草地每天看不见生长的痕迹，但是在不久就会是一片生机，而如果做了不好的事情，去欺人欺己之心，那就像磨刀之石，没人觉察它每天的缺损，但是时间一长，总是凹下一大块，也就是说德行不好会损其本然。

在儒家看来，社会中最关键的问题是个体的真诚。如果社会中每一个个体，也就是国家的最小单位都是尔虞我诈，都在通过不正当竞争谋取更多的私利，那么国家的社会基础就会瓦解。在这个意义上说，儒家的格物、致知、诚意仍有其现实的意义。它的历史局限性我们当然要清理，同时也要看到东方智慧能对今天人性的完善和社会的完善有着积极的意义。

儒家的致知、格物、诚意，其实就是要求人面对真实，哪怕为它付出了生命，哪怕为它付出一辈子的幸福也要去做。这就是"知其不可为而为之"，充满了悲壮的生命求索色彩，但也是对人的精神境界的一种提升。可以说，儒家思想的意义在于它强调了个体的心灵光辉和精神价值。

第五图　白鹿洞规图

概　述

一、白鹿洞书院和"白鹿洞规"

白鹿洞书院位于今江西庐山五老峰东南，初为私人读书养性之所。唐代贞元（785—804 年）年间，河南洛阳人李渤与其仲兄李涉在庐山读书，曾养白鹿以自娱，人称李渤为"白鹿先生"或"白鹿山人"。后李渤任江州刺史，于其地建台榭，遂名白鹿洞。南唐升元（938—942 年）时期此地开始修建学馆，设置学田，招收生徒，世称庐山国学。宋初改称白鹿洞书院。进入北宋后，书院的规模及招生数量迅速扩大，吕祖谦《白鹿洞书院记》："书院韧于南唐，其事至鲜。我太宗于迅扫区域、日不暇给之际，奖劝封置，如恐不及，规模远矣。"在近百年的讲学中，白鹿洞书院人才辈出，在这里读书讲学的多为当时著名的学者。《白鹿洞书院志·人物志》所列宋代人物三十四人，其中北宋学者有杨徽之、刘式等人。

淳熙五年（1178 年），朱熹以秘书郎权知南康军州事的身份赴军就任（今江西星子），翌年三月到任后，在庐山五老峰下重建白鹿洞书院，它是宋代四大书院之一，与睢阳、石鼓、岳麓共为当时四大书院，也是我国古代最著名的书院之一，被誉为"天下书院之首"，明清仍为书院，现存为清道光年间修建，现院内有碑廊、礼圣门、思贤台、白鹿石洞等，至今已有一千余年的历史。

"白鹿洞规"又称"白鹿洞书院揭示""白鹿洞书院教条"，是朱熹为了培养人才制定的教育方针和修身守则，收入《朱文公文集》卷七十四。白鹿洞书院是朱熹的讲学基地之一。朱熹一生从事讲学工作，以培养人才为己任。他对当时的教育制度不满意，提出了自己的教育方针，但它的实际意义远远超出了教育范围，白鹿洞书院的学规应当看作朱熹哲学世界观的纲领。

朱熹作《揭示》以阐明办学宗旨，强调以伦理道德的义理来修身，并把它作为为学的根本任务。他在学规中指出教育的目的不在于传授知识、务记览、为辞章、钓声名、取利禄，而在于给从学者讲明义理以修其身，推己及人，最终为圣贤。在"跋语"中，他说明了想通过树立榜样，以纠正当时官学中"务记览、为词章，以钓声名取利禄"的不良学风。《揭示》集经典成语，文字简洁，便于学习者记诵遵循，成为后儒讲学的准则。

　　"白鹿洞书院揭示"以"父子有亲，君臣有义，夫妇有别，长幼有序，朋友有信"为"五教之目"，以"博学之，审问之，慎思之，明辨之，笃行之"为"为学之序"，以"言忠信，行笃敬，惩忿窒欲，迁善改过"为"修身之要"，以"正其谊不谋其利，明其道不计其功"为"处事之要"，以"己所不欲，勿施于人，行有不得，反求诸己"为"接物之要"，揭示书院楣间，希"相与讲明遵守"，故名"揭示"，"揭示"意同"告示"，"取凡圣贤所以教人为学之大端……揭之楣间"，使学生共同遵守，如同"学规""教条"。学规是古代学校规章之总称，内容涉及办学的目标，课程设置、教学组织和成绩考核，学官和掌教的职责，弟子的行为规则等。宋明时期书院的学规，侧重对学子为学、进德的目标、原则及方法的指导，"白鹿洞书院揭示"以摘取儒家圣贤论学要义形式，全面论述书院教学的任务、学者为学方向，修身过程与准则，要求学者"讲明义理以修其身""苟知其理之当然，而责其身以必然"，切戒"务记览为辞章，以钓声名取利禄"。绍熙五年（1194年）朱熹任湖南安抚使知潭州，复揭之于岳麓书院。淳祐元年（1241年），宋理宗视察太学，亲书此"揭示"赐国子监学生，此后它被摹写、抄写、刻印，遍及南宋官学书院，成为元、明、清教育的指导性规章。

　　"白鹿洞书院揭示"包括的范围很广，它是书院的规章制度，提出了办学的宗旨和基本原则，教育的目标、修身、处事和接物等一系列内容。朱熹的"白鹿洞规"，一方面是受到禅林讲学制度的影响，另一方面也是我国古代教育经验的继承。周予同先生《中国学校制度》一书考证，佛教最盛行之时，每个寺庙就是一个佛学院，为了向佛徒传经布道，订有"清规"。唐代怀海禅师的《百丈清规》，就是一部成文的禅林法规。

　　至于为学校专门制定的守则，我国古已有之，管子的《弟子职》就是一例。这个守则，不一定为管子手定，可能是战国时期的学者，根据当时官、私讲学经验写成的。它规定了学生应该遵守的学习和生活纪律，内容庞杂，不易记诵，朱熹为之写了注说，并认为它只是"言童子入学受业事师之法"，即是一个小学生守则而已。

　　"白鹿洞书院揭示"其文为"父子有亲，君臣有义，夫妇有别，长幼有序，朋友有信。右五教之目。尧舜使契为司徒，敬敷五教，即此是也。学者学此而已，而其所以学之之序，亦有五焉，其别如左：博学之，审问之，慎思之，明辨之，笃行之。右为学之序。学、问、思、辨，四者所以穷理也。若夫笃行之事，则自修身以至于处事接物，亦各有要，其别如左：言忠信，行笃敬。惩忿窒欲，迁善改过。右修身之要。正其义不谋其利，明其道不计其功。右处事之要。己所不欲，勿施于人。行有不得，反求诸己。右接物之要。"

文章指出父子之间要有相亲相爱之情，君臣之间要有礼义，夫妇之间要有内外之别，长幼之间要有尊卑的次序，朋友之间要讲究信用。以上是"五教"的纲目。尧、舜委派契作司徒（教育之官），恭敬地敷陈"五教"，就是这些。学习的人就是学习这些罢了，而他们用来学习的顺序，也有五方面，分别地列在下面：要广泛地学习各种知识，要详细地探究事物的原理，要谨慎地思考所学的东西，要明白地辨别是非，要忠实地实行获得的真理。以上是研究学问的顺序。学习、问难、思考、论辨这四方面，是用来"穷究道理"的，至于"忠实实行"这一类事，就从"修身"以至于"处事""接物"，也都各有要点，具体地分列如下：言语忠诚老实，行为忠厚严肃；惩戒忿愤而抑止情欲，见善则迁而有过则改。以上是"修身"的要点。要端正义理，而不谋求私利；要明白义理，而不计较近功，以上是"处事"的要点。自己所不想要的事物，就不要强加给别人，行动没有得到预期的效果，就反过头来在自己身上找原因。以上是"接物"的要点。

这个简短的学规首先提出了教育的任务，是让学生明确纲常和"义理"，并将它融入身心修养。它要求学生按学、问、思、辨的"为学之序"去"穷理""笃行"，指明了修身、处事、接物之要，作为现实生活的守则。

朱熹在学规之后，解释说："熹窃观古昔圣贤所以教人为学之意，莫非使之讲明义理以修其身，然后推己及人；非徒欲其务记览为辞章，以钓声名取利禄而已。今人之为学者，则既反是矣。然圣贤所以教人之法，具存于经，有志之士，固当熟读深思而问辨之。苟知其理之当然，而责其身以必然，则夫规矩禁防之具，岂待他人设之而后有所持循哉？近世于学有规，其待学者为已浅矣；而其为法，又未必古人之意也。故今不复以施于此堂，而特取凡圣贤所以教人为学之大端，条列如左，而揭之楣间，诸君相与讲明遵守，而责之于身焉。则夫思虑云为之际，其所以戒谨恐惧者，必有严于彼者矣。其有不然，而或出于此言之所弃，则彼所谓规者必将取之，固不得而略也。诸君其亦念之哉！"（《朱文公文集·白鹿洞书院揭示》）

窃，自谦之词，是私下的意思；辞章，诗文之总称；规矩即准则；楣间，门框上的横木中间。这段话是讲："我私下考察古代'圣贤'所用来教育人从事学习的意思，无非是对他讲明义理，以加强自身的修养，然后用来推广到他人的身上，不是空空地让他们致力于观看、记忆、摘取而形成诗文，用来猎取名誉利禄就完事了。现在从事学习的人，就与此相反。然而'圣贤'们所用来教育人的法则都存在于'经学'之中，有志气的读书人，本来就应当熟读深思而且把它们问难、论辨清楚。如果知道了在道理上应当这样，而要求他自身按照事理的发展去做，那些禁防的规矩之类的东西，难道要等待别人设立它而以后使人有所遵循吗？近代在学校里有学规，那些东西对待学习的人，本来就是很浅薄的，而它作为法则，又不一定合乎古人的意思，所以现在就不再施行于这一学校，而特地摘取凡是'圣贤'所用来教育人从事学习的主要部分，排列起来，高挂在门楣上，勉励大家相互讲解共同遵守，而且求之于自身。那么在思考言行的时候，就用此以谨戒恐惧的人，一定会有比这些更严格的。而其中有不对的地方，或者出于禁防以外，那么他们的所谓规矩，一定要吸取它，本来就不应该有所忽略。请大家记住！"

明代王阳明对朱熹的教诲之规，不由地赞叹道："夫为学之方，白鹿之规尽矣。"（《阳明全书·紫阳书院集序》）"白鹿洞书院揭示"全部是集儒家经典语句而成的，前面的内容并不多，朱熹后面讲的这段话，是对这个"学规"进行的深入阐释。

首先，朱熹认为：教人为学的目的是使人们"讲明义理以修其身"，然后"推己及人"，不是要人们借写华丽的文章来沽名钓誉。其次，朱熹认为：真正求学的人，哪里用得着别人创设规矩禁令，让自己去遵循呢？靠规则来管束，对于求学的人来说已属浅薄。为什么他自己不亲自编写学规，却专门到经典里去找。他说圣贤用于教育人的方法，都包括在经典之中，没有必要重新另起炉灶。他专门选取圣贤用以教人学习的大原则，"条例于此，揭示于门楣"，这才是学子们应该熟读深思，铭记于心而认真遵循的，"五教之目"都是他从历代的经典里面，古圣先贤的话语中选出来的。

可以看出，朱熹规定了书院教育内容的核心，是讲明道德本身，这既是教育内容，也是教育目的的，把世界观、教育目的与学习修养的途径融为一体。这种教育理论，以及由它引申出来的一些实际教学措施，对古代社会后期办学的准则起到了有意义的借鉴。

作为学规，朱熹对其弟子言传身教，他们并不是把它作为空洞的教条，教者和学者都努力按照学规的要求去做。"为师者，能忠信笃敬，毫发无伪，训警恳至，语自肺腑流出，能致力于躬行实践，不专尚空谈，故人之感悟者亦倍深切。"（《增补宋元学案·慈湖学案·冯兴宗》卷七四）朱熹能根据学生的学习特点，及时调整自己的教育方法，弟子程允夫"少却玩味践履工夫"，朱熹便指导他"讲了便将来践履，即有归宿"（《朱子文集》上册卷二）。方耕道是个"迫急之人"，朱熹就对方耕道讲："于日用语默动静之间，立规程深务涵养，毋急近效，要以气质为功。"

（《朱子文集》上册卷二）郑可学"受学于朱子，以禀性卞急，力于惩忿上做工夫，久之，最得精要，面命问答，率前贤所未发，四方来学者，朱熹多使质正焉"（《宋元学案·沧州诸儒学案·郑可学》）。朱熹认识到郑可学的"卞急"之性，在他的个性和学识上做足工夫，使他的学问日渐精要，在朱熹的辅导下，像郑可学这样最终学有所成的人很多。

《白鹿洞规》的义理，规范之精辟独到，一直是各个书院教育的学规，朱熹的弟子任国子司业时，曾上奏朝廷，"请刊行所注学庸语孟以备劝讲及白鹿洞规示大学"。宋淳祐六年（1246年），"理宗诏颁《白鹿洞学规》于各州府县立石"。这样《白鹿洞书院揭示》便成为官方指定的学校和书院的学习规范了。

朱熹的门人程端蒙和其友人董铢后来根据《白鹿洞书院揭示》制订了《程董二先生学则》。白鹿洞书院在明代有李龄"八戒"，汤来贺应江西巡抚安世鼎之聘主持白鹿洞，清康熙二十四年（1685年）汤来贺撰写"白鹿洞书院学规"，收入毛德琦《白鹿洞书院志》。学规要目有七：专心立品，潜心读书，澄心烛理，虚心求益，实心任事、平心论人，公心共学。

二、"白鹿洞规"的教育意义

《白鹿洞书院揭示》也称"朱子教条"、《白鹿洞教规》、《白鹿洞学规》。它是书院教学管理制度形成的标志，包括四个部分的主要内容，它从伦理道德观、治学的次第及治学方法和修身方法上阐述。这四个方面的规定，包括书院教育教学的基本内容和治学、修身的基本方法，"五教之目"，规定的是教育的目的和基本内容，即纲常名教，规定书院教学必须围绕伦理道德来进行。以朱熹为代表的理学家把伦理道德称之为"天理"，所谓"天理，复是何物？仁义礼智，岂不是天理！君臣、父子、兄弟、夫妇、朋友，岂不是天理"。朱熹要求教育必须"存天理"，他强调"存尽天理，方始是学"。书院的教育教学也必须为维护伦理道德进行。"为学之序"，强调的是治学的顺序和方法。这四部分内容几乎包含教育的根本问题，这既是书院教育的纲领，又是书院教育的条规，既是对书院办学方针及宗旨的规定，也是对学生进行学业和德行进修的准则和规范。《白鹿洞书院揭示》反映了书院已形成了一套完整的教育管理体系，书院教育已进入成熟的发展形态。自《白鹿洞书院揭示》颁布之后，很快为各地书院普遍采用，同时，还结合各自实际，制定出了一系列的学规、学训。这些学规、学训几乎都有一个突出特点，即针对性强，具有可操作性，起到了某种为书院立法的作用。

宋代许多书院，都由当时著名的学者、教育家定出了《教条》或《学规》，以对书院实行目标化的管理，强调学生学为圣人，注重尊德性与道问学，对学生的成长发展提出了明确的目标。值得一提的是，书院在强调目标化管理的同时，在强调学生明确教育目标的同时，更注重对教学过程的管理，注重在指导学生修身治学过程中约束学生的行为，历练学生的意志，成就高深的学问。尤其是朱熹的《白鹿洞书院揭示》最具代表性。

首先，它明确规定了书院教育培养人才的宗旨，即儒家传统教育的根本要求："明人伦"。即："父子有亲，君臣有义，夫妇有别，长幼有序，朋友有信。"书院必须培养具备以上的"五教之目"的德才兼备的人才。这一具体培养目标，给后世教育的培养目标和按此目标而确立的教育管理体系提供了完整的理论依据。其次，《教条》提出了书院教育最重要的德育管理。即"修身之要"："言忠信，行笃敬。惩忿窒欲，迁善改过。"此外还规定"处事之要"："正其义不谋其利，明其道不计其功。""待人接物之要"："己所不欲，勿施于人。行有不得，反求诸己。"再次，规定书院的教学过程管理。最根本的是教育学生读书穷理，知书达理。《教条》规定教学的基本过程"为学之序"："博学之，审问之，慎思之，明辨之，笃行之。"学、问、思、辨四者，在于穷理，笃行是指履行道德行为规范的具体实践，充分体现了目的与过程的统一。目标管理使书院教学中师生有明确的教与学的动机，有强烈的授徒与求学的欲望。

它出现之后，很快就成为南宋书院统一的学规，也是元、明、清各朝书院学规的范本，并影响到各级各类官学，成为中国古代社会后期办学的准则。明代王阳明也对这个"学规"给予了高度的评价，他说："夫为学之方，白鹿之规尽矣。"南宋绍熙五年（1194年），朱熹把《白鹿洞书院揭示》，带到了岳麓书院，称之为《朱子书院教条》。还有，淳祐元年（1241年），也就是朱熹诞辰一百一十一年的时候，宋理宗赵昀御书，就是皇帝亲自书写了《白鹿洞书院揭示》赐给太学的学生，使该学规真正成了天下读书人共同遵守的教条。现今在日本、朝鲜、东南亚各国的一些学校里，《白鹿洞书院揭示》仍然被奉为校训，称之为"白鹿洞精神"。

白鹿洞规是书院师生必须遵守的基本章程。白鹿洞书院的学规，最初没有明文规定，直至朱熹订立《白鹿洞书院揭示》，条文也比较抽象概括。以后历代陆续补充，有的订得比较详细，有具体的细则，尤其是对生徒品德修养和生活起居方面的要求，规定得十分详细。在白鹿洞书院的历史上，除了朱熹的《白鹿洞书院揭示》之外，还有《胡居仁规训》《布衣章潢为学次第》等等，有二十五六个之多，它们虽然都体现出忠于伦理纲常的总精神，但又各有各的特色。

在此同时，一些朱熹的弟子及当时的学者也仿效《白鹿洞书院揭示》，制订了一些"学规"，有的全文照搬，按照《白鹿洞书院揭示》进行办学和管理书院。

《白鹿洞规图》阐释

　　"白鹿洞规"是从经书中总结提炼的。五教之目出自《孟子·滕文公上》："人之有道也，饱食、暖衣、逸居而无教，则近于禽兽。圣人有（又）忧之，使契为司徒，教以人伦：父子有亲，君臣有义，夫妇有别，长幼有序，朋友有信。"这在《礼记·昏义》和《中庸章句·第二十章》中也皆有论述。《中庸章句·第二十章》中"天下之达道五，所以行之者三。曰：君臣也，父子也，夫妇也，昆弟也，朋友之交也，五者，天下之达道也。"朱熹注曰："孟子所谓'父子有亲，君臣有义，夫妇有别，长幼有序，朋友有信'是也。""达道"，天下古今所共由之路，君臣、父子、夫妇、昆弟、朋友构成了社会人际关系的基本框架，实现了以上五者的和谐相处，也就基本实现了天下的大治和太平。

　　穷理之要，出自《中庸章句·第二十章》："博学之，审问之，慎思之，明辨之，笃行之。有弗学，学之弗能，弗措也；有弗问，问之弗知，弗措也；有弗思，思之弗得，弗措也；有弗辨，辨之弗明，弗措也；有弗行，行之弗笃，弗措也。"

　　修身之要，"言忠信，行笃敬"出自《论语·卫灵公第十五》。接物之要的"己所不欲，勿施于人"出自《论语·颜渊第十二》："仲弓问仁。子曰：'出门如见大宾，使民如承大祭。己所不欲，勿施于人。在邦无怨，在家无怨。"行有不得，反求诸己"出自《孟子·离娄章句上》："孟子曰：'爱人，不亲，反其仁。治人，不治，反其智。礼人，不答，反其敬。行有不得，皆反求诸己，其身正而天下归之。"

（一）五教之目：父子有亲、君臣有义、夫妇有别、长幼有序、朋友有信

　　朱熹认为，一个年轻人首先要学会做人，一个求学的年轻人首先要"明伦"。中国自古以来就是一个重视人伦理常的国度，所谓人伦，是指存在于人类社会中以维系道德秩序的人际关系，是人们应当遵守的行为准则。中国古代将君臣、父子、夫妇、兄弟、朋友五种人伦关系称为五伦。目，条目；五教，五伦，五教之目就是五伦的条目。

　　朱熹认为这五种最重要的人际关系首先要把握好。这就是："父子有亲，君臣有义，夫妻有别，长幼有序，朋友有信。""人之有道也，饱食、暖衣、逸居而无教，则近于禽兽。圣人有（又）忧之，使契为司徒，教以人伦：父子有亲，君臣有义，夫妇有别，长幼有序，朋友有信。"孟子的意思是说，做人有做人的道理，如果只是吃得饱，穿得暖，安居逸乐，却不接受教育，不知礼义，那就和禽兽差不多了。圣人又为此担忧（前忧洪水横流，泛滥天下，现忧人民没有教育），于是

派遣契担任司徒，教导百姓做人的道理，使他们知道父子要有亲情，君臣要有礼义，夫妇要有分别，长幼要有次序，朋友要诚信。

1. 父子有亲：从父母来讲对子女要慈爱，子女方面对父母要孝顺。

亲即慈爱，涉及'父子'、父母之间，便是"孝"与"慈"。孝是长久以来中国社会的基本道德，是儒家伦理的重要范畴。有的学者指出：中国文化乃是以孝为主，以孝为根本的文化。在《论语》中孔子多次提到"孝"的范畴，认为："其为人也孝悌，而好犯上者鲜矣。不好犯上，而好作乱者，未之有也。君子务本，本立而道生。孝悌也者，其为仁之本欤！"（《论语·学而》）也就是说懂得尊亲的人，明白"仁之本"的道理，是不会轻易犯上作乱、危害社会的。"故君子不可以不修身，思修身，不可以不事亲"，"事亲"是君子修身的第一义。

2. 君臣有义：君王对臣子要仁义，臣子对君王要忠诚。

"义者宜也，尊贤为大"，义即宜，是合适的意思，对具体事务要求分别事理，区别合理地对待，以达到各有所宜的目的。君必须有君的样子，要亲政、爱民、尊贤，以百姓的福祉为目标。臣下也必须有为人臣的德行，尽自己所能治理百姓，拥护君王的圣贤之举，尽忠并不是说一味地盲从君主的号令，孟子是反对愚忠的，他说"君之视臣如草芥，则臣视君如寇仇"。意思是一个君王如果把他的臣民看得很轻，连小草都不如，那么他的臣民就没有必要忠于这样的君王，反过来把他看成敌人。

"亲亲之杀，尊贤之等，礼所生也。"为了维护君臣的身份差等，君臣要守礼，"君臣有义"涉及了"义"和"礼"的范畴。

3. 夫妻有别：丈夫要承担起家庭生存和发展的重担（主外），妻子要勤俭持家，相夫教子（主内）。

古代讲究夫妇有别是指内外之别。天理即人之本性，从男女的生理差别来看，男子体力充沛，适合从事体力劳动，创造财富；女子温顺贤德，生就慈爱的心，孕育子女，更适合较轻的家庭劳动，教育子女，孝顺双亲。"夫妻有别"基于男女的生理和心理差别，讲求的是合理分工，以维持家庭的正常财富生产与发展，家庭内部的和睦与和谐。

4. 长幼有序：长辈要自律自重，堪称晚辈的榜样；晚辈要尊敬长辈，谦恭好学，听从长辈的教诲。

长幼之间是人际关系的另一个层面，它存在于家庭和家族内部，同样也反映在社会交往之中。孔子提到"孝"的同时，多次谈及"悌"。孔子曰："弟子入则孝，出则悌，谨而信，泛爱众，而亲仁，行有余力，则以学文。"悌，如韦束之"次弟"，束物之皮革谓之韦，辗转环绕，有如螺旋，螺旋状束之，则必有先后"次弟"，"次弟"先后之义由此而生。后来，"弟"引申为兄弟之弟，此时弟的含义仍有顺序之义，也有了顺从的道德含义，所以古人把善事兄长称为"弟"，又作悌，以表示人们心中牢记先后"次弟"，对兄，对上须顺从，才符合社会之道德规范。君子事兄为悌，顺同样通用于长上。"上长长而民兴悌。徐行、后长者谓之悌。疾行、先长者谓之不悌。"可见尧舜之道，悌字必在其中，它完全符合儒家的原始道德。

"序"即顺序，有序。"长幼有序"目标的提出，既遵从了家庭内部的兄长姊妹身份之差，又适应了人在家庭生活之外面临的长幼之分。

5.朋友有信：朋友之间要互相讲究诚信。

信即诚信，信源自上古社会的可贵道德风貌。《礼记·礼运》："大道之行也，天下为公，选贤与能，讲信修睦。"孔子重信："子以四教，文行忠信。"立信是做人的根本，一个人只有树立了诚信的品格，才能为人敬重，更好地为社会服务。朋友之间只有讲求诚信，无论是日常的相处，还是共事，都将会实现事半功倍的效果。

"子贡问政。子曰：'足食，足兵，民信之矣。'子贡曰：'必不得已而去，于斯三者何先？'曰：'去兵。'子贡曰：'必不得已而去，于斯二者何先？'曰：'去食。自古皆有死，民无信不立'"。在孔子看来，从政者得到百姓的信任是立国之本。

（二）为学之序：博学—审问—慎思—明辨—笃行

"博学、审问、慎思、明辨"是"穷理之要"。穷理即探求万事万物的真理。"五教之目"讲做人，下面就讲到学习的次序了。"博学之，审问之，慎思之，明辨之，笃行之"见于《礼记·中庸》：

> 博学之，审问之，慎思之，明辨之，笃行之。有弗学，学之弗能，弗措也；有弗问，问之弗知，弗措也；有弗思，思之弗得，弗措也；有弗辨，辨之弗明，弗措也；有弗行，行之弗笃，弗措也。

作为一名学子，要广博地学习，详细地请教，勤勉地思考，明确地辨别，忠实地行事。要么不学，学了没有学会不能停止；要么就不问，问了没想清楚就不停止；要么就不去思考，思考了没有心得体会也不停止；要么就不去辨别，辨别了没有辨明也不停止；要么就不去做，做了没做踏实也不停止。"博学、审问、慎思、明辨、笃行"是朱熹强调"为学"的五个阶段。

（三）修身之要：言忠信 行笃敬 惩忿窒欲 迁善改过

"修身之要"即修身的要领。"言忠信，行笃敬；惩忿窒欲，迁善改过"。这一条出自两处，"言忠信，行笃敬"出自《论语·卫灵公第十五》，原文为："子张问行。子曰：'言忠信，行笃敬，虽蛮貊之邦行矣。言不忠信，行不笃敬，虽州里行乎哉？'"翻译成现代汉语就是：子张向孔子请教怎样使自己行为畅达呢？孔子说"言语要忠诚老实，行为要敦厚恭敬，如果这样的话，即使到了不开化的国家也会畅行无阻。反过来如果你言语不诚不信，行为不恭不厚，就是在本乡本土不也寸步难行吗？""言忠信，行笃敬"是孔子的为人处世原则。

"惩忿窒欲"在《周易·损卦》中有论述："君子以惩忿窒欲。""迁善改过"出自《周易·益卦》："君子以见善则迁，有过则改。"但它的原文是出自周敦颐的《通书》。周敦颐的《通书》比较长，也难懂一点，他的原文是"君子乾乾，不惜于诚，然必惩忿窒欲，迁善改过而后至。""忿"就是怒，"惩"就是制，用我们现在的话叫作"制怒"。"窒欲"就是让欲望窒息，把那些不好的欲望压住。"迁"是迁移、转移的意思，"迁善"即迁移善举，学习良好的道德情操为己所有。"改过"即改掉过错和过失，"迁善改过"的目的是使人们的举止修养更符合善的要求，随时吸取教训，减少过失。"惩忿窒欲，迁善改过"，就是惩戒忿愤，抑止情欲，要求学子们通过压抑自己的欲望和怒气，改正自己的错误而不断向善，最后达到"至诚"的境界。

（四）处事之要：正其谊不谋其利 明其道不计其功

"正其谊不谋其利，明其道不计其功"，这是董仲舒之言。朱熹认为《汉书·董仲舒传》里面的语言更加精彩，所以朱熹把《汉书·董仲舒传》里面的这两句话摘引出来作为"处事之要"。在《白鹿洞书院揭示》中此句为"正其义不谋其利，明其道不计其功"，李退溪在本篇中将"义"字恢复为"谊"字，遵从了《汉书·董仲舒传》的原句。其大意是求学的君子做任何事情，都是为了匡复正义，而不是为了谋取个人的利益。都是为了明辨真理，而不是为了计较一己的功名。这个境界是很高的。

（五）接物之要：己所不欲勿施于人 行有不得反求诸己

"己所不欲，勿施于人；行有不得，反求诸己。"中间是一个分号，这一条也出自两处："己所不欲，勿施于人"，出自《论语·颜渊第十二》。原文是："仲弓问仁。子曰：'出门如见大宾，使民如承大祭。己所不欲，勿施于人。在邦无怨，在家无怨。'仲弓曰：'雍虽不敏，请事斯语矣！'""己所不欲，勿施于人"的意思是自己不想要的事情，不要强加给别人。

"行有不得，反求诸己"出自《孟子·离娄章句上》：

孟子曰："爱人不亲，反其仁；治人不治，反其智；礼人不答，反其敬。行有不得者皆反求诸己，其身正而天下归之。诗云：'永言配命，自求多福。'"

孟子说：爱别人却得不到别人的亲近，那就应反问自己的仁爱是否不够；管理别人却不能够管理好，那就应反问自己的管理才智是否有问题；礼貌待人却得不到别人相应的礼貌，那就应反问自己的礼貌是否到家。凡是行为得不到预期的效果，都应该反过来检查自己，自身行为端正了，天下的人自然就会归服。《诗经》说长久地与天命相配合，自己寻求更多的幸福。"行有不得，反求诸己"的意思是：凡是行为得不到预期的效果，都应该反过来检查自己。子曰："君子求诸己，小人求诸人。"这里孔子提出了君子与小人的区别，那就是君子一切都求于自己，小人则求于人。

与"其身正而天下归之"类似的一句话有"其身正，不令而行，其身不正，虽令不从"。这是司马迁写在《李将军列传》后面结尾的话，用来表彰李广。如果自身很正，即使不下命令，别人也会跟着做，本身的行为就是无声的命令。如果自己的行为不端，即使命令别人廉洁奉公，也不会有人服从，所以"其身不正，虽令不从"。

（六）敬敷五教

《尚书·虞书·舜典》提出"敬敷五教"，孔颖达在《尚书正义》中疏云："一家之内尊卑之差，即父母兄弟是也，教之义慈友恭孝，此事可常行，乃为五常耳。"

《白鹿洞规图》说解

（一）《白鹿洞规图》首先将五教之目列于学规之上，旨为让后学者认识到社会和日常生活的基本准则，即为纲目之要，学问之目的和达成之规范。"五伦"观的确立确实是人生的头等大事。它是维护社会秩序，明确人伦关系的永恒准则。所谓"先格明德，次格修身"，离开这"五教"就没有学问之事，它是为学的基础，也是为人的根本。"父子有亲，君臣有义，夫妇有别，长幼有序，朋友有信。"这五者的逻辑次序反映了它们的地位和差别。朱熹在《四书章句集注》中提到"仁者人也，亲亲为大"，人之为仁，自然具有慈爱恻隐之心，回到做人的本身，讲的是"父子有亲"的重要性。

《荀子·礼论篇》曰："礼有三本：天地者，生之本也；先祖者，类之本也；君师者，治之本也。无天地，恶生？无先祖，恶出？无君师，恶治？三者偏亡焉，无安人。故上事天，下事地，尊先祖而隆君师。"从这句话中我们可以得出"先祖者，类之本也"和"君师者，治之本也"的先后顺序和它们各自的重要性。依荀子言，先祖在先，君师在后。从魏晋到南朝这三百多年间，礼家的论点都坚持父在君先，这在唐代的丧服制度中也体现出来。夫妇、长幼、朋友列于其后，"夫妇"处于这三者之先，是由于夫妇关系是家庭内部的中枢。长幼关系既涵盖家庭和家族内部的兄弟姊妹关系，又涉及上下、长辈与晚辈的其他关系，因此位于夫妇之后。朋友之间更是处在人际关系的外围，因而在最后。

如果用一个同心圆来表示的话，"人"做圆心，这五者的关系是层层包围在"人"的周围，有近远之疏。

父与子，君与臣，夫与妇，长与幼，本身也有矛盾、联系互补的逻辑关系。如父慈子孝，"君使臣以礼，臣事君以忠"等说法足以说明两者之间的关系，明确了他们各自的责任与义务。古代的伦理道德侧重于前者，但也规定了他们之间的处世准则。朋与友在古代是两个概念，朋多指因共同利益聚在一起的人，在古代，受教于同一个老师的人叫"朋"，就像今天的同学；而志同道合的人则叫"友"，就是今天的朋友。古人说"同师曰朋，同志曰友"即可证明。从某种程度上说，"朋"比"友"的关系更紧密。

（二）为实现"义理""五教之目"的目的，人们所采取的学习的基本内容有五项：博学、审问、慎思、明辨、笃行。前四者属于知识传授范围，也是"穷理之要"，是求知的方法。最后一项"笃行"不属于知识而属于实践。朱熹主张知在先，行在后，学知识为了实践。笃行包含修身、处事、接物三个方面。

1."博学"：首先要广博地学习和吸收。

这个"博"还意味着"博大和宽容"，要培养求学者宽阔的胸怀，真正做到海纳百川、有容乃大，这是求学的第一个阶段。

2."审问"：在博学的过程中，有不明白的要追问到底，对所学要有怀疑。这是为学的第二个阶段。

3."慎思"：问过以后还要通过自己的思想活动，来仔细地考察分析，否则所学不能为己所用。这是第三个阶段。

4."明辨"是第四个阶段：学问是越辨越明的，不辨则所谓博学就会鱼龙混杂，真伪难辨，良莠不分。

5."笃行"是"为学"的最后阶段，既然学有所得，就要认真、踏实地践行，真正做到"知行合一"。以二程和朱熹代表的程朱理学与以陆九渊和王阳明为代表的心学，在"知行合一"上是一致的，他们都主张"知行合一"，讲究理论与实践相统一。

（三）修身、处事、接物之要是学习结果的行为体现，涵盖了"笃行"的具体内容，也是实现"义理"的最终落脚点。

修身的要点有四条："言忠信，行笃敬，惩忿窒欲，迁善改过。"在这四条中，包括言论规范、行为态度，心理活动、道德修养，也就是从内心到行动的全部要求。"知斯三者，则知所以修身，知所以修身，则知所以治人，知所以治人，则知所以治天下国家矣。凡为天下国家有九经，曰：修身也，尊贤也，亲亲也，敬大臣也，体群臣也，子庶民也，来百工也，柔远人也，怀诸侯也。"（《四书章句集注·右第十九章》）可见修身为九经之本（"经"，"常"意）。从而可知"修身之要"为笃行之先。修身属于"内化"的范围，处事、接物则属于"外化"的范围。

"言忠信，行笃敬"以良好的道德修行正面教导学生，"惩忿窒欲，迁善改过"从处事思维的侧面，希望学生压制愤恨和欲望，改掉过失，达到"向善"的途径，从而实现个人的道德修养。

行为必然处事和接物。朱熹对处事要求做到："正其义不谋其利，明其道不计其功。"前半句提到了义与利的范畴，谈及现实生活，朱熹希望人们通过做合理的事，来实现正义，不要为了一己的私利损害了义。

同样他在个人理想追求上，提出了人们要通过格物、求知的不懈努力，明辨真理，而不能纯粹计较个人的功名。在这里，朱熹把道义放在第一位，他认为只有真正地穷理、修身，才能实现处事的道义。《大学》的八条目是格物、致知、诚意、正心、修身、齐家、治国、平天下。格物即穷理，致知的过程即为学之序，诚意、正心、修身皆"内圣"的范围，然后才通过处事、接物达到"齐家、治国、平天下"的实践目标。

处理人与人的关系的原则（接物之要），朱熹要求做到："己所不欲，勿施于人；行有不得，反求诸己。""己所不欲，勿施于人"即孔子所讲的"恕"的范畴。《论语·里仁》："曾子曰：'夫子之道，忠恕而已矣。'"朱熹注："尽己之谓忠，推己之谓恕。"曾参认为忠恕是孔丘学说中的一个贯穿始终的思想。在行为之前应仔细思量，我是不是将要对别人做一些不希望发生在自己身上的事，如果是这样的话，我不能去做。"己所不欲，勿施于人"的行为准绳能够及时制止可能有损别人利益的事情发生，防患于未然，而"行有不得，反求诸己"应用于事后，规范着自身对已发生的事情的态度和行为，个人首先好好想想自身有没有过失。"己所不欲，勿施于人"与"行有不得，反求诸己"在各自的内部都有时间先后的逻辑关系。

第六　心统性情图

　　《心统性情图》是《圣学十图》中的第六幅，它强调人的心性，推崇道义，强调理的权威。《心统性情图》包括上、中、下三图，上图为程复心所作，中、下图为李退溪所作。程氏所理解的心统性情是指心的寂然不动为性，即未发之性，为体；感而遂通为情，即已发之情，为用。未发之性是人禀木、火、水、金、土五行之秀，而具爱、敬、宜、别、实之理的仁、礼、义、智、信五性；已发之情是恻隐、辞让、羞恶、是非、诚实之心，而发为仁、礼、义、智、信之端。李退溪中、下二图与程氏之别，就在于更加深刻地体会自张载提出的心统性情命题和经由程朱发挥的思想，把性情与理气结合起来，主张"合理气，统性情"。只有从理气与性情一体性观念，来看待本然之性与气质之性的关系，才能理解"理发而气随之"的恻隐、辞让、羞恶、是非的四端与"气发而理乘之"的喜怒哀惧爱恶欲的七情之间的相互渗透关系。当然，这种渗透是在不改变某一方面为主导条件下的渗透，因此，没有促成对待双方的彼此转化，而是一种理发气随、启发理乘的量渗透阶段，这是下图所体现的意蕴。中图是就"气禀中指出本然之性，不杂于气禀"，即就善恶几言善的一边，而没有讲两边的关系，所以有下图之作。这样，精一执中之圣学和存体应用之心法，都可不待外求而得，而内求于心性就可以了。在这幅图中，天道与人伦更加统一，并以四端与七情论证心与性的关系。

概　述

　　在中国哲学史上，孟子首先论及心与性情的关系问题。他说："尽其心者，知其性也，知其性则知天矣。"（《孟子·尽心上》）。他认为，仁义礼智之性根于心，尽心则能知性，性、情都是心所固有的。董仲舒说："心有哀乐喜怒"，"心有计虑"。哀乐喜怒是情，计虑是知，心兼含情知，心有主宰情欲的能力。

　　"心统性情"是张载心性论的一个重要命题，见于《性理拾遗》，谓："心统性情者也。有形则有体，有性则有情，发于性见于情，发于情见于色，以类相应也。"

由于此说在张载的著作中仅出现过一次，故牟宗三认为此为"孤语"，只是因为朱熹的重视和发挥方成为有代表性的思想，况且朱熹只是"借用此语以说己意"。牟宗三所说是对的，对后儒影响最大的，其实是朱熹发挥了的"心统性情"思想。张载虽对"心统性情"未做明确的解释，但从总体看，"心统性情"仍是张载心性说的重要内容（不过，张载后来何以不再使用此语，这仍是一个值得研究的问题），且与他的心性论的总体思想相吻合。表现在：

其一，"心统性情"的命题，强调心、性统一，这与他的其他表述基本一致，如说"合性与知觉，有心之名"，即"性"（天地之性，亦即道德理性）与"知觉"（心理或经验认识之心）合而言之，心之名所以立。说明张载的"心"有道德本心与经验知觉之心的二重意义。其二，"心统性情"有强调心的主动性的意思，这与张载推崇孟子的"尽心知性"说是一致的。"心"的主动性又表现在：一方面，是"心能尽性"，谓"尽其性能尽人物之性"，主张心有扩充自己从而尽人、尽物之性的主动性。此即孟子所说的"尽心"，只是他把"尽心"尝用"大其心"来表述，如说，"大其心则能体天下之物"，"圣人尽性，不以见闻梏其心"。显然，"大其心"则能"尽物"，即要把外物全收归于心，核心是要"尽心""尽性"，即扩充人的道德本心，以控制人的感性情欲，在道德修养上做工夫。另一方面，指心有"善反之"的工夫。张载在讲"天地之性"的同时，又讲"气质之性"，说"形而后有气质之性，善反之，则天地之性存焉"。在张载看来，"天地之性"纯粹至善，而"气质之性"则杂善与不善，故须有"善反之"的工夫以达天地之性。这种"善反之"是通过心体的主动工夫完成的。其三，主张性为，体，情为用，心（道德本心）可统摄性与情。这里张载所说的"性"既指得之于天地的仁义之性，又或许更多的是指气质之性。"情"则是"恻隐"等情感，此性此情皆统摄于一"心"。张载没有否定情，认为合于性之情是正常的、合理的。他说："孟子之言性情皆一也，亦观其文势如何。情未必为恶，哀乐喜怒发而皆中节谓之和，不中节则为恶。"他以"心"来"一"（统摄）"性情"，于是，传统的心性关系被拓展为心、性、情的关系。

关于心与情、性与情的关系，二程未采取张载"心统性情"的命题，原因是程氏把张载所说的二重意义上的"心"（既是与天地之性相通的道德本心，也是经验认知的闻见之心）误解为仅是"滞在知识上"之"心"，而不具形上本体的意义。他说："正叔言，不当以体会为非心，以体会为非心，故有心小性大之说。此心即与天地无异，不可小了他，不可滞在知识上，故反以心为小。"在二程看来，心与性同处于本体的层次。程伊川又说："心一也，有指体而言者，寂然不动，性是也。有指用而言者，感而遂通天下之故，情是也。"他不赞成把心做本体与经验知觉二重意义的划分，但主张心兼有体与用两方面。

二程虽对"心统性情"的命题不以为然，但朱熹不仅接受了，而且给予高度关注和充分的发挥，成为其心性论的核心命题之一。朱熹说："横渠'心统性情'一句乃不易之论。孟子说心许多，皆未似此语端的。"又说："心统性情，二程却无一句似此切。"并将其与伊川"性即理"的理论价值相比，称此"二句颠扑不破"。并赞扬"心统性情，语最精密"。显然，对这一命题的态度，关涉理学家对心、性、情三者关系的理解。二程在理本论基础上，强调理、性、心三者的统一，说："在天为命，在义为理，在人为性，主于身为心，其实一也。"一面主张"性即理"，一面又提出"心即性"，从而实现了"理"与"心"即天理本体与人的道德本心之实质性联结。朱熹接受了二程"性即理"的观点，而没有接受其"心即性"的命题。他认为天理即性，"心具众理"，"心"在这里一般只具有认识论的意义，而"性"与"理"则具有本体论的意义，二者在本质上是同一的，故可说"性即理"，不可说"心即性"。在他看来，心与性是有严格区别的："心、性之别，如以碗盛水，水须碗乃能盛，然谓碗便是水，则不可。"后来横渠说得极精，云："心统性情者也。"显然"心以性为体，盖心之所以具是理者，以有性故也"。在朱熹看来，如果"心"与"性"同一而都具有本体论意义，那么"心统性情"的命题也就难以成立。这说明二程与朱熹早期对心的认识颇有歧义。

关于性与情的关系，朱子认为性是体，情是用，性为"未发"，情为"已发"，说"发者情也，其本则性也"，"性者，指其未发"，"情即已发"。对于心、性、情的关系，朱子有一句话说得明白："性是心之道理，心是主宰于身者，四端便是情，是心之发见处。"他认为从认识和主宰意义上说，心可以统摄性和情。显然，他是从其性理学体系的需要出发来诠释"心统性情"的，其所谓"心"，仍是在知觉之心的意义上使用的。朱熹曾对张载的"合性与知觉，有心之名"一句做了这样的责问："横渠之言大率有未莹处。有心则自有知觉，又何合性与知觉之有！"在这里，他认为心与知觉是同一的，不能与体现道德本心的天地之性合一，显然他把心仅限于知觉经验之心。所以，朱熹的"心统性情"含义有二：一是"心兼性情"。朱子说："心统性情，统，犹兼也。"又说："性，其理；情，其用。心者，兼性情而言；兼性情而言者，包括乎性情也。"这是说心兼有、包括性情；二是"心主性情"，亦即心统摄、主宰性情。朱子说："性者，理也。性是体，情是用，性情皆出于心，故心能统之。统，如统兵之'统'，言有以主之也。"又说："性以理言，情乃发用处，心即管摄性情者也。""统，主宰之谓；性者，心之理；情者，心之用，心者，性情之主也。"即心是性情之主宰。这里，朱子对性、情之间的体用、动静、未发、已发等关系做了明白的表述。盖言之，即性是体，情是用；性是未发，情是已发；性是静，情是动，然其主宰则是心。但进一步要追问的是：心究为未发？已发？是体？是用？抑或兼体用？对此，朱子前后所言不一。于是就有所谓"中和说"与"中和新说"之分。朱子在37岁前（乾道二年），主张"心为已发，性为未发"，此说被学者称为"中和旧说"。然若以"心"为"已发"，则心仅为用而难为体，这就与其所主性静情动、心主宰性情的关系难以贯通。此后朱熹本人已发现了这一矛盾，并悟出心亦分为体用，说："只是这个心自有那未发时节，自有那已发时节。谓如此事未萌于思虑要做时，须便是中是体；及发于思了，如此做而得其当时，便是和是用，只管夹杂相混。若以为截然有一时是未发时，一时是已发时，亦不成道理。"即"思虑未萌"时，情未发，即为"心体"；思虑已萌时，情既发，此为"心用"。强调不能把心之未发、已发"截然"分开。"中和新说"的核心是对心之体用关系做了具体分析，认为心兼体用、已发未发，性为未发、情为已发，而心兼有、统摄性情，注意到了心、性、情之间的复杂关系。显然，朱熹早期把心仅从经验认识意义去理解，以此解释张载的"心统性情"，是与张载原意并不吻合的。"中和新说"事实上接受了二程的某些思想，同时也是向张载思想的回归。

在此值得一提的还有与李退溪先生同为16世纪朝鲜王朝一代理学宗师的曹南冥。他进一步将朱熹的"心统性情"说与韩愈的"性三品"说加以整合，提出了他独具特色的"心统性情"说。曹南冥称赞张载、朱熹的"心统性情语极好，更颠扑不破"。

曹南冥所谓"心统性情"，其含义主要有二：一是"心统性情"即是"心兼性情"。他援引先儒的语录把心分成性体情用两方面，认为"未发为性，已发为情"，"心向里面推入性，心向外面推出情"。二是"心统性情"即是"心主（宰）性情"。曹南冥依据朱熹的"以四七分理气"的说法，把性分成本质之性与气质之性。在他看来，源于理的本然之性是"心之所具之理"，即"仁义礼智信之理，皆天理无不善"。源于气的气质之性是根据人的气禀不同，又可分为"纯清"者为善，是上智；"杂清浊"者为"善恶混"，是中人；"纯浊"者为恶，是下愚。在他看来，情是性体之发用，故不可笼统地将它视为恶。可将它分为"理"与"气"两方面。如果情循理"发为四端"，"四者正，情亦无不善"（如孟子的"恻隐之情"）；情循气发为喜怒哀乐爱恶欲七情，则有善有恶："中节者善，不中节者恶。"不管是性还是情，亦不管是情循理发而为善还是性循气发而有善有恶，皆主之于心，即皆由心之主宰者也。

为什么把曹南冥的"心统性情"论说成是"实心论"呢？从"性"的层面看，他认为不管是性三品的气质之性，还是"四端""七情"皆是实，这是不言自明的道理，就是先于人生之前的本然之性，虽是不杂于气质的"性之本体"，故为"虚灵"之体，但它也不是虚空的，而是实有之理，即它是含有"仁义礼智信之理"的伦理实体，即"仁义礼智信具备一心谓之性"，以别于佛教的"以性为空"的观点。他还援引朱熹的论点，认为"人物未生时，只可谓之理。才谓之性，便是人生以后，此理已堕在形气之中""天命之性若无气质，却无安顿处。如水非有物盛之无归着处。且如言光必有镜，必有水，光便是性，镜、水便是气质；若无镜与水，则光亦散矣。"从本然之性寓于气质安顿处而言，它不是外于气质而独存的"虚性"。故性是"实性"。从"情"的层面看，不管是发于理的恻隐、善恶、辞让、是非四端之情，还是发于气的喜、怒、哀、乐、爱、恶、欲"七情"，都是有形影的事物，故是"实情"而非"虚情"。从"心统性情"层面看，有虚亦有实。曹南冥先儒指出："心如谷种，所以生处是性，生许多枝叶处是情，心情皆有形影的物事，独性无形影。"从"性无形影"而言，心是"虚心"；从"心情皆有形影的物事"而言，心是"实心"。所以，曹南冥的"心统性情"说，既含有"虚"的成分，又含有"实"的成分，是"虚"与"实"的有机统一体。

在此，还有必要考证的是林隐程复心的《心统性情图》。笔者在考证资料中发现林隐程复心的《心统性情图》和曹南冥先生的《心统性情图》颇有相似之处。而李退溪先生《心统性情图》的上图据张岂之先生考证，是林隐程复心所作。这样一来，事情就变得非常有意思，有必要仔细考证一下这几幅《心统性情图》之间的关系。《退溪先生全书》卷二一记有一图题为《林隐心统性情图》，当代学者一般以此为林隐程复心之心图。不过，南冥之图与此图相差无几，仅在中间增加"心向里面推入性，心从外面推出情"一句。如果事实果真如此，那么，南冥的《心统性情》图也就没有多少创造性了。但笔者发现，程氏复心之《心图》原来并不是这样的。《四书辑释》所载程复心《论心统性情》一图其实原是这样的：

此图显然与南冥之图大为不同。倪士毅在图下撰文说：所谓"心统性情"者，言人禀五行之秀以生，于其秀而五性具焉，于其动而七情出焉。凡所以统会具性情者则心也，故其心寂然不动为性，心之体也；感而遂通为情，心之用也。张子曰："心统性情"，斯言当矣。心统性，故仁义礼智为性，而又有言仁义之心者；心统情，故恻隐、羞恶、辞让、是非为情，高又有言恻隐之心，羞恶、辞让、是非之心者。心不统性，则无以致其未发之中而性易鉴；心不统情，则无以致其中节之和而情易荡。学者知此，必先正其心，以养其性而约其情，则学之为道得矣。

此图式及释言与南冥图式内容相比较，有同有异。相同之处在于：第一，皆以心之未发为性，已发为情。第二，皆以孟子的"四端"（恻隐、羞恶、辞让、是非）之心为情。第三，都认为"心"有指体而言者，亦有指用而言者。然相异之处更多：第一，南冥之图以理、气二元分别析性与情，而此复心之图则不以理、气言之，而旨以体用论之，并从金木水火土五行出发，主张因了五行"而五性具焉"，此为性，而以"四端"之情等为心之用。第二，南冥图以"气""发为七情"，而此复心之图则以"感而遂通为情"。第三，虽然都肯定了张子的"心统性情"说，但复心偏重于"统摄"性情（明确分心"统性""统情"）；而南冥侧重于"心包性情"、心兼性情。第四，南冥之图将心、性、情与天道联系起来，更能体现"体用一源，显微无间"的天人一体的本体论意义，而复心之图主讲心与性情之关系。说到底其根本的区别在于，复心之图虽未脱朱熹之影响，但还主要在于释张载的"心统性情"，而南冥之图虽未脱张子的影响，但主要在解释朱熹的"心统性情"。可见，南冥《心统性情图》确有自己不同于程复心之图的个性创造。问题还在于，退溪先生所说的《林隐心统性情图》是从何而来的？从上述分析可知，此图既与南冥之图无多大差异，而南冥之图并不同于此林隐程复心之图，可能的解释有二：一是李退溪把南冥之图误以为林隐之图。理由是，南冥在其所绘图标题下注明"林隐程氏复心亦有一图"，此图显然不会是与他的心图大致相同的、为退溪先生所见之图；二是退溪先生可能见过林隐之另一图。因为据《四库全书总目提要》，元儒程复心传世之作仅《孔子论语年谱》一卷，《孟子年谱》一卷（另《提要》所说其所撰《四书纂释》，疑其就是《四书辑释》），此二书均无图解。而标明由复心章图的《四书辑释》所载600余图，涉及"心统性情"的，仅有如图3之图，没有退溪先生所见的标明"林隐心统性情图"之图。值得注意的是，在《退溪集》第7206页，则确有一图，正好大致如本文所列的林隐复心之图，图下还引述了倪士毅的说明文字（如前所引），这段文字虽杂以张、朱，但明显是以朱子之说立论的。但退溪是如何处理此图与所谓林隐复心之图的，则不得而知。综合分析，可以初步得出结论，《退溪先生全书》所载之林隐心图，很可能就是南冥先生之《心统性情图》的略图，但较《南冥集》（四种）第667页所载"心统性情图下"则又详密一些。

《心统性情图》阐释

1. 心统性情

此为北宋张载的道德观点。《语录·后录下》："心统性情者也。"他认为："合性与知觉，有心之名。"（《正蒙·太和》）心统括性与情，未发为性，已发即为情。张载此语极简略，未做发挥。南宋朱熹解释说："心统性情之说甚善，性是静，情是动，心则兼动静而言，或指体，或指用，……寂然不动是性，感而遂通是情，故横渠云'心统性情。'"(《近思录》卷一)心包括性与情,"心者兼性情而言,兼性情而言者,包括乎性情也"(《朱子语类》卷二十)。又以统为主,"性情皆出于心,故心能统之。统如统兵之统,言有以主之也"(同上书卷九十八)。明清之际王夫之则认为:"心统性情,统字只作兼字看。其不言兼而言统者,性情有先后之序,而非并立者也。"(《读四书大全说》卷八)。

张载虽然最早提出"心统性情"的命题,但从现存的材料看不出其命题的具体内容。虽然程颐提出了心有体有用的思想,但他没有明确把心之体规定为性,把心之用规定为情。朱熹发展了程颐的思想,又赋予张载的命题以具体的内涵,分别吸取了程颐心有体有用的观点和张载"心统性情"的命题,将二者结合,并加以发展,从而提出了自己的"心统性情"的思想。并把二者结合起来,提出:"性以理言,情乃发用处,心即管摄性情者也。故程子曰:'有指体而言者,寂然不动是也',此言性也;'有指用而言者,感而遂通是也',此言情也。"明确把心之体称为性,把心之用称为情,心贯通两端,管摄性情。

朱熹"心统性情"的思想也是对胡宏性体心用论的改造。朱熹在同张栻讨论胡宏的著作《知言》时,提出了这一思想。《知言》曾说:"圣人指明其体曰性,指明其用曰心,性不能不动,动则心矣。"朱熹对此提出批评:"熹按:心性体用之云,恐自上蔡谢子失之。此云性不能不动,动则心矣。语尤未安,凡此心字皆欲作情字,如何?"朱熹在对胡宏心性论的批评中指出"性体心用"论没有"情"的位置。他说:"旧看五峰说,只将心对性说,一个情字都无下落。后看横渠'心统性情'之说,乃知此话有大功,始寻得个情字着落。"有无"情"字,是朱熹与胡宏心性论的重要区别。朱熹把胡宏"性体心用"的"心"改为"情","性体心用"便成为"性体情用"。这是朱熹的创造。朱熹又把胡宏的心以成性的思想加以改造。"熹谓:'以成性者也',此句可疑,欲作而统性情也,如何?栻曰:统字亦恐未安,欲作而主性情,如何?熹谓:所改主字极有功。"朱熹把胡宏心以成性的思想改造为"心统性情",其性体情用与心统性情相结合,既标志着朱熹自己的"心统性情"说的确立和形成,又丰富了宋代理学心性论的内涵。朱熹这一思想的提出得益于张栻处甚多,朱张在"中和之辩"中详尽讨论了中和之已发未发问题,这对朱熹思想启发很大。而且张栻在理学史上首次提出"心主性情"的思想,张栻认为心统性情的"统"亦恐未妥,不如改为"心主性情"。张栻的这一改动立即被朱熹接受,他盛赞"心主性情"的"主"字极有功,并把心主宰性情的思想纳入自己的"心统性情"说。可见朱熹"心统性情"说的提出,是对程颐、张载、胡宏思想的继承、改造和发展,亦是同张栻进行学术交流,受张栻启发的结果。

(1)心兼动静、体用,已发、未发

朱熹"心统性情"的思想主要有两层含义：一是心兼性情，二是心主宰性情。心兼性情便是对心兼动静、体用、已发、未发的综合与概括，并以其为基本内容。心兼性情也就是指心兼性的静、体、未发，兼情的动、用、已发，心兼有性情两个方面，把性情各自的属性都纳入心的兼容之中。所谓兼，指把性情都包括在心之中。他说："心者，兼性情而言。兼性情而言者，包括乎性情也。"此谓兼之义。

① 心兼动静

朱熹认为，心兼动静，贯通于动静两端之中。他说："一心之中自有动静，静者性也，动者情也。"以此他批评了只以静言心，或只以动言心的观点。指出不是只在动时才有心，而静时心"无所用"；也不是只在静时才有心，而"动处不属心矣，恐亦未安也"。朱熹认为，动与静是相互联系的，"心体固本静，然亦不能不动"。当心未感物时，它为静，然亦不能执着于静的一面，看不到心动的一面，"以不动为心，则又非矣"。心静，寂然不动；心动，感而遂通。心感物耐用劝，劝是心体的作用与表现，"心则贯乎动静而无不在焉"。所以朱熹强调既要静时存心、养心，又要在动时察心、识心，把静与动、存养与察识结合起来。他说："心固不可不识，然静而有以存之，动而有以察之，则其体用亦昭然矣。"以静为心之体，以动为心之用，这就把动静与体用结合起来。

② 心兼体用

朱熹指出："心兼体用而言，性是心之理，情是心之用。"心之理即指心之体。以性为心之体，以情为心之用，心兼体用而有之。"性者，理也。性是体，情是用。性情皆出于心，故心能统之。"在体用关系上，心统性情便是心兼体用。朱熹认为，心兼体用是在分别体用的前提下来兼体用，体用的区别是确定的，这就是性体情用，不能笼统地性情不分。在这方面，他指出了孟子与程颐之间的细微差别。"问：'伊川何以谓仁是性？孟子何以谓仁，人心？'曰：'要就人身上说得亲切，莫如就心字说。心者，兼体用而言。程子曰：仁是性，恻隐是情。若孟子，便只说心。程子是分别体用而言，孟子是兼体用而言'。"虽然孟子提出了"恻隐之心，仁之端也"的思想，但程颐则明确把恻隐称为情，把仁称为性。朱熹继承了程颐体用统一于心的思想，并把它与张载的"心统性情"命题结合起来，在分别性情即体用的基础上提出了心统性情即心兼体用的思想。他说："'心一也，有指体而言者，有指用而言者。'伊川此语与横渠'心统性情'相似。"这是把程颐与张载的思想相结合，并创造性地加以发展。

③ 心兼已发、未发

朱熹把心兼体用与心兼未发、已发联系起来。他说："心统性情，故言心之体用，尝跨过两头未发、已发处说。"其心兼体用与心兼未发、已发在逻辑上是一致的。关于心兼未发已发，朱熹指出："未发只是思虑事物之未接时，于此便可见性之体段，故可谓之中，而不可谓之性也；发而中节，是思虑事物已交之际，皆得其理，故可谓之和，而不可谓之心。心则通贯乎已发未发之间，乃大易生生流行，一动一静之全体也。"所谓未发，指思虑未萌时心的状态；所谓已发，指思虑已萌发时心的状态。未发已发是心体流行一静一动两个不同的阶段。可见，心之未发与心之体、心之静相联系；心之已发与心之用、心之动相沟通。心具有未发、已发两种状态，即指心兼未发、已发。

需要指出，心之未发时可见性之体，性具于心，但心不等同于性；心之已发时可见情之著，情通于心，但心不等同于情。虽然心贯通于未发之性和已发之情，但心与性、情有各自不同的含义和规定性，彼此不能相混。他说："思虑未萌、事物未至之时为喜怒哀乐之未发，当此之时即是心体流行寂然不动之处，而天命之性体段具焉。以其无过不及，不偏不倚，故谓之中。然已是就心体流行处见，故直谓之性则不可。"指出心之未发可谓之中，然不可谓之性。心之已发，谓之和，情为心之用，但情也并不等同于心。

朱熹心兼已发、未发，即心贯通于已发、未发的思想经历了一个逐步形成和最后确立的过程。在已发、未发问题上，开始时朱熹受程颐及胡宏思想的影响，持性为未发，心为已发的观点，这与他自己后来形成的心兼已发、未发的思想大相径庭。由于程颐曾有心为已发的言论，胡宏在同曾吉甫论未发之旨时，也有性为未发，心为已发之说，这些思想都影响了朱熹，使朱熹深信不疑。后来朱熹逐步认识到性为未发，心为已发的观点有毛病，而于乾道五年的"己丑中和之悟"以后，修正了前说，提出了心兼已发未发和性为未发，情为已发，而心统性情的思想。可见朱熹心兼已发未发的思想是在先接受程颐、胡宏的观点，后改变前说的基础上而提出的。这也是朱熹同张栻等学者相互展开学术交流的结果。

心主宰性情是朱熹"心统性情"说的重要内容。在这个问题上，尤其应对朱熹心的"主宰"之义作客观的了解，以符合朱熹思想的本义。

关于心主宰性情，"问：'心统性情，统如何？'曰：'统是主宰，如统百万军'"。心对性情的主宰是指心统御管摄性情，它包括两个方面：一是心主宰性，二是心主宰情。即指人的理智之心对于人的本性和人的情感的把握与控制。朱熹认为，当心为未发，性存于心时，就要以心来主宰性。他说："未感物时，若无主宰，则亦不能安其静，只此便自昏了天性。"认为虽然天性本善，如不加以主敬涵养，也会受到干扰而丧失本性。这时的心主宰性是指主于存养，即主于存心养心。他说："未发之前是敬也，固已主乎存养之实。……人自有未发时，此处便合存养。"所谓存养，指平时的道德修养工夫，朱熹认为这是保持善性的根本。

　　另一方面，当心为已发，性表现为情时，亦要以心来主宰情，使情符合性善的原则。他说："心宰则情得正，率乎性之常而不可以欲言矣，心不宰则情流而陷溺其性，专为人欲矣。"此时的心主宰情是指主于省察，即察识其心。他说："已发之际是敬也，又常行于省察之间。"所谓省察，指遇事时察识其心以按道德原则办事，使情不离性善的轨道。朱熹主张把未发已发、存养与省察结合起来，即通过心的主宰，把性与情统一起来。他说："未发已发，只是一件工夫，无时不涵养，无时不省察耳。"强调心主宰性情两端，把平时的道德修养与遇事按道德原则办事互相沟通，使之均不离心的统御。

　　以上可见，朱熹心主宰性情的思想主要涉及伦理学的问题，并强调发挥理智之心的主观能动性，以认识和保持内在的道德理性。无论是心主宰性，即平时的主敬涵养，保持善性；还是心主宰情，即遇事按道德原则办事，使情不离性善的轨道，都讲的是伦理道德问题和发挥主体思维的能动性，以加强道德修养，而不涉及本体论问题。心的主宰并不是从本体论意义上说的。所以对心的主宰之义的理解，要符合朱熹本身的思想。

　　①寂然不动为性；

　　②感而遂通为情。

　　2. 未发之性，为心之体

　　①禀木之秀，具爱之理曰仁；

　　②禀火之秀，具敬之理曰礼；

　　③禀金之秀，具宜之理曰义；

　　④禀水之秀，具别之理曰智；

　　⑤禀土之秀，具实之理曰信。

　　3. 已发之情，为心之用

　　①恻隐之心，仁之端；

　　②辞让之心，礼之端；

　　③羞恶之心，义之端；

　　④是非之心，智之端。

　　"四端"说是孟子思想的一个重要内容，也是他对先秦儒学理论的一个重要贡献。孟子的"四端"是指："恻隐之心，仁之端也；羞恶之心，义之端也；辞让之心，礼之端也；是非之心，智之端也。"孟子认为恻隐、羞恶、辞让、是非四种感情是仁义礼智的萌芽，仁义礼智即来自这四种情感，故称四端。《孟子》一书中共有两章谈到四端，一次在《孟子·公孙丑上》，为一般性的论述，没有涉及四端说形成的背景和原因；另一次在《告子上》，其文云：

公都子曰："告子曰：性无善无不善也。或曰：性可以为善，可以为不善；是故文武兴，则民好善；幽厉兴，则民好暴。或曰：有性善，有性不善；是故以尧为君而有象；以瞽叟为父而有舜；以纣为兄之子，且以为君，而有微子启、王子比干。今曰性善，然则彼皆非与？"

孟子曰："乃若其情，则可以为善矣，乃所谓善也。若夫为不善，非才之罪也。恻隐之心，人皆有之；羞恶之心，人皆有之；恭敬之心，人皆有之；是非之心，人皆有之。恻隐之心，仁也；羞恶之心，义也；恭敬之心，礼也；是非之心，智也。仁义礼智，非由外铄我也，我固有之也，弗思耳矣。故曰，'求则得之，舍则失之。'或相倍蓰而无算者，不能尽其才者也。"

⑤诚实之心，信之端。

4.合理气，统性情

5.主一身，谈万化

6.就气禀中，指言本性

①心、性、情；

②仁义礼智；

③虚灵、知觉。

7.就善恶几，言善一边

①四端：恻隐、辞让、羞恶、是非

战国时期孟子的哲学术语，指仁、义、礼、智四种道德观念的开端、萌芽。亦称善端，是孟子论证人性本善的重要概念。《孟子·公孙丑上》说："恻隐之心，仁之端也；羞恶之心，义之端也；辞让之心，礼之端也；是非之心，智之端也。"孟子认为，这四端与生俱为，如同人有四肢一样，是天赋的。人之所以异于禽兽，就在于有这四端。有的人能扩充四端，努力培养；有的人则自暴自弃，不去充分发挥本性，因而形成了人品的高下善恶。但是，即使人品极端恶劣的人，他所固有的四端也不曾泯灭，只是隐而不显。孟子论述人性，重视了人的社会性，但把"四端"说成与生俱来的天赋德性，则属唯心主义先验论。

与孟子心有广义（良心、本心）、狭义（恻隐之心）之分相应，孟子的仁也有广义、狭义之分。从狭义上说，仁只是恻隐之心，从广义上讲，仁则包括恻隐、羞恶、辞让、是非之心全部；从狭义上讲，仁只是"仁民爱物"之仁，从广义上说，仁则统摄仁义礼智全部，既是情又是理，是道德情感与道德理性的统一。

与孟子"四端"心和道德心相应，孟子的仁包含了由情及理，由"四端"到

"四德"的发展过程。孟子说："恻隐之心，仁之端也；羞恶之心，义之端也；辞让之心，礼之端也；是非之心，智之端也，人有是四端也，犹其有四体也。"（《公孙丑上》）"端"即事物的萌芽、开始。"端"表明恻隐、羞恶、辞让、是非不是一种既定、完成的东西。从恻隐、羞恶、辞让、是非到仁义礼智有一个生长、发展的过程，正如树苗到树木有一个生长、发展的过程一样。所以，孟子说"仁义礼智根于心"（《尽心上》），一个"根"字形象地说明了孟子思想的特点。需要指出的是，孟子有时也直接肯定恻隐、羞恶、辞让、是非即是仁义礼智，如在前面引用的一段材料："恻隐之心，仁也；羞恶之心，义也；辞让之心，礼也；是非之心，智也。"（《告子上》）在孟子那里，恻隐、羞恶、辞让、是非属于道德情感，仁义礼智则属于道德理性，二者并不完全相同。但在孟子看来，道德情感与道德理性虽有不同，却不能截然分开，道德理性不能脱离道德情感，道德情感也需升华为道德理性。孟子前一个命题说明了二者的连续性，后一个命题则揭示了二者的发展性。这样，孟子的仁在横的方面兼摄仁礼智而成为最高概念，在纵的方面则包含了由情及理的发展过程。这是孟子仁的独特之处，它和孔子乃是一脉相承。

宋代理学家朱熹发展了孟子的这一思想，提出性情、体用之说，认为四端是情，仁、义、礼、智是性。性是心之未发，情是心之已发，"未发则具仁、义、礼、智、信之性以为之体，已发则有恻隐、羞恶、恭敬、是非、诚实之情以为之用"。有体而后有用，情是性的表现，而不是性。但由情可以知性之有，这叫"因用以著其本体"。朱熹的发挥，使儒家人性学说更加完备了。

②七情：喜怒哀惧爱恶欲

朱子认为，"四端"是情，"七情"也是情，均是性之所发。他认为性是根，情是芽，性是未发，情是已发。有这性便发出这情，因此情而见得此性。朱熹《孟子集注》："恻隐、羞恶、辞让、是非，情也。仁、义、礼、智，性也。心，统性情者也。端，绪也。因其情之发，而性之本然可得而见，犹有物在中而绪见于外也。"（卷三）陈淳（1159—1223）《北溪字义》："情与性相对。情者，性之动也。在心里面未发动底是性，事物触着便发动出来是情。寂然不动是性，感而遂通是情。这动底只是就性中发出来，不是别物，其大目则为喜、怒、哀、惧、爱、恶、欲七者。《中庸》只言喜怒哀乐四个，孟子又指恻隐、羞恶、辞逊、是非四端而言，大抵都是情。性中有仁，动出为恻隐；性中有义，动出为羞恶；性中有礼智，动出为辞逊、是非。端是端绪，里面有这物，其端绪便发出从外来。若内无仁义礼智，则其发也，安得有此四端？大概心是个物，贮此性，发出底便是情。"（卷上）朱子主张，仁、义、礼、智等蕴藏在心里的德性，发出恻隐、羞恶、辞让、是非等情绪、情感。

8. 性本一因在，气中有二名

①本然之性

此为中国古代人性论观点，又称天命之性、义理之性，本然之性。在宋明理学中与"气质之性"相对。天地之性，先秦学者已有论述，但指天地之本性，作为人性论概念，盛于北宋之后。在理学中，张载最先把天地之性与气质之性相对称。"形而后有气质之性，善反之，则天地之性存焉。故气质之性，君子有弗性者焉。"（《正蒙·诚明》）他认为气质之性是形体的自然属性，而天地之性则是"太虚"之本性在人身上的体现。"天性在人，正犹水性之在冰，凝释虽异，为物一也。"（同上）前者为恶的根源，后者为人至善的本性，故强调人不能以气质之性为性，而应保存、发扬其天地之性，其途径即"变化气质"，复返于天地之性。"为学大益在自求变化气质。"（《语录·中》）"学者先须变化气质，变化气质与虚心相表里。"（《经学理窟·义理》）。二程沿此，认为天地之性为理，气质之性乃气，"论性不论气，不备；论气不论性，不明"（《遗书》卷六）。他们提出"性即理"的命题，以天地之性为人至善的本性，而人之所以有恶，"是气禀有然也"（《遗书》卷一）。朱熹综合上述思想，指出"论天地之性，则专指理言；论气质之性，则以理与气杂而言之。未有此气，已有此性；气有不存，而性却常在。"（《朱子语类》卷四）。他把宇宙的最高本体理作为人的本性，为封建伦理道德的合理性提供本体论、人性论论证，并以理善欲恶为根据，强调变化气质，宣扬"存天理灭人欲"的禁欲主义道德学说。

②气质之性

此为中国古代人性论观点，与天地之性（天命之性、义理之性、本然之性）相对，盛行于北宋以后。张载首先提出气质之性与天地之性的对立。"形而后有气质之性，善反之，则天地之性存焉。"（《正蒙·诚明》）他认为气质之性是人具有形质之后所有的自然属性，"攻取，气之欲也。口腹于饮食，鼻舌于臭味，皆攻取之性也"（同上）。气质之性由于个人气禀之不同而表现出种种差异："人之刚柔、缓急、有才与不才，气之偏也。"（同上）由于气质有偏，故不可以之为人的本性，而应当"变化气质"，复反于天地之性。"为学大益在自求变化气质。"（《语录中》）"如气质恶者，学即能移。今人所以多为气所使而不得为贤者，盖为不在学。"（《经学理窟·气质》）。二程亦依此以天地之性为人的本性，气质之性为性之偏。二程认为孔子性近习远之说，"此言所禀之性，不是言性之本。孟子所言，正言性之本"（《遗书》卷六）。以仁义礼智之性为本然之性，气质之性为恶的根源。朱熹亦说："人之性皆善，然而有生下来善底，有生下来恶底，此是气禀不同。"（《朱子语类》卷四）性善本于天命之性，恶则由于气质之性。又说"天之生此人，无不与之仁义礼智之理，亦何尝有不善？……禀其昏浊之气，又为物欲之所蔽而不能去，则为愚为不肖，是皆气禀之所为。"（《朱文公文集·玉山讲义》）明清之际王夫之则反对把天命之性与气质之性对立起来，认为气质之性不是恶的根源："所谓气质之性者，犹言气质中之性也。""是气质中之性，依然一本然之性也。"（《读四书大全说》卷七）

③仁礼信义智

④浊清粹驳

"人之气质，清浊粹驳。有中人以上，中人以下。其于道，有生知安行，学知利行，其下者，必须人一己百，人十己千。及其成功则一。后世不知作圣之本是纯乎天理。却专去知识才能上求圣人。以为圣人无所不知，无所不能。我须是将圣人许多知识才能，逐一理会始得。故不务去天理上看工夫，徒弊精竭力。从册子上钻研，名物上考索，形迹上比拟。知识愈广而人欲愈滋。才力愈多而天理愈蔽。正如见人有万镒精金，不务煅炼成色，求无愧于彼之精纯。而乃妄希分两，务同彼之万镒。锡铅铜铁，杂然而投。分两愈增，而成色愈下。既其梢末，无复有金矣。"（王阳明《传习录》门人薛侃录）

9. 理发而，气随之

10. 气发而，理乘之

《心统性情图》说解

位于《心统性情图》上半部有一行字"主一性理谈万化"，可以看作全图的总纲，一个"理"字统摄全图。李退溪认为，理是本体，是产生天地万物的根据或本源。他说："上无之载，无声无臭，而实造化之枢纽，品汇之根柢。盖理虽无形，而至虚之中，有至实之体……则非生物之本，万事之根柢而何？"他所谓的"理"不是指客观事物的规律，因为这种规律只能内在于事物本身之中，而不能产生万物。他的"理"既生万物，又主宰万物，是哲学范围内的最高范畴。在理气关系上，他采取了理一元论的观点，认为理是第一性的，气是第二性的。他把理摆在高而独尊的位置上，还在其他的著作中论述"理"的优越性。

在此基础上，李退溪进而发挥周敦颐的"太极动而生阳"和朱熹的"只有理有动静"之说，提出了"理动则气随而生"的独到见解。他说："按朱子常曰，理有动静故气有动静，若理无动静，气何自而有动静乎，盖理动则气随而生，气动则理随而显，濂溪云太极动而生阳，是言理动而气生也，易言复其天地之心，是言气动而理显故可见也。"从理上看，即从万物的本源上来说，只有理才是最高的、永恒的、唯一的绝对存在；但从物上看，即从具体事物的形成来说，理气同时存在，并密切结合、不可分割。

他的理一元论，是为他的伦理道德观和社会政治观服务的。他的要害就在于把精神世界置于物质世界之上，从而使自然界道德化。他说："未有这事，先有这里。如未有君臣，已先有君臣之理。未有父子已先有父子之理，未有事物之时，此理已具。"他把三纲五常的伦理道德体系说成"天理"，视之为至善而又神圣不可侵犯。这实质上是从哲学世界观的高度，为李氏王朝的封建中央集权制制造理论根据。因此他所谓的"天理"，其实就是李朝封建社会伦理道德规范的概括。

我们可以清晰看出《心统性情图》是一个中心对称的图，还能明显地看到它的对称轴。左右还有"性本一因在，气中二有名"的字样，充分体现出李退溪一分为二的哲学思想。

他在《全书》卷1答奇明彦中说道："分而为二，而不害其未尝离，合二为一，而实归于不相杂，乃为周悉而不偏也。"他把这种对立统一观点，广泛地运用在自然、社会以及人类思维的发展上。他说："形生神发，则阳动阴静之为也。五性感动，则阳变阴合，而生水火金木土之性也。善恶分，则成男成女之象也。万事出，则万物化生之象也。"他还说："至于气也，则始有阴阳对立之象，而互为其根。故阴中不能无阳，阳中不能无阴。阴中阳之中，又不能无阴；阳中阴之中，又不能无阳，其变至十百千万，而各不能无对焉。"

他又把分合论运用到四端七情论上。"盖人之一身，理与气合而生，故二者互为发用，而其发又相须也。互发则各有所主可知，相须则互在其中可知。"他指出，四端七情之中有理与气的所主或所重，以此说明了对立统一的双方有主次或轻重之分的道理。这深化了对立统一规律，使其内容更为具体。

位于《心统性情图》的中心处有一个圆，里面写有"本然性，气质性"几个字，说明他全盘继承了程朱理学的两重人性论。

他认为人有两重本性，即"本然之性"和"气质之性"。他认为，人们的社会等级之差别，不是来自社会诸关系，而是来自人们先天所具有的"气质"之禀气差别，人的贤愚就是由于所禀的气质有清浊粹驳的不同所致。他把人分成"上智""中人""下愚"三个等级，说道："禀气于天而天之气，有清有浊，禀质于地而地之气，有粹有驳，故禀得其清且粹者为上智，而上智之于天理知之，既明行之，又尽自与天合焉；禀得其清而驳，浊而粹者为中人，而中人之于天理，一则知有余而行不足，一则知不足而行有余，始于天有合有违焉；禀得其浊且驳者为下愚，而下愚之于天理，知之既暗行之，又邪远与天违焉。"然而人的上述三品等级并不是绝对的，而是相对的。因为人具有"本然之性"和"气质之性"的两种人性。所以，气质之差距，是可以通过后天的努力加以缩小或改变的。

《心统性情图》的中部和下部相对于上面呈方形，主要阐释"四端"和"七情"之说。

"四端"指孟子所说的"恻隐之心乃仁之端，羞恶之心乃义之端，辞让之心乃礼之端，是非之心乃智之端"。"七情"指《礼记》乐记篇的喜、怒、哀、惧、爱、恶、欲之七情。在李退溪看来，四端七情与天理人欲不尽相同，四端就是天理，但七情则不尽同于人欲。因为七情包括为善为恶的两种可能，但人欲则一定是恶的。所以天理和人欲完全对立而不可并存。修养的目的全在于"革尽人欲，复尽天理"。他的理欲观的实质，就在于主张毫不违背封建的统治秩序，绝不侵犯封建统治阶级的利益。李退溪把四端七情论和理欲观运用到社会政治观上，主张尊王贱霸以加强封建中央集权制。他主张为了加强封建统治秩序，必须加强以王为首的中央统治机构。在他看来王是国家元首，大臣是腹心，地方官吏是手足，谏官是耳目。只有他们之间相互协调，才能维持和巩固封建统治秩序。其次，他制定出"乡约"，宗旨在于乡民之间的患难相救和乡风的教化。这一理论直到今天还有一定的积极作用。

第七　仁说图

　　第七图仁说图是朱熹所绘，出自《朱子语类》，用以图示化的方式说解朱熹《仁说》一文。朱熹以仁作为宇宙的本源，用来解释仁作为宇宙本体论的合理性和必然性。仁义礼智四德中，仁包四德，由此出发无所不统。四端包含恻隐、羞恶、辞让、是非四心，恻隐引领四者。仁统摄四德四端，既是天地生物之心，亦是人心之仁。朱熹以仁为起点，建构起整个理学体系。

仁的起源和含义变化

一、仁原义

　　"仁"是会意字，从人，从二，右边的二是重文。本义为两人相对、亲密无间之意。所以《说文·人部》释义为："仁，亲也。从人、二。"

　　《说文》卷八"人部"

仁，亲也。从人从二。臣铉等曰：仁者兼爱，故从二。

古文仁从千、心。

古文仁或从尸。

　　"仁"字最早出现在儒家经典《尚书·金滕》中，是描写和赞扬人的优秀行仪的。当时的意义显然是不具备思想体系与价值准则意义的，仅仅是对人的直观评价。

仁字在甲骨文中尚未发现。1974 年，在河北平山县发掘了战国时期中山国墓葬群，出土"中山王鼎"，在公元前 300 年前的金文中有了仁字的资料。字形像"两人并列同坐，相与存问，意示亲敬"。铭文："天降休命于朕邦，有厥忠臣赒，克顺克卑，无不率仁，敬顺天德，以左右寡人。"这是金文中迄今所见唯一的一个"仁"字。

《诗经》中"仁"字出现了两次：《郑风·叔于田》"询美且仁"；《齐风·卢令》"其人美且仁"，是赞美郑国贵族共叔段狩猎时的英姿。

《国语》和《左传》《公羊传》《谷梁传》中，"仁"字开始频繁出现。《左传》中"仁"字出现了四十余次。如"亲仁善邻，国之宝也"。此文中的仁字与孔子论"仁"相近。与仁慈助人相反的意思则为"不仁"："背施无亲，幸灾不仁。"《左传》"臣闻之，出门如宾，承事如祭，仁之则也"，与孔子论语中论"仁"的思想很接近。参见《论语·颜渊》载："仲弓问仁，子曰：出门如见大宾，使民如承大祭。"《左传》昭公十二年记孔子之言："仲尼曰：'古也有志，克己复礼，仁也。信善哉。'"这也与孔子"克己复礼为仁"思想相一致，孔子称"古也有志"，也论述了"克己复礼"思想的缘起和依据。

"仁"的价值观在春秋时期逐渐被接受，成为人们完善自我与社会对话的准则。这正是孔子仁学提出的时期。

在文字学中，"仁"的原初之意应是人与人相亲近，二人亲近为"仁"。一个人要学会亲近他人，关爱他人，才能具备传统价值中的"仁德"，一个社区中，成员要做到相互关爱才能被称为"仁里"。

孔子对于仁的论述

作为中国历史上最伟大的思想家、教育家、儒学学派的创始人，孔子思想包罗万象、博大精深。弟子整理其言行而成《论语》一书，其中涉及仁字多达 109 处，足见孔子对于仁的高度关注和仁在孔子思想体系中的崇高地位。

孔子对于仁的理解，基本上继承春秋前期思想家们对于仁的德性认识，并在此基础上逐步发展为一个比较系统的仁学理论。对于孔子仁的理论，我们可以从以下几个方面进行把握。

第一，仁是一种普遍伦理的规定。《论语·颜渊》载："樊迟问仁，子曰：'爱人。'"（《论语·颜渊》）孔子的仁学在本质上是人际关系之学，着力考察人在各自的社会秩序中的位置，已经如何协调这种关系，如何为仁。《论语·乡党》："厩焚，子退朝，曰：'伤人乎？'不问马。"（《论语·乡党》）爱人的客体在孔子看来具有普遍性，而爱的最终目标是要实现"泛爱众"。达到人与人之间关系的和谐和融洽。

第二，仁是一种人格的追求，理想的追求。《论语·雍也》：子曰："知者乐水，仁者乐山；知者动，仁者静；知者乐，仁者寿。"（《论语·乡党》）

第三，仁是一种如何在关系网络中安身立命的原则。《论语·学而》："其为人也孝悌，而好犯上者鲜矣；不好犯上，而好作乱者，未之有也。君子务本，本立而道生。孝弟也者，其为仁之本与！"（《论语·学而》）

第四，仁是一种方法和态度。《论语·雍也》：子贡曰："如有博施于民而能济众，何如？可谓仁乎？"子曰："何事于仁，必也圣乎！尧、舜其犹病诸！夫仁者，己欲立而立人，己欲达而达人。能近取譬，可谓仁之方也已。"（《论语·雍也》）《论语·卫灵公》：子贡问曰："有一言而可以终身行之者乎？"子曰"其'恕'乎？己所不欲，勿施于人。"（《论语·卫灵公》）

孔子以仁修身，以礼约束，最终要实现"天下归仁"的目的。儒家的理想社会模式，首先是大同世界，其次是小康世界，最后才是以仁化国，以德治国的礼治社会。孔子从探索具体的人际关系出现，以人为基，以仁为本，以礼为途，以德为归，完成了较为系统的仁学理论的构建。

孟子的仁学理论实践

孟子名轲，战国中期邹人，中国古代著名思想家。孟子继承了孔子的仁学思想，将其进一步完善，晚年著书立说，有《孟子》七篇。

孟子的仁学理论可以概括为以下几点：

1. 性善论及仁义思想。在孟子之前的各家，都没有深入探讨过人性的问题。而在战国时，百家争鸣的最重要的一个议题就是人性善恶与否。孟子道性善，言必称尧舜。《孟子·告子上》："恻隐之心，人皆有之；羞恶之心，人皆有之；恭敬之心，人皆有之；是非之心，人皆有之。恻隐之心，仁也；羞恶之心，义也；恭敬之心，礼也；是非之心，智也。仁义礼智，非有外铄我也，我固有之也。"（《孟子·告子上》）人性本善，就在于仁义礼智这些善的品德，是人本身所具有的。

仁义礼智根植于心，这样对于每个人来说都是平等的。人心相通，每个人都有仁义礼智的善端，都有对于仁义礼智的追求。而实现性善的前提，就在于以性善为出发点在社会生活中不断地学习修炼，不断提高自我的思想道德境界。人之所以会走向迷途，就是在于缺乏对自我的调控和人格上的修炼。

2. 仁德修养理论。孟子对如何才能达到仁提出了一条切实可行的路子。他提出人要养心，重视人的精神修养，反对过度地追求物质享受，清心寡欲。但在仁德修养论里，孟子认为最重要的是要"养吾浩然之气"（《孟子·公孙丑上》）。具体来说可以解释为要有独立的人格"富贵不能淫，贫贱不能移，威武不能屈"，舍生取义，杀身成仁等等大丈夫品格。

3. 仁政学说。如果说孔子的仁的学说更多地体现在人格修养上，那么孟子则更注重仁的实践方面。面对战国时期诸侯征战的局面，孟子公开反对战争，省刑罚，薄赋敛，主张制民之产，要求推行井田制。如果哪位君主能做到这些，肯定能达到得道者多助，从而使天下定于一。

二、汉唐仁论

汉唐之际是中国仁学发展的重要时期，先秦诸子所建构的各种仁义学说，所提出的各种仁义主张，在某种程度上都得到了实践应用。并且，在前辈儒学大学的基础上，仁学也得到了极大的发展。董仲舒的天人感应说，魏晋之际的玄学，唐时以韩愈为首主张儒学的复兴，对仁学进一步发展贡献极大。

1. 董仲舒的仁学思想

到董仲舒时，西汉处于文景之治之后的武帝盛世，在汉初黄老无为之治的主导下，社会经济已得到恢复发展，国家执政方针也开始向着"有为"转化。在思想上，汉武帝开始重用儒生，出现了西汉历史上著名的"罢黜百家，独尊儒术"。而董仲舒也应时应世提出了一套完整的天人相通的体系。

（1）天人感应论。董仲舒建立了一种以天为最高主宰的、天人相通的体系，实行天人感应。人所做的一切，天都以自己的方式以回应。而"仁，则为天心，故次以天心"①，而人之为仁，源自天之为人。例如，皇帝统治失策，天会以地震等天灾形式用以示警。

（2）三纲五常。董仲舒以天人感应为理论基点，以性三品的人性论为根基，建构起著名的三纲五常说，形成一个完整的伦理体系。三纲就是"君为臣纲，父为子纲，夫为妻纲"，五常是"仁义礼智信"。董仲舒认为在三纲中以君、父、夫为主导，但臣、子和妻也并非我们通常所认识的只是单纯地服从，而是以理为上。而五常中，仁是核心，为基本，其余四者都是处于从属的地位。

2. 魏晋玄学

魏晋时期佛学大举入侵中国，对中国传统的思想界产生了极大的冲击，再加上当时中国长期处于战乱过程，造成儒学处于式微的状态，因此产生了具有时代特点的玄学。这批人以何晏、王弼及竹林七贤等为代表。

（1）以无为本，举本统末。道家以"道"为最高的哲学范畴，但道不可名状，实际上就是贵无。玄学借鉴了道家这一思想，将无作为万物之本。以无为起点，

---

① （汉）董仲舒：《春秋繁露》，上海：上海古籍出版社，1989版，第36页。

以有为生，并把这种无和有的关系，归结为一种"本"和"末"，"体"和"用"的关系。一方面万物以无为根本，离开了无就没有存在的实体。另一方面，无不可以单独存在，必须借助于有作为依托。

（2）名教出于自然。将贵无的观点贯彻到社会统治上，何晏、王弼等人主张实行"无为而治"，前提基础就是必须找到有德之人来进行统治。而"德"就基本等同于传统所说的"仁政"，以仁爱之心对民，顺其自然，不过多地干预经济社会管理活动，减轻人民负担，以实现社会经济的恢复发展。

从思想上，到具体的社会实践上，魏晋名士构建起一个将儒教和道教相沟通融合的玄学的模式。以道教模式来重新诠释儒学"仁"的概念，推进了儒教在思想上思辨化的发展。

3. 韩愈的新仁学

唐代在中国历史上处于一个高峰，社会经济繁荣发展。以唐太宗为首的贞观君臣以传统的儒教治国，将仁学的观念贯彻到社会管理实践中。但与此同时，印度传来的佛教，中国传统的道教，以及一系列西方宗教在唐朝也得到了大规模传播发展，这对传统占主导地位的儒教产生了巨大的挑战。唐时以韩愈为代表的儒家积极应对，挖掘儒教传统资源，为随后宋代理学的发展提供了条件。

韩愈，字退之，唐代著名思想家，文学家。鉴于当时安史之乱、藩镇割据、宦官专权，礼教大乱的局面，韩愈主张恢复天下有序的状态，对传统的儒学批判地继承，结合时代的要求，建构起了一种新的儒学体系。

（1）天道观。韩愈的天道观受到传统的"天人感应"说的影响，相信天是能够惩恶扬善的人格神。但韩愈谈天的目的，实际上在于为封建伦理纲常找到一个合理化的基础。韩愈选择了"仁心""仁政"，由"正心""诚意"到"治国平天下"等说法，作为理论根基。

（2）道统观。韩愈为了恢复仁义道德的正统地位，一方面以儒家的理论来排斥佛老，另一方面，又依据佛老的"法统说"，借助于仁义道德与礼乐刑政关系的阐发，建立了一个"先王之道"的"道统"。孟子自认为自己继承了自孔孟以来的儒学道统，以光复儒学为己任，将仁义道德并举，并将仁义放在更为突出的地位，认为仁与博爱的境界是社会发展的最高目标。

三、宋代仁论

自西汉佛老由印度传入中国，且中国土生土长的道教也得到广泛传播，相对于儒教来说，佛教和道教的深刻的思辨性吸引了广大士人。因此，自唐以来，一批儒学仁人志士主张源佛入儒，因此儒学也发展到一个新的高度——理学。这批学者以周敦颐、二程、张载等为代表，南宋的朱熹集理学之大成。

1. 程之仁

北宋二程——程颐、程颢，开创了理学中重要的洛学。他们把"理"作为思想体系的最高范畴，将"理"运用于仁学，以仁为理，使仁成为伦理本体，推动了仁学理性化。

（1）人性论。二程推崇孟子的理论，因此在人性论上持"性善"论。仁义礼智信五者，性也。仁者全体，四者四支。仁，体也；义，宜也；礼，别也；信，实也。二程将本来处于人性从属地位的五常直接与人性挂钩。其中把仁又单列出来，地位抬高，上升到统领五常的位置。

（2）修养论。二程认为修养方法需以敬、诚、仁为本。学要在敬也诚也，中间便有个仁。博学而笃志，切问而近思，仁在其中矣。在修养工夫上，二程主敬，反身而诚，以此来体仁，明仁。而具体的实践上，程颢更进一步指出学者须先识仁："仁者，浑然与物同体。义、礼、知、信皆仁也。识得此理，以诚敬存之而已。"

（3）天理论。二程依据万物皆有理、万物出于一理去论证天理思想。从二程的视角来看，理的含义既包括自然规律，也包含封建的伦理纲常。他们认为这些超越于万物之上，同时又支配一切。

从以上论述我们可以看出，在二程的理论架构中，仁具有二重性。一方面，作为本体论的仁为万物的主体。仁，理也。人，物也。以仁合在人身言之，乃是人之道也。另一方面，仁也是具体的实践的方法和追求目标。认识自己，仁人爱物，实现主体的自觉，采取推己及人的方式，最终达到万物一体的境界，仁者之心就成为绝对本体，万物皆为己有，也就是"万物皆备于我"之意，人的主体性也就得到了最充分的展现。

2. 张载的仁学思想

张载，字子厚，人称横渠先生。作为理想的奠基者之一，他开创的关学是理学中一大重要学派，对理学的思想体系建立产生了重大的影响。后世对其非常推崇，朱熹将张载与周敦颐、邵雍、二程并立。

（1）气化论。在本体论上，张载的基本观点是将"气"作为宇宙的本体和根源。气聚为万物，气散为虚空。因此张载又引入了"太虚"的概念以说明气的聚散的状态。太虚化生宇宙世界，而从无形到有形的转化，要通过"感"的环节。而如何才能有"感"，这是由于阴阳二气的作用。阴阳二气交融而感宇宙之气，聚散而构成了整个世界。

（2）人性论。在对人性的探讨上，张载将性加以区分，分作"气质之性"和

"天地之性"。天地之性高高在上，也就是天性。而气质之性则为人的本性，它有善有恶，由人的日常修养和天赋而得。张载承认人的自然欲望，但反对欲望的无限膨胀。因此他认为人要做到勤奋学习、克服恶习，提高自我修养，克服"气质之性"对"天地之性"的影响，就能做到儒学最高的"仁"的境界。

《仁说图》解释

（一）元贞利亨

出自《易经》乾卦的卦辞，原文："乾，元亨利贞。"象曰："天行健，君子以自强不息。"（《易经·乾卦》）

元亨利贞四个字本是分开解释的，元：开始；亨：亨通；利：利益；贞：贞洁。现在其被许多人连作一词，是指人的运气很好，交了好运。这四个词其实包含重要的思想内涵。据李鼎祚《周易集解》云："言乾禀纯阳之性，故能首出庶物……是以君子法乾而行四德。"[1]这里的四德就是指"元亨利贞"。

在朱熹的仁说图中，元贞利亨用以代指自然规律。如春夏秋冬的交替等。

（二）已发、未发

这一对概念最先出现在《中庸》中："喜、怒、哀、乐之未发，谓之中。发而皆中节，谓之和。中也者，天下之大本也。和也者，天下之达道也。"（《中庸·第一章》）

《中庸》开启了讨论这对概念所属的心性论的法门。但是《中庸》在未发已发方面都未深入下去，在未发之体验和已发之工夫方面的探讨有待于后来者，但是在历史的长河中这个后来者迟迟未能出现。

唐朝的李翱开始在《中庸》的基础上著书立说，这便是《复性书》。但《复性书》把未发之体最后引进佛教的大门，从而窒息了已发之工夫。到了有宋一代，理学开始勃兴，未发已发受到了理学家前所未有的重视。程颐的未发已发观体现了儒学在已发工夫层面的一贯关注，但是其体验未发仍在已发层面殚精竭虑，实质上未曾有未发之体验。但是，在理学家不断的努力中，未发体验逐渐向未发层面转移，尤其是杨时—罗从彦—李侗一系和湖湘学派，这种转移实质上突破了二程"性即理"的樊篱，为理学向心学的转变扫清了道路。

---

[1]　（唐）李鼎祚著，陈德述整理：《周易集解》，成都：巴蜀书社，1991年版，第1页。

朱熹对中庸一书极为重视，作《中庸章句》，并把《中庸》和《大学》《论语》《孟子》并列称为"四书"。

朱熹对已发未发概念进行了更为深入的探讨，在《晦庵集》中特别有《已发未发》一篇对于这一概念进行论述。在仁说图中，已发未发用来表示情感的萌发的状态。

（三）四德四端

"四德四端"这一对概念最早出现在《孟子》中："恻隐之心，仁之端也；羞恶之心，义之端也；辞让之心，礼之端也；是非之心，智之端也。人之有是四端也，犹其有四体也。恻隐之心，仁也；羞恶之心，义也；恭敬之心，礼也；是非之心，智也。仁义礼智，非由外铄我也，我固有之也，弗思耳矣。"（《孟子·告子上》）

四德指仁、义、礼、智这四种基本道德。四端指恻隐、羞恶、恭敬、是非这四种基本德性。四德四端是孟子理论中的一对重要概念。

四德具体解释为：仁，仁人、爱人、仁爱；义，大义、正义、公平、公正、公道；礼，明礼、礼貌、礼让、礼节、礼仪、礼制；智，知者、明智、智慧、机智。在儒家看来，四德是人生而有之四种情感，它存于内心。一旦表现出来就变成了恻隐之心、羞恶之心、恭敬之心和是非之心。相对于未发的四德，四端是四种表现出来的情感，并与四德存在一一对应的关系。在四端里，孟子特别把恻隐之心提出来，认为它是仁的起点。

儒家主张修身齐家治国平天下，修身为本。四德四端是修身概念的基本内涵，儒家以此作为起点，由己出发推己及人，实现自我道德的完善，并在社会实践中应用，实现天下大同的美好理想。

（四）体用之辩

体、用之辩是中国传统哲学的一对重要概念。这一名词出现于佛教，但其内涵在先秦诸子中已开始讨论，魏晋玄学更是在贵无的前提下对此加以解释。体，本体，根本之意。用，应用，实践之意。

这就涉及哲学中的本体论的问题。指探究天地万物产生、存在、发展变化根本原因和根本依据的学说。中国古代哲学家一般都把天地万物的本根归结为无形无象的与天地万物根本不同的东西，这种东西大体可分为三类：（1）没有固定形体的物质，如"气"；（2）抽象的概念或原则，如"无""理"；（3）主观精神，如"心"。

由本体出发，进而产生了体用之辩。中国哲学的体用论是典型的体—用二元论，体用两者不可分开。体是用存在的根本，用是体存在的表现。东汉时王弼和合《易》《道德经》，为体用的本体意义奠定了初基。王弼认为世界以"一"即太极，也就是无为之本源，也就是体。而无的各种七七四十九的变化为有，也就是用。魏晋是佛道大发展时期，传统的儒学引佛道而形成玄学。无论是佛教还是玄学都谈体用，焦点在于有无之辩、形神之辩等。

两宋理学继之而起。全祖望认为"两宋诸儒，门庭径路半出佛老"。从此可见佛教对于理学影响之大。程颐作《易经传》，"体用一元，显微无间"，用以解释理和象、理和事之间的关系。他认为现象都是本体自身的显现，本体又同现象融为一体，不相分离，以此来宣扬现象和本体皆依理存在的理本体论，被后世理学家奉为圭臬。

朱熹依此原则讨论理事关系，并解释《太极图说》，认为太极到无极的化生的过程，乃太极之理自身的逻辑展开或现实化，从而提出了理在事上、理在事先和理本事末的理论，完成了建立理学本体论的任务。在理学体系里，体用之辩也被称为理——分殊之变。理为根本，而世界万物都是理的具体表现。

（五）孝悌之道

出自《论语》。有子曰："其为人也孝弟，而好犯上者，鲜矣；不好犯上，而好作乱者，未之有也。君子务本，本立而道生；孝弟也者，其为仁之本与。"（《论语·学而》）

所谓"孝"，指善事父母。孝的本质是子女对父母的敬顺。儒家认为孝是各种道德规范的根本，贯穿于人的行为始终，从侍奉顺从父母，到治国安邦，从君主到平民都离不开孝。

孝可概括为以下六点：第一，赡养父母。《论语·为政》说："今之孝者，是谓能养。"（《论语·为政》）第二，敬重双亲。《论语·为政》说："……至于犬马，皆有能养，不敬，何以别乎？"（《论语·为政》）第三，以爱心愉悦老人。《礼记·内则》说："孝子之养老也，乐其心。"（《礼记·内则》）第四，规劝父母错误言行。《礼记·坊记》说："从命不忿，微谏不倦。"（《礼记·坊记》）第五，不做有损父母声誉道义的事。《论语·为政》说："孟懿子问孝，子曰：'无违'。"（《论语·为政》）第六，不做无谓的有损父母所给予的躯体健康的事。《孟子·离娄下》说："不顾父母之养……好勇斗狠……不孝也。"（《孟子·离娄下》）

而"悌"主要指尊敬兄长，弟兄相亲。《左传·昭公二十六年》中说："兄爱而友，弟敬而顺。"（《左传·昭公二十六年》）

孝与悌相联系，是为适应古代家庭宗法制度提出来的。儒家视"孝悌"为

"仁"的根本。家庭是社会的细胞，也是国家的基本单位。有了家庭的安定和睦，才能有社会的和谐发展，国家的长治久安。

（六）忠恕之间

关于"忠恕"之道的意涵，《论语·卫灵公》篇说："子贡问曰：'有一言而可以终身行之者乎？'子曰：'其恕乎！己所不欲，勿施于人。'"（《论语·卫灵公》）观此可知，"恕"就是"己所不欲，勿施于人"。《论语·学而》篇载曾子曰："吾日三省吾身，为人谋而不忠乎？与朋友交而不信乎？传不习乎？"（《论语·学而》）此句中的"为人谋而不忠乎"，即反省自己为别人打算是否做到了推己及人。然而"忠"即是"己欲立而立人，己欲达而达人"。《论语·里仁》子曰："参乎！吾道一以贯之。"曾子曰："唯。"子出，门人问曰："何谓也？"曾子曰："夫子之道，忠恕而已矣。"（《论语·里仁》）朱熹《论语集注》释忠恕云："尽己之谓忠，推己之谓恕。"其引程子曰："以己及物，仁也；推己及物，恕也。"（《二程遗书》第十一卷）其实，尽己与推己并无实质的差别。尽己之谓忠，而忠实亦是"推其（己）所欲以及于人""推己之谓恕"，而恕之推己实亦是尽己之意。

"忠"与"恕"实只一道，故孔子说"吾道一以贯之"。若把"忠"与"恕"割裂开来，则吾道成为两道矣。在孔子的一道中，包含着"己欲立而立人，己欲达而达人""己所不欲，勿施于人"的统一而深刻的意涵。因此，"忠"与"恕"有着相互补充、相互规定、相互包含的意思。

通俗地说，忠恕之道就是人们常说的将心比心，推己及人。既诚意待人的同时又做到宽以待人。

仁说图说解

一、天地生物之心——仁的天理根源

天人合一

对于朱子学，钱穆曾说其学说的最大吃紧处，则在天人之分合上……朱子学之博大精深，与其笃厚高明处，胥当由此参入，学者其勿忽焉。朱子关注的重点在于天人合一，也就是天道和人性的合一。程颐曾提出："性即理也。"性即人性，理即天理，人性与天理合二为一。朱子赞赏这一说法"性即理也一语，直自孔子后惟是伊川说的尽，这一句，更是千万世说性之根源"（《朱子语类》卷九十五《程子之书一》）。二程使天道和人性建立起了联系，但只是从人的本性和自然直接合二为一，强调人性与道德原则、整个宇宙法则的一致，并没有秉受天理为性的说法。对于天理人性二者如何实现沟通，二程没有给出答案，朱熹对此不满。

朱子对于《易·系词》中"一阴一阳之谓道，继之者则谓之'善'，至于成之者方谓之性"①，解释为此谓天所赋于人物，人物所受于天者也，也就是继之者即天地流行之天理，成之者性，即流行的天理被禀受到个人身上就为所成之性。为了进一步说明，朱熹还以水鱼比喻："继之者善'便是公共底，'成之者性'便是自家底。只是一个道理，不道这个是，那个是。如水中鱼，肚中水便只是外面水。"（《朱子语类》卷九十八《张子之书一》）于是，朱子按照理—分殊的思想对天理和人性加以界定。朱子说："譬如一条长连底物事，其流行者是天道，人得之者为性。乾之'元亨利贞'，天道也，人得之，则为仁义礼智之性。"云："天道流行是一条长连底，人便在此天道之中，各得一截子。"②

这样朱子在天地之理和人物之性中找到了一个共同的来源——天地流行之理。在此基础上实现了天理和人性之间沟通，为将仁作为天地生物之源提供了本体论的基础。

二、天地生物之心——生注入仁

朱子所作《仁说》的第一句为"仁者，天地生物之心"，在此强调了"生"的概念，把生作为天地宇宙以仁为本的沟通点。

朱子说："复见天地之心说，熹以为天地以生物为心者也。虽气有阖辟，气有盈虚，而天地之心则亘古至今，未始有毫厘之间断也。故阳极于外而复生于内，圣人以为于此可以见天地之心焉。盖有复者气也，其所以复者，则有自来矣，向非天地之心生生不息，则阳之极也，一绝而不复续矣，则何以复生于内而为阖辟之无穷乎？此则所谓动之一端者，乃一阳之所以动，非徒指夫一阳之已动而为言也。夜气固未可谓天地之心，然正是气之复处，苟求其故，则可以见天地之心矣。"（《朱子文集》卷32）

"气有阖辟，物有盈虚"，是道家对于宇宙气物的看法。人法地，地法天，天法道，道法自然，道家认为一切都应自然如此，不必再去探求更深的根据。而朱

---

① （宋）黄士毅编，徐时仪，杨艳汇校：《朱子语类·汇校6》，上海：上海古籍出版社，2016年版，第2374页。

② （宋）黎靖德编，杨绳其，周娴君校点：《朱子语类·第1卷》，长沙：岳麓书社，1997年版，第649页。

熹认为，其"所以复者尚有所自来"向非天地之心生生不息，则阳之极也，一绝而不复续矣，则何以复生于内而为阖辟之无穷乎"（《朱子语类》卷九十五，《程子之书二》）。天地万物能够运行不止的原因就只在于能够生生不息，归根到底是由于天地有生物之心。

将生注入天地之心中，就使天地之心如同生物有了生命力。这样可以更好地将道德属性赋予其中。

生的两端

在前面朱子提出了天地生物之心，如何才能体会出天地之心？为了进一步说明，朱子依照天理和人性两端对仁的"天地生物之心"阐述，以元亨利贞和人之心两分殊作为仁的载体。

"动亦不是天地之心，只是见天地之心。如十月岂得无天地之心？天地之心流行只自若。'元亨利贞'，元是萌芽初出时，亨是长枝叶时，利是成遂时，贞是结实归宿处。下梢若无这归宿处，便也无这元了。惟有这归宿处，元又从此起。元了又贞，贞了又元，万古只如此，循环无穷，所谓'维天之命，于穆不已'，说已尽了。十月万物收敛，寂无踪迹，到一阳动处，生物之心始可见。"曰："一阳之复，在人言之，只是善端萌处否？"曰："以善言之，是善端方萌处；以德言之，昏迷中有悔悟向善意，便是复。如睡到忽然醒觉处，亦是复底气象。又如人之沉滞，道不得行，到极处，忽少亨达，虽未大行，已有可行之兆，亦是复。这道理千变万化，随所在无不浑沦。"（《朱子语类》卷六十二《中庸一》）

为了具体说明天地生物之心，朱熹将易经中利贞元亨的概念引入。利贞元亨出自易经六十四卦第一卦——乾卦的卦词。在《易经》里利贞元亨属于道德属性，"元者，善之长也；亨者，嘉之合也；利者，事之合也；贞者，事之是"。（《易经·乾卦》)，在《易经》中用以形容乾的纯粹至善的德性。

而在《仁说》中，元亨利贞被朱子代指自然界的现象。"盖天地之心，其德有四，曰元亨利贞，而元无不统。其运行焉，则为春夏秋冬之序，而春生之气无所不通。故人之为心，其德亦有四，曰仁义礼智，而仁无不包。"（《朱子语类》卷六十五《易经五》）

为了说明元亨利贞，朱子提出了春夏秋冬四季，用以代指自然界中的一切现象。春夏秋冬四时之序，春生、夏长、秋收、冬藏本是自然轮回。

他说："只如四时：春为仁，有个生意；在夏，则见其有个亨通意；在秋，则

见其有个诚实意；在冬，则见其有个贞固意。在夏秋冬，生意何尝息！本虽凋零，生意则常存。"（《朱子语类》卷六《性理三》）

"盖春便生，夏便长茂条达，秋便有个收敛撮聚意思，直到冬方成。……谓如一树，春荣夏敷，至秋乃实，至冬乃成。虽曰成实，若未经冬，便种不成。直是受得气足，便是将欲相离之时，却将千实来种，便成千树，如'硕果不食'是也。方其自小而大，各有生意。"（《朱子语类》卷九十五《易五》）

"天地生这物时，便有个仁。它只知生而已，从他源头下来，自然有个春夏秋冬。且看春间天地发生，荡然和气，如草木萌芽，初间仅一针许，少间渐渐生长，以至枝叶花石，变化万状，便可见它生生之意，非仁爱何以如此。"（《朱子语类》卷十七《大学四或问上》）

春夏秋冬四时之序，春生、夏长、秋收、冬藏本是自然轮回。朱子却在四季轮回之中看出了天地之大德。如无天地之理的掌控，四时无以依照时序运转。

而此中朱子又把"春"单独提出，春一方面是位列四季之一，与其他三季并列；另一方面，春因其有"生"之意，而区别于其余三季。无论万事万物如何凋败，春季来临又可以焕发勃勃生机。因此在四季之中，春能体现出统领掌控之意。所以，春能体现出朱子所论的"天地生物之心"，而也能从中能体会出"仁"之德。

以道德属性的元亨利贞代指春夏秋冬之自然现象，寓意在于以道德属性来统领支配自然运行之序。按照体用之说，元亨利贞属于体，而春夏秋冬四时之序是用，是元亨利贞的具体表现。在理学的理——分殊理论里，元亨利贞属于理，而春夏秋冬就是理的分殊的体现。

没有元亨利贞的道德作用，春夏秋冬就只是一种纯粹的自然现象，不可能作为宇宙之德的载体。朱子给宇宙配以天德，元亨利贞的引入，是宇宙具有了道德属性，才能与人进行天人感应。宇宙因为其具有了高尚的道德品质而能成为天地万物的主宰，也为人能成善成王提供了途径——扩充仁心与天地万物和合，达到天人合一的境界。

无生命的自然界，朱子把它看成一个生命体，充满着生机和活力。在朱子看来，生不是一次性的，而是自然轮回生生不息的。万物生长是生命的体现，万物枯槁亦是生命的体现，它体现了生命的更新。朱子认为："到冬时，疑若树无生意矣，不知却自收敛在下，每实各具生理，更见生生不穷之意。"

为了进一步说明，朱子更是从自然界中找到例证，以此说明仁的道德于内的作用。植物果实的种子，常被称以仁为名，如桃的种子被称为桃仁，杏的种子被称为杏仁，还有核仁，麦仁等等。

"且如万物收藏，何尝休了，都有生意在里面。如谷种、桃仁、杏仁之类，种著便生，不是死物，所以名之曰'仁'，见得都是生意。"（《朱子语类》卷六《性理三》）

天地之所以能够做到生生不息，这是因为天地存在着生物之心。"天地之心，只是个生。凡物皆是生，方有此物。如草木之萌芽，枝叶条干，皆是生方有之。人物所以生生不穷者，以其生也。才不生，便干枯杀了。这个是统论一个仁之体。其中又自有节目界限，如义礼智，又自有细分处也。"（《朱子语类》卷一百五《朱子二》）

天地生物之心使万事万物生生不已，原本我们认为的自然规律在朱子看来恰是仁者天地之大德的体现。这就把二程原来的"仁者，天地生物之性"改造为了"仁者，天地生物之心"，天地之心变得一方面可以更有德性，另一方面更加可以体验。

天地有心化生万物，而"仁"落在人身上又怎样呢？"盖谓仁者，天地生物之心，而人物所得以为心，则是天地人物莫不同有是心，而心德未尝不贯通也。虽其为天地，为人物，各有不同，然其实则有一条脉络相贯。故体认得此心，而有以存养之，则心理无所不到，而自然无不爱矣。"（《朱子语类》卷九十五《程子之书一》）

天地仁心降落在众生之上，人心与万物皆能体会此心，并以此以一贯通。"天地以此心普及万物，人得之遂为人之心，物得之遂为物之心，草木禽兽接着遂为草木禽兽之心，只是一个天地之心尔。今须要知得他有心处，又要见得他无心处，只恁定说不得。"（《朱子语类》卷十五《大学二》）

朱子从宇宙大观为着眼点，由此高屋建瓴构建整个仁学体系。以天地万物之心为仁的出发点，在人是人心。由于心的介入，使仁变得可以体会，使仁具有能动作用，使仁贯通天人，成为宇宙法则。

以生入手，朱子通过仁这一概念把天理人性连接起来，使天地之理有了道德属性。宇宙之源有"无"，有"元"，到朱子哪里，仁成为宇宙之源，并以此建立起精密庞大的仁学体系。至此，朱子把仁学体系建立发挥到了极致。

心统性情——人心之仁

天地以生物为心者也，而人物之生又各得夫天地之心以为心者也，故语心之德虽其总摄贯通无所不备，然一言以蔽之，则曰仁而已矣。无论是自然还是在人，着眼点都落在"心"上。

在两宋道学家理论中，心是一个重要的概念。北宋大儒张载曾提出了"心统性情"说："心统性情者也，有形则有体，有性则有情。发于性则见于情，发于情

则见于色。以类而应也。"(《朱子语类》卷五《性情一》)

性和情，在中国传统哲学里是一对重要的概念。性为人之本性，性，质也。(《荀子·正名》)孟子把仁义礼智作为性之内涵，因"生之所以然者谓之性"(《二程遗书》)，固而四者为人之固有，为人之本性。情，人之阴气有欲者也；情者，性之质也等等。以此可以推断出，情是表现出来的人之本性。孟子把恻隐、羞恶、是非、辞让归于情之范畴。认为这四者是仁义礼智四德的起点。

对于情，张载论述较为清晰，而对于性，张载则认为是天地之性和气质之性，而未加以具体的论述。

后世道学家对于心统性情也都加以论述。到朱子那里，朱子继承先儒之说，又加以发展。朱子从"心兼性情"和"心主性情"两个方面对心统性情加以论述。

在《仁说图》中，在论述完天理人性两端后，朱子接着在"心"的前提下，对性情加以具体论述。

1. 仁包四德

"天地以生物为心者也，而人物之生又各得乎天地之心以为心者也。故人之为心，其德亦有四，曰仁义礼智，而仁无所不包，其发用焉则为爱恭宜别之情，而恻隐之心无所不贯。"

盖仁之为道乃天地生物之心即物而在，情之未发，而此体已具，情之既发，而其用不穷，诚能体而存之，则众善之源，百行之本，莫不在是。

诚能克去己私，复乎天理，则此心之体无不在，而此心之用无不行也。

此心何心也，在天地则怏然生物之心，在人则温然爱人利物之心，包四德而贯四端者也。(《朱子文集》卷六七)

在这里，朱子反复以"心"说仁，以"心之体"说仁，以心论事。那么朱子的"心"的概念为何呢？

心的概念在朱子看来有两重性：一方面是指人之思虑营为的自然之心。另一方面，朱子所论的心更是指自然之心中所蕴藏的道德本心，也即"心之体"。心之体不离人之自然本心，但更具有"理性"的特征，能随心之发用而动。在论述天生万物后，对于"心"这一概念如何体如何达，仁说图接下来用了大量图示展开说明。

首先朱子借用《中庸》已发、未发概念，对于心之所包所含加以论述——分之为未发之际和已发之前两端。在已发未发之间，朱子特别强调了"中"之意，要持之有度，发之有控。

　　孟子主张性善之说，认为顺着人的本来之性，加以不断提高自我道德修养，就能成善成仁。在性善之下，孟子提出了仁义礼智四德之说，在四德之下，又演化出恻隐之心，羞恶之心，辞让之心，是非之心，被称为四端。四端之端为仁义礼智四德的起点，但在孟子那里，四心之间是并列的，四德关系也是同列关系。

　　以心统性情之说和已发未发之意来归类，四德属于未发之理，归于性的范畴。而四端则属于已发之列，是未发四德自然萌发出的四种情感，分别为四德之端，属于情的类别。

　　在朱子看来，四德之间关系有主有次，四端之间也非并列关系。在仁义礼智之间，朱子把"仁"单独提出，认为"仁包四德"。

　　四德之元，犹五常之仁。恰似有一个小小底仁，有一个大大底仁。"偏言则一事"，是小小底仁，只做得仁之一事；"专言则包四者，"是大大底仁，又是包得礼义智底。若如此说，是有两样仁。不知仁只是一个，虽是偏言，那许多道理也都在里面；虽是专言，那许多道理也都在里面。（《朱子语类》卷六《性理三》）

　　所以在朱子概念里的仁，有两重性。一是仁是作为四德之一德，仁与义礼智三者等同，同属于人生而有之的德性。二是朱子所论述的重点。朱子认为仁超然于其他三德，而成为统帅。

　　仁是诸德产生之原，有"元"之意。正是由于仁的存在，才能会有义礼智的存在。

　　曰："仁包三者，何以见？"曰："但以春言：春本主生，夏秋冬亦只是此生气或长养，或敛藏，有间耳。"（《朱子语类》卷九十五《程子之书一》

　　"如春夏秋冬，春为一岁之首，由是而为夏，为秋，为冬，皆自此生出。所以谓仁包四德者，只缘四个是一个，只是三个。元却有元之元，元之亨，元之利，元之贞。又有亨之元，利之元，贞之元。晓得此意，则仁包四者尤明白了。"（《朱子语类》卷五十三《孟子一》）"元只是初底便是，如木之萌，如草之芽。程子谓'看鸡雏可以观仁'，为是那嫩小底便是仁底意思在。"（《朱子语类》卷九十五《程子之书一》）

　　"'四德之元，犹五常之仁。'恰似有一个小小底仁，有一个大大底仁。'偏言则一事'，是小小底仁，只做得仁之一事；'专言则包四者'，是大大底仁，又是包得礼义智底。若如此说，是有两样仁。不知仁只是一个，虽是偏言，那许多道理也都在里面；虽是专言，那许多道理也都在里面。"（《朱子语类》卷九十五《程子之书一》）

仁的地位，由如春，如雏鸡，有生之意。所以仁具有义礼智之源，其余三者都是由此推出。因此，仁能从诸德之中凸显出了成为四德之元，德之宗。朱子认为，以先后而言，则仁为先。由仁而发，衍生出义礼智。

"'仁'字如人酿酒：酒方微发时，带些温气，便是仁；到发到极热时，便是礼；到得熟时，便是义；到得成酒后，却只与水一般，便是智。又如一日之间，早间天气清明，便是仁；午间极热时，便是礼；晚下渐凉，便是义；到夜半全然收敛，无些形迹时，便是智。只如此看，甚分明。"(《朱子语类》卷六《性理三》)

仁之所以包四者，只是感动处便见。有感而动时，皆自仁中发出来。仁如水之流，及流而成大池、小池、方池、圆池，池虽不同，皆由水而为之也。"(《朱子语类》卷二十《论语二》)

2. 恻隐——仁之端也

在四端之中，朱子把作为"仁之端"的恻隐之心列为四端之首。

恻隐之心是由孟子首先提出来的：

乃若其情，则可以为善矣，乃所谓善也。若夫为不善，非才之罪也。恻隐之心，人皆有之；羞恶之心，人皆有之；恭敬之心，人皆有之；是非之心，人皆有之。恻隐之心，仁也；羞恶之心，义也；恭敬之心，礼也；是非之心，智也。仁义礼智，非由外铄我也，我固有之也，弗思耳矣。故曰，"求则得之，舍则失之。"(《孟子·公孙丑上》)

孟子在与告子谈论人性的过程中，提出了仁义礼智四德，并进一步引申出了恻隐、羞恶、恭敬、是非——四端。四端是四德已发的状态，由四端出发可以达到四德。

恻隐之心，仁之端也；羞恶之心，义之端也；辞让之心，礼之端也；是非之心，智之端也。人之有是四端也，犹其有四体也。有是四端而自谓不能者，自贼者也；谓其君不能者，贼其君者也。凡有四端于我者，知皆扩而充之矣，若火之始然，泉之始达。苟能充之，足以保四海；苟不充之，不足以事父母。(《孟子·告子上》)

在四端之中，孟子把恻隐之心单独提出。恻隐之心，在孟子看来是一种"不忍"之心。

王坐于堂上，有牵牛而过堂下者，王见之，曰："牛何之？"对曰："将以衅钟。"王曰："舍之！吾不忍其觳觫，若无罪而就死地。"对曰："然则废衅钟与？"曰："何可废也？以羊易之！"不识有诸？（《孟子·梁惠王上》）

这就是《孟子·梁惠王》篇中著名的梁惠王舍牛事件。梁惠王不忍看牛觳觫，而主张以羊易牛。孟子以此为立论依据，更进一步分析道："无伤也，是乃仁术也，见牛未见羊也。君子之于禽兽也，见其生，不忍见其死；闻其声，不忍食其肉。是以君子远庖厨也。"（《孟子·梁惠王上》）

正是由于恻隐之心的存在才使我们发现内心有善的趋向，而不断地提高自我道德修养以达到儒家成圣成王的目的。"人皆有不忍人之心。先王有不忍人之心，斯有不忍人之政矣。以不忍人之心，行不忍人之政，治天下可运之掌上。所以谓人皆有不忍人之心者。"（《孟子·梁惠王上》）

孟子一书，在南宋以前并未成为显学。在五代时，后主孟昶曾刻十一经，把《孟子》列入其中，虽位列"经"之列，但《孟子》之书之学并未因此而受到重视。朱子对《孟子》一书极为重视，他把《孟子》位列"四书"之一，并亲自为其作注。至此《孟子》一书价值才开始真正被挖掘出来。

在《朱子语类》一书中保留了大量朱子对于《孟子》的论述。对于恻隐之心，孟子重视，朱子更是强调其价值。

然恻隐之端，如何贯得是非、羞恶、辞逊之类？曰："恻隐只是动处。接事物时，皆是此心先拥出来，其间却自有羞恶、是非之别，所以恻隐又贯四端。如春和则发生，夏则长茂，以至秋冬，皆是一气，只是这个生意。"（《朱子语类》卷九十五《程子之书一》）

所谓"四端"者，皆情也。仁是性，恻隐是情。恻隐是仁发出来底端芽，如一个谷种相似，谷之生是性，发为萌芽是情。所谓性，只是那仁义礼知四者而已。四件无不善，发出来则有不善，何故？残忍便是那恻隐反底，冒昧便是那羞恶反底。（《朱子语类》卷五十九《孟子九》）

惟是孟子"恻隐之心，仁之端也"这四句，也有性，也有心，也有情，与横渠"心统性情"一语，好看。（《朱子语类》卷六十《孟子十》）

人只是这一个心，就里面分为四者。且以恻隐论之：本只是这恻隐，遇当辞逊则为辞逊，不安处便为羞恶，分别处便为是非。若无一个动底醒底在里面，便也不知羞恶，不知辞逊，不知是非。譬如天地只是一个春气，振录作"春生之气"。发生之初为春气，发生得过李录云："长得过。"便为夏，收敛便为秋，消缩便为冬。明年又从春起，浑然只是一个发生之气。(《朱子语类》卷二十《论语二》)

《仁说》中的恻隐之心的地位如同"仁"一样，具有两重性。一方面作为个体的恻隐，是仁之发用。另一方面，恻隐为四端之首，统领其余之心。所以朱子才在《仁说》中说"其发用焉，则为爱恭宜别之情，而恻隐之心无所不贯。"在《仁说图》中也有"已发之际，四焉著焉而惟恻隐贯于四端，是以周流贯彻无所不通"(《晦庵集》卷六十七《仁说》)。

在四心之中，唯有恻隐之心是动的，其他的羞恶、辞让、是非之心都是静的。只有恻隐之心才可以做到"感而遂通"并体及"仁"。而其他三心都是不动不醒、麻木不觉的，只有恻隐之心有所"感"，羞恶之心、辞让之心、是非之心才能有所应。

恻隐之心最能体现"仁"之价值和应用，正是恻隐之心引发内心的触动才使人们做出一系列善的举动。由此从小到大推己及人，最终实现儒家所主张的达仁，并达到成圣成王的人生理想。

三、仁者，心之德，爱之理——如何体仁

《仁说》思想，用一句话来概括就是"仁者，心之德，爱之理"。

在谈完四德和四端之后，《仁说》接下来谈道：

或曰："若子之言，则程子所谓爱情仁性，不可以爱为仁者，非欤？"曰："不然。程子之所诃，以爱之发而名仁者也。吾之所论，以爱之理而名仁者也。盖所谓情性者，虽其分域之不同，然其脉络之通，各有攸属者，则曷尝判然离绝而不相管哉？吾方病夫学者诵程子之言而不求其意，遂至于判然离爱而言仁，故特论此发明其遗意。而子顾以为异乎程子之说，不亦误哉？"(《晦庵集》卷六十七《仁说》)

1. 仁者，心之德

心之德，就是我们心中的正理，内涵包括仁义礼智四德。"仁之为心，其德有四，曰仁义礼智，而仁无所不包。"所以说，仁是心之德，而不是作为心的本体。而"仁"正是因为与我们通常所说的心之主人之思虑相结合，才使得仁不仅仅只是一个道德现象而悬空。有心的作用，使仁与具体事物相联系，使仁既作为道德主体现象而存在，又不至于虚空。

同时，朱子也认为"心非仁，心之德即是仁。"这样作为心之德的仁只是以静的方式存在，属于理的范畴。这就与陆九渊认为的"心即理"相区别开。重视仁的性理而贬低性情，从而使仁上升到天地之本源的理。这也体现理学家重思辨重学理的精神。

2. 仁者，爱之理

仁与爱的关系是什么呢？在《朱子语类》中有众多的论述：

"仁者爱之理"，理是根，爱是苗。仁之爱，如糖之甜，醋之酸，爱是那滋味。仁是根，爱是苗，不可便唤苗做根。然而这个苗，却定是从那根上来。

仁是未发，爱是已发。

仁父问"仁者爱之理"。曰："这一句，只将心性情看，便分明。一身之中，浑然自有个主宰者，心也。有仁义礼智，则是性；发为恻隐、羞恶、辞逊、是非，则是情。恻隐，爱也，仁之端也。仁是体，爱是用。"又曰："'爱之理'，爱自仁出也。然亦不可离了爱去说仁。"问韩愈"博爱之谓仁"。曰："是指情为性了。"问："周子说'爱曰仁'，与博爱之说如何？"曰："'爱曰仁'，犹曰'恻隐之心，仁之端也'，是就爱处指出仁。若'博爱之谓仁'，之谓，便是把博爱做仁了，终不同。"问："张无垢说：'仁者，觉也。'"曰："觉是智，以觉为仁，则是以智为仁。觉也是仁里面物事，只是便把做仁不得。"

说"仁者，爱之理"，曰："仁自是个和柔底物事。譬如物之初生，自较和柔；及至夏间长茂，方始稍坚硬；秋则收结成实，冬则敛藏。然四时生气无不该贯。如程子说生意处，非是说以生意为仁，只是说生物皆能发动，死物则都不能。譬如谷种，蒸杀则不能生也。"又曰："以谷种譬之，一粒谷，春则发生，夏则成苗，秋则结实，冬则收藏，生意依旧包在里面。每个谷子里，有一个生意藏在里面，种而后生也。仁义礼智亦然。"又曰："仁与礼，自是有个发生底意思；义与智，自是有个收敛底意思。"

"爱之理"能包四德，如孟子言四端，首言"不忍人之心"，便是不忍人之心能包四端也。

仁是爱之理，爱是仁之用。未发时，只唤作仁，仁却无形影；既发后，方唤作爱，爱却有形影。未发而言仁，可以包义礼智；既发而言恻隐，可以包恭敬、辞逊、是非。四端者，端如萌芽相似，恻隐方是从仁里面发出来底端。程子曰："因其恻隐，知其有仁。"因其外面发出来的，便知是性在里面。

问："先生前日以'为仁之本'之'仁'是偏言底，是爱之理。以节观之，似是仁之事，非爱之理。"曰："亲亲、仁民、爱物，是做这爱之理。"又问："节常以'专言则包四者'推之，于体上推不去，于用上则推得去。如无春，则无夏、秋、冬。至于体，则有时合下齐有，却如何包得四者？"曰："便是难说。"又曰："用是恁地时，体亦是恁地。"问："直卿以前说：'仁义礼智皆是仁，仁是仁中之切要底。'此说如何？"曰："全谓之仁亦可。只是偏言底是仁之本位。"(《朱子语类》卷二十《论语二》)

从以上表述中，我们可以看出：首先，仁与爱的关系类似于体用之别。仁是爱的根本，爱是仁的已发表现形式。

其次，虽然说，"仁者，爱之理"，但不能因此认为爱可以替代理。要想求仁，可以以爱作为途径，离开了爱，仁就没有了可以体会的形式。但用爱直接替换出仁，则又会陷入性情不分、体用不别之嫌。

最后，爱是仁的起点。但如果只是停留在爱上，那么也无法达到最终体仁的目的。

3.爱之理即是心之德

心之德和爱之理两者是表现出"仁"的？

"爱之理"，是"偏言则一事"；"心之德"，是"专言则包四者"。故合而言之，则四者皆心之德，而仁为之主；分而言之，则仁是爱之理，义是宜之理，礼是恭敬、辞逊之理，知是分别是非之理也。

以"心之德"而专言之，则未发是体，已发是用；以"爱之理"而偏言之，则仁便是体，恻隐是用(《朱子语类》卷六《性理三》)。

无论是心之德还是爱之理，在仁这点上还是达到了统一。它们共同体现了仁的两个方面——性理和理性，又同属于本体之性和本体之理两个方面。心之德更多体现的是仁的道德本体上，而爱之理则体现的是如何在情理上表达。

从《仁说》整个体系来看，朱子所探讨的仁，始终存在着两重性。一是作为最高主体的仁，它无所不包，统摄四德和四端乃至宇宙运行。二是作为道德现象的仁，它以四德和四端等道德所表现出。

恰似有一个小小底仁，有一个大大底仁。"偏言则一事"，是小小底仁，只做得仁之一事；"专言则包四者"，是大大底仁，又是包得礼义智底。(《朱子语类》卷六《性理三》)

与此相类比，心之德就属于大大的仁，而爱之理，则属于小小的仁。

四、克己复礼为仁——如何达仁

在探讨完仁的概念后，我们如何做才能达到"仁"的境界？这是朱熹所要探讨的下一个问题，也就是《仁说图》的下一个部分。

其言有曰："克己复礼为仁。"故能克去己私，复乎天理，则此心之体无不在，而此心之用无不行也。又曰："居处恭，执事敬，与人忠"，则亦所以行此心也。（《晦庵集》卷六十七《仁说》）

克己复礼这种提法最早出现在《论语》当中：

颜渊问仁。子曰："克己复礼为仁。一日克己复礼，天下归仁焉。为仁由己，而由人乎哉？"颜渊曰："请问其目。"子曰："非礼勿视，非礼勿听，非礼勿言，非礼勿动。"颜渊曰："回虽不敏，请事斯语矣。"（《论语·颜渊》）

在如何达仁的方法上，孔子提出来要实行克己复礼，也就是约束自己符合礼制的规定。随后，孔子又提出了"不符合礼制的事情不要看，不符合礼制的事情不要听，不符合礼制的话不要讲，不符合礼制的事情不要做"。这四目为对"克己复礼"的具体解释。克己复礼也就成为历代儒学大家所奉行的达仁的信条。

魏晋南北朝以降，佛教进入中国，冲击着人们的思想观念。而中国本土的宗教道教，也在社会动荡不安中获得广泛的响应。所以自唐以来，由于统治者对佛道两教的崇信支持，儒学的地位受到极大冲击，因此一批儒学大家提出三教合一，复兴儒学的口号。

而集诸子之大成的朱熹，在前辈儒家的基础上，对儒家思想的各方面又有所发挥。在如何达仁这点上，也提出了他独特的想法。朱熹在名义上以继承孔孟为名，但在实际操作的层面上，朱熹却走了一条与孔孟完全不同的道路。

孟子主张尽心，知性，求放心，要求人们"养浩然之气"，通过不断的学习实践和自我体悟，通过四端，达到四德，最终实现天人合一，物我一体的境界，实现自我体仁。在朱熹那里，仁只是一个理，是一个超越现世的存在。而真正能达到仁的过程也是一个渐进的过程。

致知、力行，用功不可偏。偏过一边，则一边受病。如程子云："涵养须用敬，进学则在致知。"这分明自作两脚说，但只要分先后轻重。论先后，当以致知为先；论轻重，当以力行为重。（《朱子语类》卷九《学三》）

对于世界万物，朱熹主张用"格物致知"的方式进行认识，同时不断地加强自我修养实现个人道德的提升，通过这一过程，逐渐认识到万物背后所存在的"理"，进而实现对仁的认识。

公的引入

在孔子达仁的"克己复礼"之后，朱熹又将"公"的概念引入了对如何能达到仁的探讨中。

这就涉及了传统的公私之辩。在朱熹之前的理学家诸如张栻、程颐、程颢就对这个问题进行过阐述。但朱熹直接把公和仁之间建立起联系。

仁是爱底道理，公是仁底道理。故公则仁，仁则爱。端蒙。

公是仁之方法，人身是仁之材料。铢。

公却是仁发处。无公，则仁行不得。可学。

仁，将"公"字体之。几乎脱落了"公"字，其活底是仁。季通语。方。

或问仁与公之别。曰："仁在内，公在外。"又曰："惟仁，然后能公。"又曰："仁是本有之理，公是克己工夫极至处。故惟仁然后能公，理甚分明。"故程子曰："公而以人体之。则是克尽己私之后，只就自身上看，便见得仁也。"

"公不可谓之仁，但公而无私便是仁。敬不可谓之中，但敬而无失便是中。道夫。"

"无私以闲之则公，公则仁。譬如水，若一些子碍，便成两截，须是打开了障塞，便滔滔地去。从周。拱寿同。"（《朱子语类》卷六《性理三》）

在朱熹看来，克己复礼的目的就在于去私，也就是去除私欲，以达到公，而公的最高境界"公而无私"在朱熹看来就已经达到了仁，做到了仁就能实现与万事万物融为一体。

但并不是说公与仁的地位是一致的，公并不能等同于仁。在朱熹所构建的仁的体系中，认识仁的过程是一个渐进的过程。人并不可以直接体悟到本心，因为这样会陷入一个体用一体的局面。

在朱熹仁学体系中，仁是超越一切存在，它通过四端四德体系出来，以克己复礼为方法，以公作为其体现的目的。用大公无私充实人心，以公体仁，以达到把仁推而广之的目的。这样一个层层推进的过程，为人们了解仁，达到仁提供了一条切实可行的方式，是朱熹对孔孟仁学发展的一个重要贡献。

爱与仁的关系

"公者所以体仁，犹言克己复礼为仁，盖公则仁，仁则爱。"（《晦庵集》卷六十七《仁说》）在完成了公和仁的关系的探讨后，在前面"心之德爱之理"之后，爱又一次出现在《仁说图》上。

从《仁说》中可以看出，朱熹引入爱的目的在于"以爱之理而名仁也"。因此此处第二次提到爱，是为了将爱进行分解为我们可以日常可行的操作方式。

"孝悌其用也，恕其施也，知觉乃知之事。"朱熹用孝悌、恕来具体说明如何在日用之间体会到仁。

1. 孝悌其用也

孝悌是中国古代传统家庭伦理道德之一。孝意为孝顺父母，尊敬父母；悌为尊敬兄长，进而延伸为尊敬所有师长。古代常把两者连用。从孔子开始，在整个儒学思想的建构的过程中，孝悌始终处于一个非常重要的地位。在《论语》中就能找到多处对孝悌的论述：

> 有子曰："其为人也孝弟，而好犯上者，鲜矣；不好犯上，而好作乱者，未之有也。君子务本，本立而道生。孝弟也者，其为仁之本与！"（《论语·学而》）
>
> 子曰："弟子入则孝，出则悌，谨而信，泛爱众，而亲仁。行有余力，则以学文。"（《论语·学而》）
>
> 子游问孝。子曰："今之孝者，是谓能养。至于犬马，皆能有养。不敬，何以别乎？"（《论语·八佾》）

儒家认为孝悌是为人之本，是人应该具有的最基本的品格，在整个以"仁"为核心的儒学体系中也应该具有原初性的地位。

所以朱熹在他的"仁"学思想体系中，把孝悌也放在基层的地位上。在朱熹看来，孝悌是达到仁的境界的最基础的要求。

> 昔人有问："孝弟为仁之本，不知义礼智之本。"先生答曰："只孝弟是行仁之本，义礼智之本皆在此：使其事亲从兄得宜者，行义之本也；事亲从兄有节文者，行礼之本也；知事亲从兄之所以然者，智之本也。'不爱其亲而爱他人者，谓之悖德；不敬其亲而敬他人者，谓之悖礼。'舍孝弟则无以本之矣。"
>
> 或问"孝弟为仁之本"。曰："这个仁，是爱底意思。行爱自孝弟始。"又曰："亲亲、仁民、爱物，三者是为仁之事。亲亲是第一件事，故'孝弟也者，其为仁之本与'"。又曰："知得事亲不可不孝，事长不可不弟，是为义之本；知事亲事长之节文，为礼之本；知事亲事长，为智之本。"张仁叟问："义亦可为心之德？"曰："义不可为心之德。仁是专德，便是难说，某也只说到这里。"又曰："行仁之事。"又曰："此'仁'字是偏言底，不是专言底。"又曰："此仁，是仁之一事。
>
> 问："'孝弟为仁之本'，是事父母兄既尽道，乃立得个根本，则推而仁民爱物，方行得有条理。"曰："固是。但孝弟是合当底事，不是要仁民爱物方从孝弟做去。"

可学云："如草木之有本根，方始枝叶繁茂。"曰："固是。但有本根，则枝叶自然繁茂。不是要得枝叶繁茂，方始去培植本根。"

仁如水之源，孝弟是水流底第一坎，仁民是第二坎，爱物则三坎也。

问："'孝弟为仁之本'，便是'物有本末，事有终始，知所先后'之意？"曰："然"。问："'孝弟为仁之本'，此是专言之仁，偏言之仁？"曰："此方是偏言之仁，然二者亦都相关。说著偏言底，专言底便在里面；说专言底，则偏言底便在里面。虽是相关，又要看得界限分明。如此章所言，只是从爱上说。如云'恻隐之心仁之端'，正是此类。至于说'克己复礼为仁'，'仁者其言也讱'，'居处恭，执事敬，与人忠'，'仁，人心也'，此是说专言之仁，又自不同。然虽说专言之仁，所谓偏言之仁亦在里面。孟子曰：'仁之实，事亲是也。'此便是都相关说，又要人自看得界限分明。"

"孝悌为仁之本"，朱熹在与弟子的对话中，从这句话出发由孝悌谈及仁。在朱熹看来，这个仁等同于爱。同样具有两重性，一是本义上的仁，对父母兄弟的仁爱，另一重则是作为本体的仁，道德上的最高要求，也就是朱熹想要建立的以仁为最高主宰核心的体系。对父母的爱、对兄长的敬，是一种人的本能。做到了孝悌是其后更高层次的要求——"仁义礼智信"的基础。有这样的一个基础，以此为根，才能做到随后的仁民爱物，兼济天下。作为体用之辩，孝悌为仁之本，也为仁的具体的应用。

2. 推己为恕

"尽己为忠，推己为恕，发己自尽为忠，循物无违为信。"忠恕是中国古代处理人与人之间关系的重要原则。尽己所能为别人所谋为忠，而恕则为以恕己之心来宽容对待别人，不纠缠于别人以往过错。

在论语中，曾子曾用"忠恕"二字来概括孔子的思想。

子曰："参乎！吾道一以贯之。"曾子曰："唯。"子出，门人问曰："何谓也？"曾子曰："夫子之道，忠恕而已矣。"

而随后，在《论语》中，有关于忠恕，特别是恕的提法还有很多。

子贡问曰："有一言而可以终身行之者乎？"子曰："其恕乎！己所不欲，勿施于人。"

子贡曰："如有博施于民而能济众，何如？可谓仁乎？"子曰："何事于仁！必也圣乎！尧舜其犹病诸！夫仁者，己欲立而立人，己欲达而达人。能近取譬，可谓仁之方也已。"（《朱子语类》卷二十《论语一》）

可以说，与忠相比，恕主要是反面来说，在处理人与人之间应该遵循的原则。自己不愿意做的事情就不要再强加给别人，这就是恕。与忠相比，恕更接近于仁爱人的原则。

朱熹把恕的地位提升，认为仁就存在于"公"和"恕"之间。公是从积极方面说人要克己复礼，格物穷理以求仁，而恕则是从消极方面来说，在求仁的过程中应该采取的态度方法。

问"观过知仁"一章。曰："此是就人有过失处观之。谓如一人有过失，或做错了事，便观其是过于厚，是过于薄。过于厚底，虽是不是，然可恕，亦是仁者之类。过于薄底，便不得，便是不仁了。知仁，只是知其仁与不仁而已。"

"穷理是寻个是处，然必以恕为本。"但恕乃求仁之方。试看穷理如何著得"恕"字？穷理盖是合下工夫，恕则在穷理之后。胡文定载显道语云："恕则穷理之要。"某理会，安顿此语不得。

> 上蔡说："穷理只寻个是处，以恕为本。"穷理自是我不晓这道理，所以要穷，如何说得"恕"字？他当初说"恕"字，大概只是说要推我之心以穷理，便碍理了。龟山说"反身而诚"，却大段好。须是反身，乃见得道理分明。如孝如弟，须见得孝弟，我元有在这里。若能反身，争多少事。他又却说："万物皆备于我，不须外面求。"此却错了。"身亲格之"，说得"亲"字急迫。自是自家格，不成倩人格！（《朱子语类》卷二十六《论语八》）

因此由仁作为最高主宰的合理性探讨开始，到将仁分解为四德四端来，再到如何做才能达到仁的要求，朱熹构建了一个严密的以仁为主体的体系。

仁　说

天地以生物为心者也，而人物之生，又各得夫天地之心以为心者也。故语心之德，虽其总摄贯通，无所不备，然一言以蔽之，则曰仁而已矣。请试祥之。盖天地之心，其德有四，曰，元、亨、利、贞，而元无不统。其运行焉，则为春、夏、秋、冬之序，而春生之气无所不通。故人之为心，其德亦有四，曰仁、义、礼、智，而仁无不包。其发用焉，则爱恭宜别之情，而恻隐之心无所不贯。故论天地之心者，则曰乾元、坤元，则四德之体用亦不待遍举而该。盖仁之为道，乃天地生物之心，即物而在。情之未发，而此体已具；情之既发，而其用不穷。诚能体而存之，则众善之源、百行之本莫不在是。此孔门之教所以必使学者汲汲于求仁也。其言有曰："克己复礼为仁。"故能克去己私，复乎天理，则此心之体无不在，而此心之用无不行也。又曰："居处恭，执事敬，与人忠"，则亦所以行此心也。又曰："求仁得仁"，则以让国而逃，谏伐而饿为能不失乎此心也。又曰："杀身成仁"，则以欲甚于生、恶甚于死为能不害此心也。此心何也？在天地则共块然生物之心，在人则温然爱人利物之心，包四德而贯通四端者也。

或曰："若子之言，则程子所谓爱情仁性，不可以爱为仁者，非与？"曰："不然。程子之所诃，以爱之发而名仁者也。吾之所论，以爱之理而名仁者也。盖所谓情性者，虽其分域之不同，然其脉络之通，各有攸属者，则曷尝判然离绝而不相管哉？吾方病夫学者诵程子之言而不求其意，遂至于判然离爱而言仁，故特论此发明其遗意。而子顾以为异乎程子之说，不亦误哉？"

或曰："程氏之徒言仁多矣，盖有谓爱非仁，而以万物与我为一为仁之体者矣。亦有谓爱非仁，而以心有知觉释仁之名者矣。今子之言若是，然则彼皆非欤？"曰："彼谓物我为一者，可以见仁之无不爱矣，而非仁之所以为体之真也。彼谓心有知觉者，可以见仁之包乎智矣，而非仁之所以得名之实也。观孔子答子贡博施济众之问，与程子所谓觉不可以训仁者，则可见矣。子尚按得复以此而论仁哉？抑泛言同体者，使人含胡昏缓而无警切之功，其弊或至于认物为己者有之矣。专言知觉者，使人张皇迫躁而无警切之功，其弊或至于认欲为理者有之矣。一忘一助，二者盖胥失之。而知觉之云者，于圣门所示乐山能守之气象尤不相似，子尚安得复以此而论仁哉？"因并记其语，作《仁说》。

第八　心学图

　　心学是儒学的一门学派。它不同于其他儒学者，在于其强调生命活泼的灵明体验。世界上很少有一个民族，像中华民族这样重视心的作用。中国文化强调的"心"，不是指生理意义上的"心"，而是指人的各种精神现象和心理现象。中国文化将"心"的作用强调到一个十分重要的位置，认为人的精神、情感发之于心，一切精神现象、心理现象都与心联系。

　　现代新儒家梁漱溟在《人心与人生》中指出，中国文化是理性早熟的产物，这个"理"是情理之理，指人的主观情理。中国文化正是植根于伦理情谊之中，强调人的心性修养，使人心通过道德来安顿。徐复观认为，中国文化是心的文化，谈得最多的是人生的价值，而解决人生价值问题的权利在于你自己。每个人在自己的内心可以开辟一个内在的世界。"依自不依他"是中国文化的精髓。唐君毅认为，中国文化与西方文化的区别在于，西方文化的精髓在于格致之学，而中国文化的精髓在于心性之学。

概　述

　　人们通常将宋明新儒学中与程朱理学相对的一派，即陆王心学称之为心学。实际上，圣贤之学即为心学。在儒学源远流长、没有断层的历史发展长河中，心学也经历着未曾间断、时起时落的发展历程。

（一）先秦时期的心学思想

　　这一时期是中国本土文化的形成时期，称得上是中国文化的全盛时代，亦可谓中国的"轴心时代"。几乎中国文化的所有思想都可以从这里找到源头。关于中国最早的心学观点，也要由此说起。据《古文尚书·大禹谟》记载，在舜帝给大禹传位的时候，说了这样一段话："人心惟危，道心惟微。惟精惟一，允执厥中。"这十六个字便是儒学乃至中国文化传统中著名的"十六字心传"。古文《尚书·大禹谟》中有所记载。《荀子·解蔽篇》中也有类似的引注：“《道经》曰：‘人心之危.
道心之微.’危微之几，惟明君子而后能知之。”这句话意思是人的内心要有危机的
意识，就如同“道”的精义在于从最细微之处开始的；要实行这样从小到大之道，
必须集中起来，精练致一，然后，从这里开始，不断发展、壮大，但是，在发展
的过程之中，既要看到前进壮大的过程，也要不因为壮大而骄傲自满，应保持执
中。据传，这十六个字源于尧、舜、禹禅让的故事。当尧把帝位传给舜以及舜把
帝位传给禹的时候，所托付的是天下与百姓的重任，是华夏文明的火种；而谆谆
嘱咐代代相传的便是以“心”为主题的这十六个汉字。这段话正是中国心学思想
的发端，在此后的数千年中，成为中国人进行心性修养的根本。

此外，《尚书·盘庚》云：“猷黜乃心，无傲从康。”其意思是除去私心，以避
免傲慢放肆、追求安逸。又云：“汝克黜乃心，施实德于民。”其意为克制私心，把
实际好处施予百姓。“式敷民德，永肩一心。”广泛地给予人民德泽恩惠，与大家
一起干事创业。这三句话是盘庚在迁都之时对臣子们关于心性修养方面的忠告。
周以降，《诗经》云：“维此文王，小心翼翼，昭事上帝，聿怀多福。”（《大雅·大
明》）周文王这位英明的君主小心翼翼，恭敬而谦让，勤勉努力地侍奉上天，带给
人们无数福祥。又云：“秉心塞渊，騋牝三千。”（《鄘风·定之方中》）这是称颂卫
文公为人正直，忠心耿耿，为民深谋远虑，养良马三千匹。以上是就具体事情而
论心。

先秦儒家学派创始人孔子提倡“仁”，而“仁”首先要通过内心的道德修养
来获得。“仁”包含着为亲情，为亲人，为爱人。《韩非子·解老》中注为“仁者，
谓其中心欣然爱人也。”孔子称赞颜回“其心三月不违仁”（《论语·雍也》），并且
评价自己“七十而从心所欲，不逾矩”。明初理学之冠曹端说：“事事都于心上作功
夫，是入孔门底大路。”

“恕”是贯穿整个儒学之教义。《论语·里仁》中有这样一段记载：子曰：“参
乎！吾道一以贯之。”曾子曰：“惟。”子出。门人问：“何谓也？”曾子曰：“夫子
之道，忠恕而已矣。”《论语·卫灵公》中亦有类似的子贡与孔子的对话：子贡问
曰：“有一言而可以终身行之者乎？”子曰：“其恕乎！己所不欲，勿施于人。”看
汉字“恕”的构成，乃包含了“如心”之寓意；如同一心，如同本心。正所谓“惟
精惟一”“天人合一”。孔子所表达的“恕”，体现了尧舜禹十六字心传的传承，其
中包含着文化的精髓，传递着文明的精神，同时也包含着人与自然的关系，人与
人的规范与准则以及身心与心性的统一与和谐，表达了将心比心，以诚心而待人，
以爱己之心爱人的仁的内涵。

孟子继承儒家传统，阐扬孔子学说，在继承孔子“仁学”的基础上，进而主

张君子要有"仁心"，强调理性、心性和内圣，提出了一套"尽心、知性、知天"的认识论和修养心性的修养之道，发展了孔子的"仁学"，为儒学奠定了心性哲理。孟子说："君子所性，仁义礼智根于心。"（《尽心上》）孟子进而发挥说："尽其心者，知其性也。知其性，则知天矣。存其心，养其性，所以事天也。"（《尽心上》）"学问之道无他，求其放心而已矣。"（《告子上》）"我善养吾浩然之气。"（《公孙丑上》）"天将降大任于斯人也，必先苦其心志、劳其筋骨。"（《告子下》）这都是很鲜明的心学理论或观点。

孟子的心学主要有以下内容。首先，孟子所说的"心"，是指仁义礼智的道德伦理之心。孟子说："仁义礼智根于心。"（《尽心》上）又说："恻隐之心，仁之端也；羞恶之心，义之端也；辞让之心，礼之端也；是非之心，智之端也。"（《公孙丑》上）孟子认为，人异于禽兽的关键在于人有道德理性。"人之所以异于禽兽者几希，庶民去之，君子存之；舜明于庶物，察于人伦，由仁义行，非行仁义也。"（《离娄》下）人若能行仁义，便可为圣贤；若不能行仁义，则不免沦为禽兽。其次，孟子认为人性本善，但之所以产生恶，是由于人"不能尽其才"，而导致"陷溺其心"。由于物欲的引诱、环境的压力，以及人自身的因素等，使人的心智被蒙蔽，心为物役，不免于沉沦，进而由心生出恶来。既然人有为恶的可能，而人性本善，因此需要存心养心。这就是孟子心学的逻辑。孟子所论的操存涵养的工夫颇为详备，主要有求放心、寡欲、从大体、存夜气、养气和知言六个方面。求放心即以敬自持，以义自律，不逐外物以流，把持本心；寡欲即增强内心的克制力，减少外物的诱惑；从大体即从耳目如何视听、口腹如何言食、四体如何动作等方面，都做到合乎礼仪；存夜气即夜半醒后，反观内省，切己体察，透显良心良能，体认本心，这是修养道德本心的良机；养气即养心，培养浩然之气；知言即从一个人的言辞来察知他的内心。再次，存养的目的是为了体认本体，即孟子所说的"尽心、知性、知天"。尽心即尽其心官能思之性，扩充其内心固有的善端；知性即在善端的基础上加以扩充，以透显至善的人性，由此而知天，体认世界的本体。

孟子比较详备地论述了人的道德之心以及存养、扩充内心的工夫，在中国哲学史上第一次比较系统地阐述了心性学说，堪称将心学系统化的第一人，为宋代儒学的哲理化埋下了伏线，开启了宋明心学之先河。

先秦时期的其他学派，如道家，也注重心灵的修炼。老子的《道德经》，既是智慧论，又是炼心经。所谓"柔能克刚""不知常，妄作凶"等理论，都体现了人在心性修养方面应下的功夫。

（二）魏晋至隋唐时期的禅宗心学

汉代是儒学定为一尊的时期，也是儒学经学化的时期。汉末迄魏晋，经学衰微，"章句渐疏"，士人多以"浮华相尚，儒者之风益衰"。魏晋时期，玄学流行，开始了儒家名教与道家自然的调和。到了东晋南北朝时期，玄风犹存，但佛、道二教的倡兴势头猛起，并足以与儒学相抗衡，因此形成了儒、释、道三教并存、纷争的社会思想格局。儒学在与佛教、道教的冲突与融和中获得新的发展。佛教作为异质文化，经历了与中国本土文化相冲突、对峙的漫长过程。到隋唐时期，佛教逐渐出现与中国本土的儒道文化相融合的趋势，形成了中国化的佛教——禅宗。在世界各宗教中，很少有一个宗教像佛教那样有着丰富的炼心理论与技巧。佛教谋求"解脱"，而"解脱"，多是做心灵功夫，以求变"以物转心"为"以心转物"。禅宗在探究有关心灵智慧与生命智慧时，与西方的有关方式大为不同，它讲究"悟"，即自身的感悟和体验，强调心灵的透悟，注重"自悟自度"。禅宗用通俗简易的修持方法取代了佛教其他各宗的烦琐义学，因而流行日广。

而对心学发展做出重要贡献的是禅宗的顿悟说。它为六祖惠能创立，将中国儒、道两家中传统的心学思想和形而上学方法同佛教思想熔于一炉，构成了以自心为本体、以顿悟为成佛方法的心学体系。

顿悟说主张，万事万物都在自心之中，"世人性本自净，万法在自性"（见《坛经》）。所谓"自性"即自心，是人人都具有的永恒的、灵明不昧的宇宙之心。自心能派生万物，它不仅是众生的本性，而且是宇宙的实体、世界的本原。如此，人的本性和宇宙的本体统一起来，"心"具有了本体的地位。但因为人的清净之本心常为妄念的浮云所遮蔽，所以要以"无念为宗"，去掉各种欲念，"于诸境上心不染"。顿悟说注重心之顿悟，认为其直受释迦之心传，"以心传心，不立文字"。《坛经》云："若起真正般若观照，一刹那间，妄念俱灭；若识本性，一悟即至佛地。"这种心之顿悟是在别人的帮助指点下来启发人的佛性，以至一念而成佛。

南北朝至隋唐时期是佛学的传播和兴盛时期。佛学进入中国，在与中国本土文化儒、道的冲突、融合中，逐渐发展为中国化的佛学。禅宗的心学作为佛教的系统理论，也是深受中国本土的儒道两家思想的影响。同时，禅宗心学对其后的宋明理学的开展产生了重要影响，在中国心学发展史上成为一个不可或缺的过渡环节。

（三）宋明时期的陆王心学

中国的心性理论，在宋明之际达到了鼎盛。这一时期，面对来自佛教的挑战，以及儒学日益僵化的趋势，有志于振兴儒学者在继承儒学传统的同时，对佛教做出了积极的回应，汲取佛学哲理化的优点，吸收了佛教的思辨方法、心性学说，援佛入儒，对儒学不断进行改造和重构。由于这一时期佛教已经进入中国一段时间，因此大大丰富了中国传统心性的研究和心灵训练的实践。佛教尤其是禅宗的心灵理论和炼心技巧，给传统的儒家的炼心方式以冲击，并使其中一些人得到借鉴，由此产生了宋明理学。

理学是宋代开始出现的儒学的主要形态，是对儒学的发展和深化，是中国封建社会后期占统治地位的哲学思潮。它是一个庞大的理论体系，是在儒学面临来自佛教、道教的挑战时所做出的改造和充实，是一种"新儒学"。理学是后人总结宋明时期的思想时提出来的。宋代思想家所认同的是"道学"。理学更富思辨性、哲理性，从更高的层次上把握了自然与人的关系，使儒学更加成熟。理学分为两大流派：一是以程颐、程颢两兄弟和朱熹为代表的程朱理学，主张"性即理"，强调"理"高于一切；二是以陆九渊、王阳明为代表的陆王心学，主张"心即理"。南宋陆九渊大启心学之门径，与朱熹的理学分庭抗礼。至明朝，王阳明首度提出"心学"两字，强调"心"是宇宙万物的主宰，至此心学开始有清晰而独立的学术脉络。还有的学者对理学进行了这样的划分：一是以张载为代表的"气本论"；二是以程朱为代表的"理本论"，三是以陆王为代表的"心本论"。

1. 南宋陆学

陆九渊（1139—1193 年），字子静，江西抚州金溪人。因曾结庐讲学于象山（今江西贵溪西南），学者称为象山先生。从早年起，他就开始了对内心世界的探索，逐渐形成了自己的心学体系，并与理学代表人物朱熹在思想观点上发生了严重分歧。陆九渊远取孟子"四端""良心""良能""求放心""存心""养心"诸说，近摄程颢"心是理、理是心"的观点，建构了以心学为基础的哲学体系。其心学思想主要有以下几个方面：一是"心即理"。陆九渊不同意朱熹将心与理析为二，将理置于心之上，而将理从天的位置上拉下来与心相齐。他并不否定"理"的地位与作用，认为"理"是宇宙的本原和万物的秩序，但"心"已具备了"理"的基本特征，心与理实是一个东西。"心，一心也；理，一理也；至当归一，精义无二。此心此理，实不容有二。"（《象山先生全集》卷一）"人皆有是心，心皆具是理，心即理也。"（同上，卷十一）天理的所有内涵都在"心"中具备。这样主观自我与客观世界消除了界限与隔阂，不可分割地合为一体。"宇宙即吾心，吾心即宇宙"，世界是一个"心"的世界，而"心"是一个包容大千世界的"理"。陆九渊所说的"心"并非等同于人的自我意识，而是宇宙间无数个体共同的意识。二是"发明人之本心"。这是陆九渊认识论的核心思想。陆九渊与朱熹都主张"明理"或"穷理"，但陆氏反对朱熹那种博学多思、铢分毫析的方法，而主张"减担"，即清除"物欲""意见"对本心的蒙蔽，而复其本体，即发明本心。三是"尊德性"。陆九渊继承孟子性善论的观点，认为人皆有良知、良能之本性，这种善性儒者称为"德性"，他认为此德性乃本心之良，但由于人欲、物累之蔽，这种本心德性又会放失。因此，人要进行道德修养。关于修德与学问的关系，他认为前者为本，后者为末。"学者须是打叠得田地净洁，然后令他奋发植立。若田地不净洁，亦读书不得。"（《象山先生全集》，卷三十五《语录》）圣贤经传不过是"本心"的"记迹"，若能发明本心，则无须传注。这与朱熹"以道问学"的主张是针锋相对的。四是"易简"。此语出自《易传·系辞上》："乾知大始，坤作成物。乾以易知，坤以简能。易简而天下之理得矣。"即认为乾坤之道是宇宙间最简单易知而又最根本的道理。陆氏从心学观点出发，将《易传》之"易简"与孟子"先立其大"结合起来，在学术研究与思维方式上，重视整体把握、直接了悟，而认为朱熹的严密理会既烦琐支离又易产生错误。

陆九渊的心学源自孟子，同时与禅宗之间也有着明显的承继关系。他建立的心学，除了道德哲学外，也涉及本体论，由于吸收了禅宗心学的部分成果，这种本体论及其思辨色彩，已超越了孔孟的传统。在修养论方面，强调本心，可谓抓住了要领，从而建立了一个比较系统的心学体系。然而这个体系是不完备的，还无法取代禅宗，也无法与朱熹抗衡。但他所指引的方向又开启了后来的王阳明心学。

2. 明代心学

明代心学的最初传播者是陈献章。陈献章（1428—1500年），字公甫，广东新会白沙里人，后来学者多称"白沙先生"，以他为代表的学术流派也因此被称为"白沙学派"。他继承陆九渊"心即理"说，主张"心"为万物之源，宇宙只是"心"的表现，指出"心""干涉至大，无内外，无始终，无一处不到，无一息不运。会此则天地我立，万化我出，而宇宙在我矣"（《白沙子全集》，卷三《与林郡博》）。关于道德修养，陈献章提出了"以自然为宗"的修养目标，推崇"浩然自得"的境界。"士从事于学，功深力到，华落实存，乃浩然自得。"（《白沙子全集》，卷一《李文溪文集序》）在修养方法上陈献章主张反求诸心，静坐澄心，以"虚"为基本，以"静"为门户，"静坐中养出端倪"。这是一种内省的方法，强调静坐"顿悟"，颇近禅学。

由于明代中期的思想界仍为理学所主宰，以陈献章为代表的白沙学派则成为明代思想史上的一大转折点。其学上承陆九渊，下启王守仁，成为明代学术主流由程朱之学转变为陆王心学的过渡环节。

陈献章的学生湛若水（1466—1560年），字元明，号甘泉，人称甘泉先生。他因悟出"随处体认天理"的修养方法，深得陈献章的赞许，被视为学术思想继承人。湛若水历任高官，与王阳明相识并视为同志，对王阳明影响很大。湛若水的学术思想也有一个发展过程，即由"宇宙一气"开始，经过"理气一体"，最后得出"天地古今，同此一心"的心学结论。其重要意义在于把"心"提高到天地万物的本体，与朱学最大的不同是强调主体所具有的精神境界赋予外物以价值意义。所以天地万物只有被人体认后才有存在意义。其"体认"的修养方法实际上是要求人们对自己的道德修养进行反省，并将那些伦理规范渗透到自己生活的各个领域中去。因此，其学说既有对人的主体价值的确认，又要求以社会的道德价值对人的行为给予规范，从而陷入一种矛盾状态。

此外，吴与弼的学生胡居仁、娄谅也都有心学倾向。只是他们还未挣破朱学的成规。而王阳明心学受其思想影响，完成了理学向心学的最终转变。

王守仁（1472—1529年），字伯安，浙江余姚人。因曾筑室绍兴阳明洞，自号阳明子，后来学者多称"阳明先生"。他自少年时代起即经受严格而系统的封建教育，而且也曾倾注相当大的精力学习佛、道典籍，在深入研究朱熹理学、陆九渊心学及陈献章心学等的基础上，创立了自己的学说，因以研究心性为主，故称心学，也叫王学。

王守仁怀疑程朱学说，认为程朱学说"言益详，道益晦，析理益精，学益支离无本"（《别湛甘泉序》，《王集》卷七）。程朱派儒生则是"从册子上钻研，名物上考索，形迹上比拟。知识愈广而人欲愈滋，才力愈多而天理愈蔽"（《传习录》上，《王集》卷一）。他认为程朱学说支离烦琐，抓不住根本，程朱派儒者言行脱节，表里不一，不少人是假道学。王守仁对陆九渊十分推崇。他不承认朱熹的正宗地位，而认为陆氏乃是孔孟的嫡传。"象山之学，简易直截，孟子之后一人。其学问思辨、致知格物之说，虽亦未免沿袭之累，然其大本大原，断非余子所及也。"（《与席元山》，《王集》卷五）王守仁继承了陆九渊"心即理"的主张，并且发挥了其观点。他说："朱子所谓格物云者，在即物而穷其理也。即物穷理，是就事事物物上求其所谓定理也。是以吾心而求理于事事物物之中，析心与理为二矣。"（《传习录·答顾东桥书》）"心即理也，此心无私欲之蔽，即是天理，不须外面添一分。"（《传习录·上》）他更明确指出，"良知即是天理"。"良知"一词，出自《孟子·尽心上》："人之所不学而能者，其良能也；所不虑而知者，其良知也。"孟子谈良知，先讲"四端"，然后引出仁、义、礼、智；王守仁讲良知，则采用"简易直截"的办法，认为良知只是是非之心，明确了是非之界限，便自然懂得孝悌恻隐。他认为，"良知"就在人的心中，不必外求，而且"良知"人人皆有，圣愚皆同。在认识论上，王守仁强调物不离心："有是意，即有是物，无是意，即无是物矣。"(《传习录·答顾东坝书》)。他还提出"知行合一"。"知"是闻见，而闻见后的心理意念活动，便属于"行"的范畴，"知"与"行"不可分割。因此，人们在刚开始意念活动的时候，就应按"善"的原则去做，把"不善"消灭在思想萌芽状态。

王守仁以儒家思孟学派为根基，汲取了禅宗及道家思想，继承了陆学的基本点，并把它大大向前发展了一步。他受到陈献章及其弟子湛若水思想的影响，并在实践中逐渐形成了一套完备的心学体系。王守仁的学说广泛流传于整个晚明时期，完全取代了程朱理学的地位。王守仁遂成为中国古代心学的集大成者。

晚明以后，宋明理学逐渐衰微，程朱理学自身思想僵化，坠入形式主义和教条主义的泥潭之中不能自拔，而宣扬主观精神的陆王心学也逐渐失去昔日的思想解放作用。宋明理学面临着解体的绝境。此后开始了中国近代思想启蒙的时期，以"崇实致用"为基本特征的实学思潮开始勃兴。清代儒学演变为以考据为目的、对儒家思想进行实证研究的专门汉学，在经历了兴起、鼎盛之后，也难逃衰落的厄运。随着儒学的逐渐解体，心学也由此开始走向没落。

（四）近现代心学

清末，西方文化传入中国，与中国文化相击撞、交融，开始了中西文化接触、冲突、汇通的时期。在西学东渐的过程中，中国的圣人之学开始"哲学化"，因而有新儒家的诞生。20世纪40年代，中国近代哲学家贺麟建立了自己的新心学，贺麟因此也成为中国近当代新儒家的代表人物之一。他认为，心是主宰部分，物是工具部分。心是物之体，物为心之用，心为物的本质，物为心的表现。心是主宰一切的，是产生宇宙万物的本体。这与王阳明"离开我的灵明，便没有天地鬼神万物"的说法一致。在认识论方面，新心学认为，知与行是同时发动的，在时间上不分先后，是同一生理活动的两个方面。知是行的本质，行是知的表现。知为主，行为从。

贺麟的新心学是对中西文化的融通，是中国的陆王心学与西方的新黑格尔主义相结合的产物。贺麟新心学思想体系的特点之一就是调解两个对立面，使之融和合一。他的"儒家思想的新开展"的论述、知行合一新论与直觉论、"心即理"的唯心论，构成了他哲学思想的主要部分。

在儒学"哲学化"的同时，也有人提倡回归成圣的本来面目。当代陈复开始提出"心灵儒学"，重新提倡心学，并书写《盘古心经》，继承阳明学的道统，创办书院讲学，教育弟子，并组织"新人道协会"，从事外王事业的奋勉，使得心学开始有新的动能。陈复的盘古心学其思想要点在于对"内圣外王"的路径有清晰的诠释，与孔子、孟子、阳明子一脉相承，认为"本体"即所谓的仁、性善及良知，并凝练出一套本体工夫论，透过观念工夫和实践工夫臻至天人合一的冥契道境，进而开展出以心性为基础的外王事业。这种心学包容儒、释、道传统三教思想，兼容新世纪思潮、分析心理学、存在哲学以及各大宗教思想，努力探求儒学深刻的灵性层面，创造出极其特殊而新颖的儒学面目。

这一时期，世界进入一个日益开放的时代，这也正是中华文化复兴的过渡时期。每一次西方思想传播到我们这里，都有一种现象：诸子百家的复兴。因此，所谓的"中西之争"也就是"古今之争"。这为中华文化新的历史的形成，打下了基础。20世纪50年代，新儒家代表人物张君劢、唐君毅、牟宗三、徐复观等人，在香港发表题为《中国文化与世界》的宣言，说到心性之学最为研究中国之学术文化者所忽略、所误解，但它却是"中国学术文化之核心所在"，"乃中国文化之精髓"所在。对于这种观点，我们不能当作迂阔之论来看待。尤其值得注意的是，近年来，世界上也有越来越多的人对此予以肯定。如美国哥伦比亚大学教授狄百瑞和俄亥俄州立大学教授张灏，都评价心性之学"肯定了个人人格的尊严和独立，同时也孕育了对现实政治和社会的批判意识与抗议精神"，"为个人的发展和自我表现开拓了无限的可能性"，它产生了"个人内在的道德自主感与超越意识"等等。海内外有不少学者希望复活心性之学，使它成为建造中华新文化大厦的基础。这种观点，值得我们重视。虽然中国的心性理论一度遭遇了冷落，但在中华文化新的历史进程中，我们看到了心学生生不息的生命和活力。

《心学图》阐释

《心学图》为元代程复心所作。它揭示了心学的核心和精粹，为人们了解心学提供了一条初学入道的门径，是对儒家心学思想的提炼和总结。正如李退溪所说："圣学有大端，心法有至要，揭之以为图，指之以为说，以示人入道之门，积德之基。"（《退溪全书今注今译》第二册147页）心学图以形象直观、一目了然的方式，向我们揭示了心学的核心概念以及它们之间的相互关系，是心学精义之所在。它既可作为我们了解心学的一把入门钥匙，也是我们把握心学要义，升华理论知识，形成系统的心学理论构架的一条重要途径。

（一）心——一身主宰

"心"在中国古代哲学中，是人的认识器官、思维器官，具有知觉能力。心是人一身之主宰，具有支配其他器官的精神能力。它能主宰人身的一切活动。心的主宰作用既包括对人的器官、肢体的主宰，亦包括对意志选择和能动性的支配。同时，人心是虚灵不测的，具有至虚至灵的特点，表现为神妙不测。由于虚灵，人心能动静万变，神化妙用，无所不入，无所不在。

《管子》认为，智慧产生于"心"，"心"主宰着耳目等感觉器官，是接受耳目传送进来的外界事物影像的器官。孟子认为，"心"是思维的器官，具有能思能知的能力。"心之官则思，思则得之，不思则不得。"（《孟子·告子上》）心具有先验的道德本性，具有仁义礼智等固有善性。荀子认为，"心"对于感官起统率和支配作用，"心"有"征知"的作用，能对感官所得进行分类辨别和取舍。"心"的作用高于感觉但必须以感觉为基础。"心"能认识具有普遍规律意义的"道"。为知"道"，就必须"虚一而静"（《荀子·解蔽》），使思维活动保持高度的清醒状态。隋唐佛教以"心"统称一切精神现象。北宋邵雍以"心"为宇宙本体，认为天地生于太极，太极就是人"心"。程颐认为，"心"就是有形体的"天理"，并把"心"分为"道心"和"人心"。"道心"即"天理"，"人心"即"人欲"。南宋朱熹发展了北宋张载的"心统性情"思想，认为性和情统一于"心"，"心"主宰性情，"性是未动，情是正动，心包已动未动"（《朱子语录》卷五）。"心"为"道心"和"人心"，"道心"源于"天理"，"人心"出于"人欲"，"道心"须通过"人心"而显现。人必须通过"革尽人欲，复尽天理"（《朱于语类》卷十三），使"人心"转危为安，使"道心"由隐而显。陆九渊把"心"作为其思想体系的最高范畴，"心即理"（《与李宰书》），认为"心"外无理，"心"理合一，"宇宙便是吾心，吾心便是宇宙"（《象山年谱》），"心"成为与宇宙合一的主观精神。明代王守仁等人也都反对把"心"当作思维器官，而把"心"当作主观精神和世界本原，认为心是人在思维和践行中的意志能力。明清之际王夫之重新把"心"确定为思维器官，认为"心"有认识能力，但必须依赖于耳目感官；同时，没有"心"的思维活动，感官的认识也不会深入。清代戴震既指出了"心"有辨别义理的能力，又指出了"心"对"血气"的依赖性，"有血气，夫然后有心知"（《原善》）。

《心学图》上半部分将一心分成上下左右六个心。"良心""本心"其意相近，对置于图之上方；"赤子心"与"大人心"、"人心"与"道心"左右对置于图之中下方。李退溪分别解释这六个心："以其本然之善谓之良心；本有之善谓之本心；纯一无伪谓之赤子心；纯一无伪而能通达万变，谓之大人心；生于形气谓之人心；原于性命谓之道心。"[1]

---

[1]　（韩国）李珥著，朱杰人、朱人求、崔英辰主编：《栗谷全书》卷9，《上退溪先生问目》，上海：华东师范大学出版社，2017年版，第181页。

①良心与本心

"良心"一词出自《孟子·告子上》："虽存乎人者，岂无仁义之心哉？其所以放其良心者，亦犹斧斤之于木也，旦旦而伐之，可以为美乎？"一些人难道没有仁义之心吗？他们之所以丧失善良之心，只是因为不善于保养。这里的良心指仁义之心，虽然二者有词义的区别，但是并没有质的不同。可见，良心是善心，是人的道德之心。

"本心"是指原本固有之心。从性善论出发，本心也可谓良心。"本心"一词亦出自《孟子·告子上》："万钟则不辨礼义而受之。万钟于我何加焉？为宫室之美、妻妾之奉、所识穷乏者得我与？乡为身死而不受，今为宫室之美为之；乡为身死而不受，今为妻妾之奉为之；乡为身死而不受，今为所识穷乏者得我而为之，是亦不可以已乎？此之谓失其本心。"一饭一汤，得到了就能活，得不到就死。但如果是受屈辱而得到，就是路人乞人也不能接受，因为心知道不能接受。万钟之禄如果不合礼义，宁死而不受，因为心知道不能接受。这个心就叫作本心。如果经不住物质引诱而接受了，就是失去本心。本心人人都有，原本就存在。君子与小人的区别就在于能否存住本心。

良心本心具有以下特点：首先，良心本心是人所固有的，是人的良知良能。良心本心内在于人，不是外力强加的。人的仁义礼智之心不需要专门的外向性的学习便能应付对答，所以是不学而能、不虑而知的。其次，良心本心包含丰富的内容，能够自然知晓事物的是是非非。只依着良心本心，就能够明辨是非。再次，良心本心是活活泼泼的当下呈现。仁义礼智根于心，良心本心实了，必然当下呈现，表现于外，行为无不体现仁义，所以不必言语，别人便可一目了然。

②赤子心与大人心

所谓"赤子"，即婴儿。《尚书·康诰》："若保赤子，惟民其康。"疏："子生赤色，故言赤子。"因此，赤子心即婴儿稚心。所谓"大人"即德行高尚的人。《周易·乾文言》："夫大人者，与天地合其德。"《荀子·解蔽》："明参日月，大满八极，夫是之谓大人。"因此，大人心即德行高尚之心，也就是圣人之心，是不动心而能从心之类。

朱熹认为，赤子心与大人心都是纯一无伪的。李退溪又进一步细分，认为赤子心是无知无能的纯一无伪，大人心是有知有能的纯一无伪。赤子心是人天生的，而大人心则尽其功夫，极其功效，需要人后天用功才能具备。

③人心与道心

"人心""道心"语出《古文尚书·大禹谟》："人心惟危，道心惟微。"其意思是说人心中包含着人欲，包含着恶；道心即合乎道、合乎天理的心，是善的。人应以道心为主宰，去克服人心中的私欲和恶。

朱熹认为心是分为"人心"与"道心"的，二者是同一个"心"的两种知觉活动。道心是天理的体现，原于"天命之性"，所知觉的内容是天理，是先验的仁义礼智德性，是心的主宰；人心是气质的表现，生于气质，所知觉的内容是声色臭味、饥食渴饮之类。故而必须接受道心的主宰和统领。陆九渊认为人心道心只是从不同方面描述心的性质状态，如果将二者对立起来，则分明是"裂天人为二"，心是人的本质所在，是伦理本能。也就是说，朱熹觉得形而上心为道心，形而下则为人心，本质还是天理决定气的问题；而陆九渊认定心就是理，理就是心。

（二）敬———心主宰

《心学图》下半部分主要讲道德的修养。从图中可以看出，人的心性修养和自律的重要性，而这种修养和自律的最主要的杠杆则是"敬"。（李滉《圣学十图》与朱子《近思录》比较研究）"敬"出自《论语·雍也》："居敬而行简。"朱熹注："言自处以敬。"孟子发挥孔子思想，认为"恭敬之心，人皆有之"（《孟子·告子上》），是人生固有的德性。宋明理学家把恭敬作为道德修养方法，提倡"主敬"，认为"居敬"即"敬守此心"，不受外物的昏蔽。北宋程颐说："涵养须用敬，讲学则在致知。"（《二程遗书》卷十八）所谓"敬"，是指自我抑制的道德能力，"敬只是持之道"（同上），使自己的思想能专一而不涣散，不为外物所牵引。南宋朱熹说："敬只是此心自做主宰处。"（《朱子语类》卷十二）他认为"若主敬致知，交相为助，则自此蔽矣"（《答张敬夫》），把道德修养与求知活动结合起来。

①精惟一，择善固执

语出《古文尚书·大禹谟》："人心惟危，道心惟微，惟精惟一，允执厥中。"朱熹说，《中庸》中所论"'择善固执'，则精一之谓也"。惟择善固执、穷理灭欲，方能使人心听命于道心，"动静云为自无过不及之差矣"（《中庸章句序》）。

在做一件事情的时候，要专心地做这件事情，忘掉其他的事情，如同不知道还有其他的事情一样。只要在没有任何杂念的时候，人才能做精做好一件事情。更重要的是，要持之以恒，连续不断。随着日积月累，开始的时候，专于一事，积累的事情多了，便可将事情的内理相互协和为一体。这便是孟子所说的"深造自得之境"，由于造诣精深而进入了运用自如的境界。

②慎独与戒惧

慎独和戒惧是儒家的道德修养方法。慎独意为当人闲居独处而无他人察觉时，尤其要谨慎自己的行为，使之符合道德要求。"慎独"之说，《大学》《中庸》都有表达。《大学》云："所谓诚其意者，毋自欺也。……故君子必慎其独也。"《中庸》首章："莫见乎隐，莫显乎微，故君子慎其独也。"所谓"独"，是指"己所独知"的知觉状态和境况；"慎"意为谨慎地审察善恶。东汉郑玄解释说："慎独者，慎其闲居之所为。"（《礼记·郑注》）宋明理学家多把"慎独"作为"存天理，灭人欲"的自我道德修养方法。南宋朱熹认为，在对待唯己所知而不为他人所知的细微事情上，要谨慎小心，以使"天理之本"不离于己身。朱熹后学真德秀说："盖戒惧慎独者，敬也。"（《西山答问》）这样，"慎独"又成了宋儒主敬说的理论基础。

"戒惧"出自《中庸》："君子戒慎乎其所不睹，恐惧乎其所不闻。""戒惧"即警戒、恐惧。在没有把握事物之"理"之前，要心存警戒恐惧，如此才能做到"敬"。朱熹认为，戒慎恐惧与慎独是分属两个不同阶段的两种不同的工夫：戒慎恐惧是静时存养的工夫，慎独是动时省察的工夫。戒慎恐惧特别指未发时的工夫，为"万事皆未萌芽"的阶段；慎独则是已发时工夫，适用于"人所不知而己所独知之地"。王阳明不赞成朱子的这一观点，认为戒惧与慎独就是一回事，二者"只是一个工夫"，这个工夫就是于独知之地用力。

③克复与操存

"克复"即克己复礼，是孔子提出的道德修养方法。《论语·颜渊》："颜渊问仁。子曰：'克己复礼为仁。一日克己复礼，天下归仁焉。为仁由己，而由人乎哉？'颜渊曰：'请问其目。'子曰：'非礼勿视，非礼勿听，非礼勿言，非礼勿动。'"所谓"克己"，即要克制和约束自己的欲求与言行；所谓"复礼"，即使言行均符合礼的规定。孔子把仁作为社会和个人的终极目标，把"克己复礼"作为道德修养的重要方法，要求个人在视、听、言、动诸方面，严格克制自己，使之符合社会道德行为规范，若天下人都能做到这样，就可以实现"天下归仁"的局面。

操存是理学家的修养方法，指时时警觉此心，使之不离天理，养成对道德伦理的自觉性。出自《孟子·告子上》："操则存，舍则亡。"朱熹继承了孟子的思想，他从"性即理"的思想出发，认为道德修养必须注意把无有不差的"心"存养起来，要收敛其身心，使精神常集中在这里，以便不会遗忘。朱熹说："'操则存'，此存虽指心言，然理自在其中。"（《宋元学案·晦庵学案》上）"盖此心操之则存，而敬者所以操之之道也。"（《答何叔京》）

④心在与心思

"心在"即孟子所说的"存心"，指有意识地把握、保存自己的良心，使之不丢失，不被人事淹没。"君子所以异于人者，以其存心也。君子以仁存心，以礼存心。"（《孟子·离娄下》）明代儒学大师王阳明提出"致良知"，要求人们时时体会自己心的存在，感受良心的呼唤，聆听良知的声音。存心要求人们不要忘掉自己的良心本心，"心若不存，一身便无主宰""圣贤千言万语，只要人不失其本心"。

孟子曰："心之官则思。思则得之，不思则不得也。"（《孟子·告子上》）在心与理的关系上，李退溪认为："'心'只有方寸那么大一块，由于它最空虚，所以它最神灵。'理'书写在《河图》与《洛书》之中，可是它最明显、最充实。以最空虚、最神灵之心，去求最明显、最充实之'理'，没有得不到的。"因此，只要思考就会有收获，通过思考进入通达地步就是圣人。正如《尚书·洪范》说："思曰睿，睿作圣。"善于思考的人便能通达事理，能够通达事理的人就会达到圣明。

⑤求放心与养心

"求放心"出自《孟子·告子上》。孟子曰："仁，人心也；义，人路也。舍其路而弗由，放其心而不知求，哀哉！人有鸡犬放，则知求之；有放心而不知求。学问之道无他，求其放心而已矣。"仁是人的良心，义是人的正路。舍弃正路不走，丢了他的良心而不寻找，可悲啊！有人丢了鸡犬还知道寻找；而丢了良心却不知寻找。学问之道没有别的，找回他丢失的良心罢了。"求放心"可以理解为，要做学问，必须收拢懒散的心，集中精神，专心致志。其深层意思是通过内省的方法，"反求诸己"，找回失散的本有善性。

"养心"出自《孟子》："养心莫善于寡欲；其为人也寡欲，虽有不存焉者，寡矣；其为人也多欲，虽有存焉者，寡矣。""养心莫善于寡欲"是孟子提出的修养心性的原则与方法。孟子认为，养心的方法没有比尽量减少物质欲望更好的了。在那些平素物质欲望少的人中，虽然也有失去善良本心的，但为数却是不多的，而在那些物质欲望多的人中，保存善良本心的却为数不多。

⑥正心与尽心

"正心"出自《礼记·大学》："欲修其身者，先正其心。"要进行自身修养的人，首先要端正其心，使人心归向于正。人若做事不专心，违背理，就会偏正，所以修身之本，必在正心。心若不正，则修身必不成功。朱熹认为："身有所忿懥，则不得其正；有所恐惧，则不得其正；有所好乐，则不得其正；有所忧患，则不得其正。"（《大学章句》）人们若有了好乐、忿懥、忧虑、恐惧等情感，其心就会受到动摇和干扰，就不能端正了，即被情感所遮蔽。所以修身一定要先端正自己的心思。

"尽心"出自《孟子·尽心上》："尽其心者，知其性也。知其性，则知天矣。"孟子认为人尽量发挥心中之善端，就能了解"性"，进而认识到所谓的"天"。人的本性都是天赋的，天与人是一体的，天德寓于人心，人心与"天心"是相通的。

尽其"心"这一器官能思的特点，积极思考、反省的人，就能发现其内心固有的"善端"。既然人的心性与天原为一体，那么，天所包含的一切，也就同时存在于人的心性之中了。故主张"尽心"，而"万物皆备于我，反身而诚，乐莫大焉"（《孟子·尽心上》）。

⑦四十不动心与七十而从心

"不动心"意为不动摇心志。《孟子·公孙丑上》："我四十不动心。"人若处于不动心的状态，即不为外物所累，不为情欲所动，就能无所不晓、无所不明，一切行为都合乎善，做到"富贵不能淫，贫贱不能移，威武不能屈"。这是内心修养所要达到的精神境界。孟子认为，要"不动心"，就须养"浩然之气"。他说的"浩然之气"是一种正气和气节，是一种内心的精神状态，一种高尚的道德情操和精神境界，它至大至刚，是集义与道而产生的，需要一贯坚持正义，日积月累才能达到。

"从心"出自《论语·为政》："七十而从心所欲，不逾矩"，意为七十岁时能够达到随心所欲，想怎么做便怎么做，也不会超出规矩。用程颐的话说："从心所欲不逾矩，则不勉而中矣。"这是人经过长期修养而达到的结果。修养是一个长期的过程，是一个人毕生坚持不懈的事情。只有勤修不辍，永不懈怠，才能达到从心所欲的境界。孔子在经历了"十有五而志于学，三十而立，四十而不惑，五十而知天命，六十而耳顺"，最终达到了"七十而从心"，即使随心所欲也不违背天理，用毕生的精力完成了"修"的功夫。

《心学图》说解

纵观《心学图》可以看出，上半图讲心之本体，下半图讲心之修养。心从本体意义上说，虚灵是心之本体，知觉之所觉是心之理，有知觉谓之心，心为神明。虚灵、知觉、神明是心本体存在的状态和功能。就心的本体来说，可分为"赤子心"和"大人心"。赤子心是没有接触外物的先天固有的"良心"，是人欲为汩之良心，接触外物以后，便是"人心"；大人心是树立起道德理念的"本心"，是义理具足之本心，它显现为道德观念以后，称为"道心"。赤子心和大人心都是形气所生，本是一个心；所不同的是，前者是先天的，后者是后天的。"人心"是发于形气所感，是生于形气而觉于欲者；"道心"是发于义理之几，是源于性命而觉于义理者。人心道心"惟精惟一"，择善固执，以进行修养内心的工夫。关于心的修养，可以从两方面看：从消极方面说，是遏人欲，通过慎独、克己复礼、心在、求放心、正心等环节，做到"四十而不动心"，而达到"富贵不能淫，贫贱不能移，威武不能屈"的价值性的道德境界；从积极方面说，是存天理，通过戒惧、操存、心思、养心、尽心等环节，做到"七十而从心所欲"，达到不思而得，不勉而中的合理性的道德境界。无论是遏人欲，还是存天理，都要坚持"惟精惟一，择善固执"，最终统一到"敬"字上来。这是修养心性的根本准则。可以说，《心学图》是对李退溪"盖心者，一身之主宰，而敬又一心之主宰也"这句话的最好诠释。

（一）心与敬

孟子说："仁，人心也。"仁就是人心，是人的本性良心。要想知道什么是仁一点都不难，只要把握住自己的良心本心就可以了；要想践行仁德一点也不难，只要反躬自寻，按自己的良心本心去做就可以了。人心有一种自然的向上力量，好善如好好色，恶恶如恶恶臭。一旦良心本心判别某事为善，同时也就会发出一股巨大的力量，鞭策人去行善，一旦良心本心判别某事为恶，也会发出巨大的力量阻止人去行恶。如果人们听从良心本心的指挥，按照良心本心的要求去做了，内心就会感到一种巨大的快乐。因此，为了使心得到满足，使自己体验到真正的悦乐，当良心本心呈现时，不管有多大的困难，多大的险阻，也应毫不迟疑地按它的要求去做。如果不按良心本心的要求去做，就会内省而疚，心里不安；如果无条件按良心本心的要求去做，就会内省不疚，快乐自足。

人人都有良心本心，然而，人心也是最空虚、最神灵的。它极不稳定。稍有不慎，原本具有的良心本心就会流失。故"人心惟危"。若人心流于人欲，或偏执于某一方面，便容易使人心产生偏差，走向恶的一面，失去其本性良心。一旦本心流失殆尽，人也就沦为禽兽了。

因此，要人心不丧失其本心，就要像圣人那样，"必使道心常为一身之主，而人心每听命焉，则危者安，微者著"（《中庸章句序》）。如此便能达到人心与道心的统一，也就是说饥食渴饮、声色臭味都合乎天理，即所谓"惟精惟一，允执厥中"。道心即是义理之心。心是空虚的、神灵的，而理是充实的、明显的，以充实之理补充人心之虚，故理对心具有主导和引领的作用。

孔子说："修己以敬。"（《论语·宪问》）要达到人心与道心的统一，便离不开"敬"的修养工夫，需要"敬"为一心之主宰，切己反思，扩充本心。只有经历一定的涵养工夫，"敬以为主"，则接应处事，动静万变，均不失其则。这种心的修养的"主敬"工夫便是使"心"回复到本然的状态。

（二）"敬"的修养工夫

"敬"是一种兼及思与学、贯穿动与静、合并内与外、统一显与微的工夫。要做到"敬"，必须把心安置于恭敬专一的精神状态之中，再通过学问思辨去穷尽事物中的"理"。在日常生活中，在日常的待人接物、交往处世中，通过不断的学习与实践，通过"敬"，体察和培养自己的德性。等到积累得多了，用功的时间久了，"心"与"理"就会自然而然地相互融合在一起，在不知不觉中达到融会贯通的境界，所学的与所做的也就协调一致起来，人的内心和行为就会安闲而从容。学习与实践是相互一致的，通过坚持不懈的实践，定会达到内心和行动的协调一致。

主敬的基本要求是：静则"正其衣冠，尊其瞻视"；动则"足容必重，手容必恭"。表则"出门如宾，承事如祭"；里则"守口如瓶，防意如城"。正心则"当事而存，靡他其适"，主事则"惟心惟一，万变是监"。在主敬的工夫上，不得有须臾的间歇，也不得有毫厘的偏差。倡导主敬必然要注重内省，因为主敬和内省是互为表里的，内省是主敬的一个重要环节，是主敬工夫的重要组成部分，二者不可分割。一动一静，随时随处都要存养省察，切己反思。这也就是孔子所说的"自讼"。

在程颐的学术理念中，最重要的道德修养是"敬"和"诚"，他谈得最多。他认为做学问要敬要诚，要对老师、对知识心存敬畏，强调师道尊严。"程门立雪"的故事正说明了这一点。宋朝闽人杨时、游酢来洛阳向程颐求教。程颐在堂上假寐。杨时、游酢为了不打扰老师休息而恭立门外。此时门外飘雪，等到程颐醒来，发现他们二人膝下的雪有一尺深。程颐担任宋哲宗的老师时，"以师道自居，侍上讲，色甚庄，以讽谏，上畏之"，并且坚持坐讲。按当时规定，给皇帝讲书必须站着。他却认为站着讲不能体现老师的尊严。对皇上尚且如此严厉，对一般学生更是如此。

所谓"敬"，就是要"慎独戒惧"，这是"良知精明而不杂于尘俗"的根本。只有保持慎独戒惧，自身才能"常常精明，不为物欲所降"，就能改过迁善。也只有做到慎独戒惧，才能"出门如宾，承事如祭"。小到个人修身，大到治理千乘之国，"直以'敬'为纲领"。然而慎独戒惧又不是着意刻求，不是要把"戒惧"紧系心头，而是要经常地保持心地的安宁，"不睹不闻"，否则，心神不定，"心无安顿处"，"失却见在工夫"，道德修养、齐家治国也就无从谈起了。

慎独戒惧是在隐约微妙之际，幽静独处之地进行反省体察的工夫，是一切修养工夫中最关键的工夫，要求在独处之地用功。如果独处之地不用功，只在外面做给别人看，正是"作伪"的表现，对于道德修养是完全没有用的。总之，要想成圣成贤，就必须为善去恶，坚持戒惧工夫一刻也不间断。戒惧工夫是不分动静的，无论静坐还是在事上磨炼，都必须用到它。

慎独戒惧的工夫十分精细、细密。"古之圣帝明王……立师傅之官，列谏诤之职，前有疑，后有丞；左有辅，右有弼。在舆有旅贲之规，位宁有官师之典，倚几有训诵之谏，居寝有暬御之箴，临事有瞽史之导，宴居有工师之诵，以至盘盂、几杖、刀剑、户牖，凡目之所寓，身之所处，无不有铭、有戒。"①古代圣明的君王如此兢兢业业、谨慎戒惧，日复一日，修养身心，所以才能保证德业一天天地更新广大，不仅没有犯下细小的过失，而且还取得很好的名誉。可见，约束自己的行为，提高自己的品德是非常重要的，尤其对于居上位的领导者更是如此。君王涵养才德，才能使社会达到像尧、舜时代那样的繁荣与兴盛。

所谓"敬"，就是要思考、反悟。这是一种内省的修养工夫，属于内心修养范围。孔子说："君子有九思：视思明，听思聪，色思温，貌思恭，言思忠，事思敬，疑思问，忿思难，见得思义。"（《论语·季氏》）思的作用在于反省自己的视听言动是否符合道德的规范，用思考的方法检查自己的言行。这是道德修养的重要途径和方法。孔子说："内省不疚，夫何忧何惧？"（《论语·颜渊》）一个人若能反躬自省，问心无愧，那么他就不会有什么忧愁和恐惧了。

对待学问更应该勤学善思。孔子说："学而不思则罔，思而不学则殆。"（《论语·为政》）只学习而不思考，就会缺乏主见而易受骗；只思考而不学习，就会疑惑不决而失去信心。思考与学习是相互促进、相互补益的一种思维活动。因此，学习必须对所学的东西进行反思及真正实践。任何一种学问，都必须通过自己内心的探求，才能有所收获，形成自己的思想，通过思考以通达那些细微的地方。如果不把所学的东西进行反思和练习，就会缺乏真知而迷惑不解。"博学而笃志，切问而近思，仁在其中矣。"（《论语·子张》）学习的工夫即是修养的工夫。加强修养，学好礼节，培养道德意识，提高道德境界，方能立身做人，这也就是仁德了。荀子说："君子博学而日参省乎己，则知明而行无过矣。"（《荀子·劝学》）学习要和思考结合起来，通过不断学习，每天内省自己的言行，看是否符合道德的要求，才能认识明了，行动不犯过错。

所谓"敬"，就是要"存心""养心""求放心"，进一步达到"不动心"。人生而具有善良之心，"存心"就是要保存自己的善良之心不失掉。若要保存本性良心不丢失，就要善于涵养内心。"养心"最好的办法是寡欲，即减少物质欲望。人性本善，但人心之所以有恶的东西是由于欲望所致。要消除恶的东西，使自己的本性良心不丢失，则必须减少欲望。减少欲望是修心的重要方法。如果良心不慎丢失了，就要"求放心"，把丧失的良心重新找回来。经过"存心""养心""求放心"的长期修养的过程，就可以达到"不动心"。"不动心"是内心不被外物所牵动，

---

① 贾顺先：《退溪全书今注今译（第2册）》，成都：四川人民出版社，1995年版，第147页。

做到富贵不能乱我之心，贫贱不能变我之志，威武不能屈我节操，达到道明、德立的境界。之所以能够做到"不动心"，是由于内心存养的"浩然之气"。这种"浩然之气"是内心长期修炼涵养正气而形成的，是一种日积月累的修养道德的过程。

所谓"敬"，就是要"正心""尽心"，最终达到"从心"。"正心"就是要从心中消除忿怒、恐惧、好乐、忧患之类的情绪，不然的话，这种情绪会干扰内心的稳定和中正。它们都是诱导人们走向歧途的力量，人们一旦落入它们的力量之中，就会不由自主地被它们主导，而不能内心中正地去追求善德了。只有把这些影响内心中正的不良情绪完全消除干净，才算已经正心。"尽心"是尽量发掘内心的作用，穷思苦索，认识人的本性，从而进一步认识天命，最后达到知天命，即天人合一的精神境界。而内心修养的最终目标是"从心"，即既能从心所欲，又能保存天理，不违背道德。之所以能够做到从心所欲，是由于心与理合二为一，心即是理，心之所欲必然合乎于理。在此基础上，人随心所欲，亦不会超越社会制度和道德规范。因此，"从心"是合乎中道的人生的最高境界，它使人获得了道德上的自由。达到这一境界是人生漫长的道德历练的过程，也是内心修养一步步朝着自觉和自由推进的结果。

所谓"敬"，就是要"惟精惟一"。在培养德性的过程中，必然会遇到困难、挫折和矛盾。这个时候，不要退缩，坚持下去，就能获得很大的进步。千万不能因为产生的困难而终止，而应该充满信心地勉励自己坚持。

孔子的思想学说贯穿着一个基本思想，即"忠恕"。忠恕之道是孔子思想的核心。把握住"忠恕"，也就把握了孔子思想的精髓。若能将忠恕之道贯彻始终，也就实践了孔子的仁学思想。因此，做事情若能把握住唯一是非常重要的。在生活日用之中，谨慎专一地做事情，修养德行，使自己的内心和行为符合人伦自然的常道，便可以达到儒家追求的"中和"的境界，体悟出儒家"天人合一"的妙处。儒家修身的工夫需要长期不懈地努力，需要一生的坚持，要专心致志，持之以恒，不能"一曝十寒"。孔子从"十有五而志于学"，到"七十而从心所欲，不逾矩"，通过不断的努力修养成为完善的人，用尽了毕生的精力。只要人在，就不能将这个修己的工夫停下来，只能继续在这方面不断进取。如果能够像颜渊那样长久地"心不违仁"，勤勉不懈地竭尽自己的才能，那么做任何事情都能无往不胜了。

第九 敬斋箴图

概 述

一、图文作者

敬斋箴图为圣学十图的第九图，敬斋箴文为南宋哲学家朱熹著。朱熹因受好友张栻《主一箴》的启发，遂掇其遗意而成《敬斋箴》，并书于斋壁以自警。张栻，南宋学者，字敬夫，又字乐斋，号南轩，汉州绵竹（今属四川）人。幼学儒学，师事胡宏，以古圣贤自期，作《希颜录》。张栻是宋代著名学者，与吕祖谦、朱熹并称为"东南三贤"。奉二程为理学正宗。他将义利之辩纳入存理不欲的轨道，其理欲观又带有强烈的义利色彩。在认识论上，则强调"涵养"和"持敬"。张栻的主要著作有《论语解》《孟子说》《太极图说》《洙泗言仁》《南轩答问》《南轩文集》等。清道光年间，其主要著作汇刻成《南轩全集》。张栻根据程颐"主一之谓敬""无适之谓一"的思想，作《主一箴》，对自己"居敬主一"的修养方法进行了集中阐发。乾道七年（1171 年），张栻三十九岁，出知袁州（今江西宜春）。这年冬，归长沙故居。是年，张栻作《主一箴》。张栻的《主一箴》直接影响到朱熹，后来朱熹根据张栻的《主一箴》作《敬斋箴》，阐发自己的持敬理论。将敬斋箴绘制成图则是朱熹的三传弟子王柏。王柏（1197—1274 年），字会之，婺州金华（今浙江金华市）人。少时仰慕诸葛亮，自号长啸。30 岁后，抛弃俗学，勇于求道，与其友汪开之著《论语通旨》，领悟长啸非持敬之道，于是改号鲁斋，慕名师事何基。王柏治学质实坚苦，善于独立思考，不拘泥于旧说。于《论语》《大学》《中庸》《孟子》《通鉴纲目》诸书，标注点校，尤为精密。曾多次受聘在金华丽泽书院、天台上蔡书院任教。一生致力于建立理学新道统，承袭程（颐）朱（熹）理学的"理一分殊"论，重"分殊"甚于言"理一"。王柏是金华朱学的主要传人，与何基、金履祥、许谦并称"金华四先生"。因推广朱学有功，受到后世封建统治者的褒扬，列为理学正宗，对理学的发展传播有一定的贡献。其著述甚富，多佚，现存主要有《鲁斋集》《书疑》等。

二、箴文

（一）箴文释义

"箴"是西周时期出现的一种文体。在"箴"的发展历程中，就规诫对象而言，它经历了由君王到百官再到私人的发散式嬗变；就体式与风格而言，它经历了由单纯的四言骈文向骈散并举、由单纯的短章向长短并茂的裂变式演进。

"箴"的本意是缀衣用的工具，即今天所说的"针"。《说文解字·竹部》解释"箴"字曰："箴，缀衣箴也。"段玉裁注："缀衣，联缀之也，谓签之使不散；若用以缝，则从金之针也。""箴"既为缀衣用的工具，便自然具有插、刺之类的功能，所以《广雅·释诂二》有"箴，插也"的注解，王念孙疏云："箴，或作针。……针，刺也。《说文》：'插，刺入也。'是箴与插同义。"

"箴"的插、刺含义的进一步引申，便是警示、劝诫、规谏。根据现存文字资料，早在商代，"箴"即被赋予了上述引申意，例如《尚书·盘庚上》有言："无或敢伏小人之攸箴。"句中的"箴"字，陆德明《经典释文》曰："箴，马（融）云：谏也。"到春秋时期，"箴"的警示、劝诫、规谏的引申义得到了更广泛的使用，比如《左传·宣公十二年》有"箴之曰：'民生在勤，勤则不匮'"的记载，杜预注："箴，诫也。"这个时期的楚国甚至设有主掌规谏的箴尹之官。"箴"与"谏"结合起来成为一个固定词语也始于春秋时期。《左传·襄公十四年》有"工诵箴谏"之辞，《国语·楚语上》有"凡百箴谏"之语，皆是明证。

与"箴"的文字学意义相适应，作为一种文体，"箴"被赋予了以警示、劝诫、规谏等为寄寓和表达主题的特定功用。在古代文学批评家中，刘勰的《文心雕龙·铭箴篇》是古典文论中对箴文做得最长也是最详细的论述：

箴者，所以攻疾防患，喻针石也。斯文之兴，盛于三代。夏商二箴，余句颇存。及周之辛甲百官箴一篇，体义备焉。迄至春秋，微而未绝。故魏绛讽君于后羿，楚子训民于在勤。战代以来，弃德务功，铭辞代兴，箴文委绝。至扬雄稽古，始范虞箴，作卿尹州牧二十五篇。及崔胡补缀，总称百官，指世配位，鑒鉴可征，信所谓追清风于前古，攀辛甲于后代者也。至于潘勖符节，要而失浅；温峤傅臣，博而患繁；王济国子，引事广杂；潘尼乘舆，义正体芜；凡斯继作，鲜有克衷。至于王郎杂箴，乃置巾履，得其戒慎，而失其所施。观其约文举要，宪章戒铭，而水火井樵，繁辞不已，志有偏也。

夫箴诵于官，铭题于器。名目虽异，而警戒实同。箴主御过，故文资确切；铭兼褒赞，故体贵弘润；其取事也必覆以辨，其摛文也必简而深，此其大要也。然矢言之道盖阙，庸器之制久沦，所以箴铭异用，罕施于代。惟秉文君子，宜酌其远大焉。

赞曰：铭实器表，箴惟德轨。有佩于言，无鉴于水。秉兹贞后，敬言乎履。义典则弘，文约为美。

（二）箴文分类

对箴文进行分类的见解，现存文献中最早见于徐师曾的《文体明辨序说》，"古有夏商二箴，见于《尚书·大传解》及《吕氏春秋》；然余句虽存，而全文已缺。独周太史辛甲命百官箴王阙，而《虞人》一篇，备载于《左传》，于是扬雄仿而为之。其后作者相继，而亦用以自箴，故其品有二，一曰官箴，二曰私箴。"[1]徐师曾将箴文的功用与分类联系起来，根据箴戒对象的不同，分为官箴、私箴两类，这种分类方法颇为科学并影响深远，直至当代学者在对箴文进行分类时，如万陆《中国散文美学》、褚斌杰《中国古代文体概论》仍遵循此道。

1. 官箴

官箴，原指古代官吏对君王所进的箴言，它含有规劝、警示的目的和作用。《辞海》对官箴注释有专条，摘记如下："百官对王所进的箴言。《左传·襄公四年》'辛甲命百官官箴王阙'。杜预注为'使百官各为箴辞戒王过。'孔颖达：'汉武帝时，扬雄爱《虞箴》，遂依仿之作《十二州二十五官箴》，后亡失九篇。后汉崔骃、崔瑗、崔寔祖孙三代及临邑侯刘騊駼、太傅胡广各有所增，凡四十八篇。广乃次而题之，署名《百官箴》，皆仿此《虞箴》为之。后世因称官吏之戒为'官箴'，如称官吏的善良的为'不辱官箴'，不善的为'有玷官箴。'"（《辞海》2324 页，上海辞书出版社 1979 年版）后来推而广之，其已不仅仅是"对王所进的箴言"了。而这种以君王或其他上层官员为规诫对象的"官箴"，同时即是历代文人学者箴体创作的重点，也是我国现存箴文中的主流。在这些作品中所反映出的当时的时代面貌，以及积极向上的民族精神，均已成为中华民族宝贵的精神财富与珍贵的历史遗产。

2. 私箴

与官箴相对应的是私箴。私箴是自我警戒的文字，以作者自我为规诫对象，

---

[1]　徐师曾著，罗根泽校点：《文体明辨序说》，北京：人民文学出版社，1962 年版，第 140 页。

内容包括个人的为人处世、言行举止、喜怒哀乐等方面。三国时期魏王朗的《杂箴》是产生比较早的私箴，但私箴的真正繁盛是自唐代始的，韩愈、柳宗元、皮日休等文章大家们大都要作一些私箴以自警自戒，从而影响了一代文人而使私箴之风大盛，如韩愈的"五箴"，皮日休的"十箴"，宋程颐的"四箴"等都是其中的名篇。

朱熹作《敬斋箴》以自警，显然属于私箴，后来李退溪呈《圣学十图》于宣祖，他用箴之意似乎更接近于官箴。

三、《敬斋箴》概说

《敬斋箴》每句四个字，全文共四十句一百六十个字。首先阐述如何涵养才叫"持敬"。提出要"正其衣冠，尊其瞻视，潜心以居，对越上帝。足容必重，手容必恭，择地而蹈，折旋蚁封。出门如宾，承事如祭，战战兢兢，罔敢或易。守口如瓶，防意如城，洞洞属属，罔敢或轻。不东不西，不南不北，当事而存，靡他其适。弗贰以二，弗叄以三，惟精惟一，万变是监"。要求既要做到外表上衣冠、状貌、手足等的整齐、恭敬，又要做到内心的专注于一，认为只有这样才叫持敬。其次提出持敬工夫必须做到"动静无违，表里交正。"持敬必须一贯到底，稍有间断，各种私欲便会涌出，这样就会"不火而热，不冰而寒"。并警告说，哪怕只是毫厘的差错，也会天地颠倒、三纲沉沦、九畴毁坠。作者最后以极其虔诚的心情表示自己要不停地持敬，并敢于将这自箴禀告自己的心灵主宰，让绳墨之吏来做监视。《敬斋箴》既是自警，也是他警。它要求人们"内无妄想，外无妄动"，通过外表的"整齐严肃"，达到内心的"主一"，以期"身心肃然，表里如一"（《朱子语类》卷十二）。这便是一个心理合一的境界。《敬斋箴》是对张栻《主一箴》思想的一个发展，它更为系统和全面地阐述了持敬思想，是朱熹涵养方法论的一个集中概括和表述。《敬斋箴》的思想为后世理学教育家所接受并奉为准绳，在理学教育中产生过重要影响。此文收录在《朱子公文集》中。

《敬斋箴》阐释

1. 敬斋箴

正其衣冠，尊其瞻视，潜心以居，对越上帝。足容必重，手容必恭，择地而蹈 [1]，折旋蚁封 [2]。出门如宾，承事如祭，战战兢兢，罔敢或易 [3]。守口如瓶，防意如城 [4]，洞洞属属，罔敢或轻。不东以西 [5]，不南以北，当事而存，靡他其适 [6]。弗贰以二，弗叄以三 [7]，惟心唯一，万变是监。从事于斯，是曰持敬，动静不违，表里交正 [8]。须臾有间 [9]，私欲万端，不火而热，不冰而寒 [10]。毫厘有差，天壤易处，三纲既沦，九法亦斁 [11]。於乎小子 [12]，念哉敬哉，墨卿司戒 [13]，敢告灵台 [14]。

朱子曰："周旋中规，其回转处欲其圆，如中规也。折旋中矩 [15]，其横转处，欲其方，如中矩也。蚁封，蚁垤也。古语云，乘马折旋于蚁封之间。言蚁封之间，巷路屈曲狭小，而能乘马折旋于其间，不失其驰骤之节，所以为难也。守口如瓶，不妄出也。防意如城，闲邪之人也。又云，敬须主一，初来有个事，又添一个，便是来贰，他成两个。原有一个，又添两个，便是叁，他成三个。须臾之间以时言，毫厘之差以事言。"

临川吴氏 [16] 曰："箴凡十章，章四句。一言静无违，二言动无违，三言表之正，四言里之正，五言心之正而达于事，六言事之主一，而本于心，七总前六章，八言心不能无适 [17] 之病，九言事不能主一之病，十总结一篇。"

西山真氏 [18] 曰："敬之为义，至是无复余蕴。有志于圣学者，宜熟复之。"

右箴题下，朱子自叙曰："读张敬夫主一箴，掇其遗意作敬斋箴，书斋壁以自警云。"又曰："此是敬之目说，有许多地头 [19] 去处。""臣窃谓'地头'之说，于做工好有据依，而金华王鲁斋柏排列地头做此图，明白整齐，皆有下落。又如此，常宜体玩警省于日用之间、心目之间，而有得焉。则敬为圣学之始终，岂不信哉！"

2. 注释

[1] 择地而蹈：看好了地方才下脚迈一步，极言其小心谨慎之状。

[2] 折旋蚁封，周旋应对就像蚂蚁绕穴而封那样。

[3] 易：轻视。

[4] 守口如瓶：指无一言妄发；防意如城：指无一念妄萌。意：心思，指私欲。如城：如守城防敌一样。

[5] 不东以西：指不到东而又往西。

[6] 靡他其适：没有其他去向。

[7] 弗贰以二，弗叁以三：弗贰之以二，弗叁之以三。指要精神集中，专注于一，不能忽二忽三。《左传》襄公二十九年："美哉！思而不贰。"

[8] 动静弗违：指持敬的工夫要贯穿于动静。表里交正，外表和内心都要端正。

[9] 有间：有间断。指不持敬。

[10] 不火而热，不冰而寒：指人欲的胶扰，使得心中如不着火不结冰而冷热交攻。

[11] 三纲既沦，九法亦斁：三纲，三种主要的道德关系。有两种说法：一是，君为臣纲，父为子纲，夫为妻纲。指臣要绝对服从君，子要绝对服从父，妻要绝对服从夫；二是君臣义，父子亲，夫妇顺。既沦，已经淹没。九法，即九畴，传说禹治理天下的九类大法。《尚书·洪范》有："天乃锡禹洪范九畴，彝伦攸叙。初一曰五行，次二曰敬用无事，次三曰农用八政，次四曰协用五纪，次五曰建用皇极，次六曰用三德，次七曰民用稽疑，次八曰念用庶征，次九曰向用五福，威用六极。"斁（dù）：指败坏。

[12] 小子：自谦之称。

[13] 墨卿司戒：掌管笔墨记录的大臣，负责把这记载下来，用作儆戒。

[14] 灵台：指心。

[15] 折旋中矩：折，曲，弯下。矩，木工用来画正方形之尺。此指进退容止，都符合一定的标准。《礼记·玉藻》有："周还中规，折旋中矩。"

[16] 临川吴氏：查元、明时期，临川吴氏知名者有二：①吴皋，元临川人，字舜举。当官临江路儒学教授。元亡后，抗志不出，遁迹以终。有《吾吾类稿》。②吴彤，明临川人，字文明。尝为国子监博士。明代洪武初期迁北平副使。有《山居南游诸集》。现以此注存备考。

[17] 无适：即无适无莫，谓对人事没有偏颇，无所厚薄。《论语·里仁》有："君子之于天下也，无适也，无莫也，义之与比。"疏曰："适，厚也。莫也，薄也。"

[18] 西山真氏：即南宋学者真德秀。

[19] 地头：方面。《朱子语类》卷八有："这个道理，各自有地头，不可只就一面说。"

3. 译文

穿戴衣帽要端正，仰看平视要保持尊严，居住时要心中安静而专一，做人做事，无愧于遥遥相对的上天。行走的姿态一定要庄重踏实，举止仪表一定要恭敬，弹琴、唱歌、舞蹈时，要选择地方，在乘马往返于像蚁穴那样曲折的小路中，也要能保持其奔驰之势。出门（工作）好像去接待贵宾一样，承担的事严肃认真，好像去参加大祭时的典礼，经常谨慎小心地做事，不敢有一点疏忽。像堵塞住瓶口一样不要随便说话，像筑起城墙一样严防邪念随时侵入心中，恭敬虔诚地对待一切，不敢有一丝一毫的轻视。要表里如一，不能以西而向东，不能以北而向南，按事物的实际办事，而不要被外物的引诱以放失本心。要保持专一的心境，不能因没有二而说成二，没有三而说成三，唯有心境的专一，才能把握住事物的万变。像这个样子去学习和做事，这就叫作"持敬"，无论动与静都不违背上述原则，就会是表与里都互相一致而正确无误。假如你有段时间的背离，也会产生出千万种私心杂念，那就如同没有接触火而感到热、没有碰到冰而感到寒冷一样躁怒忧惧。一旦有一丝一毫的差错，也会造成天地那样远的差别，三种主要的道德纲常既然已经被淹没，那么九种主要的治国大法也就被败坏。对于我们这些人，要时刻记住这些，加以勤勉警戒，并以此常常来告诫自己的心灵。

朱熹对《敬斋箴》做补充说：在周旋回转时一定要像"规"所画的圆形一样，有一定的风度。在折旋横转时应成方形，要像"规"所书的方形一样。总之人们的进退容止，都要符合一定的标准。蚁封，即蚁穴外面隆起的小土堆。古语讲，乘马在蚁穴外隆起的小土堆之间行走。是说蚁穴外的小土堆虽然通道小而曲折，但荣然能够在其中乘马，可以不失掉奔驰的风度，这自然是很难的事情。"守口如瓶"，是指说话时不要随意乱说。"防意如城"，是讲决不能让邪恶的意念随时侵入心中。又说，"敬"必须是始终专一，开始有一件事，又添上一件事，这就成了两件事。原初有一件事，又添上两件事，这就成了三件事。"须臾之间"，是指时间而言；"毫厘之间"是指事物的大小而言。

临川吴氏说："次箴共十条法规，每条有四句。一是讲在日常的生活起居时，不要有所背离主静的原则；二是讲动时不要有所背离本心；三是讲外表要端正；四是讲内在要端正；五是讲本心要正直，才能通达各种事情；六是讲做事时，在心中要始终保持专一；七是总结前六条的法则；八是讲心不能没有被外物引诱的毛病；九是讲做事也会有不能始终如一的不足之时；十是全篇的总结。"

真德秀说："敬的含义，达到这个水平，也就没有什么话再多讲了。有愿成就圣学大志的人，应当娴熟地不断照此去做。"

上面《敬斋箴》的题下面，朱熹曾自己写了序文，说："读张栻关于主一的告诫，择取他的遗愿而作此《敬斋箴》，并写在墙上，用以自我警戒。"又说："这些是敬的条目，还有许多地方可以发挥。"臣李滉私下认为，朱熹的许多方面论说，对于做起来的具体的行为有所依据，而金华的王柏便依据朱熹这一思想的排列而作出此图，使全文的思想清晰明白，字句整齐，而且都有所着落。这样更适宜于进行体察玩味，以及自警反省，这不论是在日常生活中，或是在内心里，都会有所收获。所以"敬"的功夫，是圣人学问的开始和终结，难道不是真的吗？

《敬斋箴图》之心

1. 心的含义——人心道心之界定

"心"字位于图的正中央，字体放大（大约是其他字的十倍），以篆体写成，并加一圆圈，以区别于其他字。其他字都是从这一核心辐射出去的。由此可见"心"在敬斋箴图中的地位。

退溪在朱子理学思想的基础上，对人心道心说进行了深入全面的研究，建构了系统而又完整的人心道心的思想理论体系。

朱熹认为："只是这一个心，知觉从耳目上去，便是人心；知觉从义理上去便是道心。"（《朱子语类》卷七十八）对于这些规定退溪是全面接受的。退溪说："人心道心之义，考亭（朱熹）发明，无复余憾，然来诸儒说，虽或有得失，苟能研思熟玩，何待吾说而后知之邪？分而言之，人心固生于形气，道心固原于性命合而言之，道心杂出于人心之间，实相资相发而不可谓判然为二物也。"（《退陶先生言行通录·实纪》卷一）这个意思是很清楚的，生于形气者为人心，原于性命者是道心；因为人心生于形气故有善有恶，道心原于性命，故纯善无恶，人心、道心虽可分而言之，实际却不是两个心。退溪对人心的规定，既继承朱子，又有所发展。具体阐述如下：

（1）人心

退溪认为人心生于"形气"，而不像朱熹讲"生于形气之私"（《朱文公文集》卷六十五《大禹谟》）。退溪提出："人心固生于形气。"[①]无此"私"字，便是对朱子学的发展。因形气并非不好，自然界一切事物都充塞着"形气"。"形气"也有正和邪之分，正者不背"天理"，邪者便是"私"。"形气"的正与邪，便产生和影响"人心"的好恶。人禀天之气，禀地之质。气之造化流行，便有清浊粹驳之分。圣人的心产生于不违背"天理"的"形气"。从而也就解决了朱子的人心生于"形气之私"与圣人是完全的大公无私，是不可以言"私"字这一矛盾。退溪说："盖造化流行，其气元自有清浊精驳。如这一朵花或早发，或晚发，或十分好艳，或小色，或大或小，其分不齐。气有不齐，如这花。"（《陶山全书》（四）《金道盛太极图说讲录》）气有"清浊粹驳"之分，影响"人心"有好与不好之别，好的方面与道心相符，不好的陷溺于人欲，又与气质相对应。这是对"人心"的规定。

（2）道心

所谓"道心"，退溪以为是义理之心。"义理精微，难见一条，尝考《语类》非有误也。盖于此答道心惟微之间，而欲说义理精微处以晓之……又以见禽兽知饥食渴饮而不知利害，众人知利害而不知义理，惟君子存其所以异于禽兽者，故能知义理之精微，其大义不过如此。"[《陶山全书》（二）《答赵士敬·别纸》]道

---

① 韩国成均馆大学：《增补退溪全书》（第2册，卷39），《答洪胖》，首尔：成均馆大学校大东文化研究院，1978年版，第16页。

心是不同于禽兽。因为禽兽只知道饥食渴饮而不知道利害，道心又不同于众人只知道利害而不知道义理，只有君子既知道利害，又知道义理，而具有"道心"。

"道心"既为义理之心，"固原于性命"[《增补退溪全书》（二）卷三十九《答洪胖》]。因而，道心便与四端相联结，而与七情有异。退溪说："若夫道心之与四端，虽与人心七情说不同，然道心以心言，贯始终而通有无。四端以端言，就发见而指端绪，亦不能无少异。"[《增补退溪全书》（二）卷三十七《答李平叔》]这据仁、义、礼、智取而发为恻隐、羞恶、是非、辞让之心，都属道心的内涵，"道心为四端"[《增补退溪全书》（二）卷三十七《答李平叔》]。退溪所说"原于性命"，也就是朱熹所说的"得于天地之正"（《朱文公文集》卷三十六《答陈同甫》），或"义理上起底见识，便是道心"（《朱子语类》卷七十八）。

"道心"是"存天理"之事，是经由"遏人欲"而获得的"天理"，此"天理"便是"道心"，或曰与道心相符合。退溪说："遏人欲事，当属人心一边；存天理事，当属道心一边可也。"[《增补退溪全书》（二）卷三十七《答李平叔》]"道心"在这里便被视为一种最高的道德原则或理想境界。它是当时一般人的道德规范、道德实践的升华。这就是退溪对"道心"的规定。

2. 人心道心的关系

退溪的"人心"与"道心"的关系，基本上秉承了朱子人心道心关系。他的人心道心关系，实际上蕴涵着有四端与七情、天地之性与气质之性的相分不离、相合不杂的意味。从相分和不杂而言，两者是差异对待。"若各就其名实而细论之，则人心之名，已与道心相对而合。"[《增补退溪全书》（二）卷三十七《答李平叔》]当然，退溪更是强调两者的相合不离。但是这种融合，是"听命于道心而为一，不得与道心浑论为一称之"[《增补退溪全书》（二）卷三十七《答李平叔》]。退溪所要说明的是他也主张人心听命道心，人心与道心相合不离、相互依赖的关系中道心仍占主导地位。他说："合而言之，道心杂出于人心之间，实相资相发，而不可谓判然为二物也。"[《增补退溪全书》（二）卷三十九《答洪胖》]与朱熹子所谓"然此道心却杂出于人心之间"（《朱子语类》卷六十二）、"道心人心，本只是一个物事"（《朱子语类》卷七十二）的观点相同。"道心"与"人心"相互依赖，相互凭借，不能分二物。退溪在人心与道心二者关系上继承朱子的观点。

正其衣冠、尊其瞻视、足容必重、手容必恭，是对人们的穿衣戴帽、言行举止等外在方面所做的规定，要求人们衣冠整齐庄重、态度恭敬虔诚，也就是程颐所说的"整齐严肃"。整齐严肃是敬的重要含义之一。程颐认为，一个人从穿着打扮到容貌举止，时时处处都应一丝不苟，整齐严肃。他说："敬以直内是涵养意，言不庄不精，则鄙诈之心生矣；貌不庄不敬，则怠慢之心生矣。"（《二程遗书》卷一)"俨然正其衣冠，尊其瞻视，其中自有个敬处。虽曰无状，敬自可见"。(《二程遗书》卷十八）又说："严威俨恪，非敬之道，但致敬须自此入。"(《二程遗书》卷十五）程颐还说："动容貌，整思虑，则自然生敬。"(《二程遗书》卷十五）人的外貌端庄、严肃，衣冠整齐，举止规范，思想按照仁义礼智等道德原则来整顿，那么"敬"自然而生。

李退溪也强调持敬工夫的出发点应在"整齐严肃"这一外在的约束。他在谈到四条之说时〔所谓四条之说，就是指程颐的"主一无适""整齐严肃"和他门人谢上蔡（1050—1203 年）的"常惺惺"、尹和靖（1061—1132 年）的"其心收敛不容一物"〕说道："但今求下手用功处，当以程夫子整齐严肃为先，久而不懈，则所谓心便一而无非僻之干者，可验其不我欺矣，外严肃而中心一，则所谓主一无适，所谓其心收敛不容一物，所谓常惺惺者，皆在其中，不待各条别做一段工夫也。"① 这正是李退溪的制外养中的工夫。他认为，这四条工夫，以"整齐严肃"为先，要做到外严肃而中心一，只做"整齐严肃"，久而不懈这件工夫，其他的"主一无适""常惺惺""其心收敛不容一物"等工夫也就能同时达到，而不需要各条另做一段工夫。退溪更引朱子《答杨子直》之言，以证其说。退溪说："朱子谕杨子直曰：持敬不必多言，但熟味整齐严肃，严威俨恪，动容貌，整思虑，正衣冠，尊瞻视等数语，而实加工焉，则所谓直内，所谓主一，自然不待安排，而身心肃然，表里如一矣。"② 退溪非常重视动容貌，正衣冠等外在工夫，以此种严肃性检束其身心，以达到"身心肃然，表里如一"的境地。故退溪的修养，不但重视内在工夫，而且也非常重视制外养中的外在工夫。制外养中是退溪对"敬以直内、义以方外"敬与义关系的进一步解释，也是退溪对朱子敬合内外的进一步发展，也体现了退溪持敬学说的特色。关于实践"整齐严肃"这一外在工夫的具体方法，退溪强调颜子的"四勿"和曾子的"三贵"。他说："其习之之方，当如颜子非礼勿视听言动，曾子的动容貌正颜色出辞气处，做工夫则庶有据依，而易为力。"③ 所谓颜子的"四勿"，就是"非礼勿视、非礼勿听、非礼勿言、非礼勿动"，曾子的"三贵"则是"动容貌、正颜色、出辞气"。退溪还说："把捉即操存之谓，非不善也。若未得活法，则反为揠苗助长之患。观颜子'四勿'、曾子'三贵'，从视听言动容貌辞气上做工夫，所谓制于外，所以养其中也。故程子曰：'只整齐严肃，则心

---

① 贾顺先：《退溪全书今注今译》（卷 29），《答金而精》，成都：四川人民出版社，1995 年版，第 13 页。
② 贾顺先：《退溪全书今注今译》，（上册），成都：四川人民出版社，1995 年版，第 611 页。
③ 贾顺先：《退溪全书今注今译（第 3 册）》，《自省录》卷 1，《答郑子中》，成都：四川人民出版社，1995 年版，第 159 页。

便一，一则自无非僻之干。'朱子亦曰：'持敬之要只是正衣冠、一思虑、庄整齐肃、不敢欺、不敢慢，则便身心肃然，表里如一'更于此思勉如何？"①李退溪反复强调制外养中的工夫，其意在于通过这种"持敬"的方法，检定身心，不敢欺，不敢慢，而达到"身心肃然，表里如一"的境界。

　　"对越上帝"是根据《诗经·周颂·清庙》中"对越在天"一句而来，"对越在天"表达了周人对天命的敬畏之情，朱熹的"对越上帝"也正表达了相同的感情。所谓对越上帝就是衣冠要整齐，状貌要庄严，平时管束住思绪，像面对上帝那样的虔诚。在朱熹看来，这种对越上帝的虔敬并不是某个特定时刻的斋戒或把握，而是贯穿于全部的生活，熔铸于整个的身心，转化为生命内在的要求。朱熹风范的主要情愫就是这样一个敬畏的精神品格。

　　这种"正其衣冠，尊其瞻视"的规范，不仅是一种外在的虔敬，更是一种内在深邃的宁静。黄干〔黄干（1152—1221）字直卿，号勉斋，宋福州闽县（福建福州）人。少师从朱熹，后成为其女婿，并被朱熹视为道统继承人。以荫补官，历知新淦县、汉阳军、安庆府等，多有善政。以大理丞转承议郎终仕。卒谥文肃，赠朝奉郎。尝讲学白鹿洞书院，生徒广众。明万历中（1587－1598），与李宽、韩愈、李士真、周敦颐、朱熹、张栻同祀石鼓书院七贤祠，世称石鼓七贤〕在《行状》中曾这样描写朱熹的日常生活，他写道：

　　其闲居也，未明而起，深衣幅巾方履，拜于家庙，以及先圣。退坐书室，几案必正，书籍器用必整。其饮食也，羹食行列有定位，匙箸举措有定向。倦而休也，瞑目端坐。休而起也，整步徐行。中夜而寝，既寝而寤，则拥衾而坐，或至达旦。威仪容止之则，自少至老，祁寒盛暑，造次颠沛，未尝有须臾之离也。

　　这段描写，把朱熹的形象淋漓尽致地表现出来。外在地看，这个形象实在是太僵化。规行矩步，仿佛机械，端坐瞑目，如同泥塑。但是，如果从敬畏的角度来体悟朱熹的言行举止所深隐着的内在情怀，那么，从这段描写中，我们感到的乃是灵魂的刚毅和威严。一个虔敬的东方圣贤的形象跃然而出。

　　黄干的这段力透纸背的描写，暗用了《论语·乡党》的笔法。在《乡党》篇中，我们看到了一个"恂恂""踧踖""侃侃"风貌的孔子形象，其温恭虔敬、和乐宁静的风范与朱熹的确有异曲同工之妙。孔子和朱熹，他们是东方的圣贤，是人类的智者。仿佛是在茫茫的渊静的黑夜，他们的言行分明是人性中那个灵明一

---

① 贾顺先：《退溪全书今注今译（第5册）》，成都，四川大学出版社1995年版，第150页。

点的凝耀，为人指明着道路。

因此，朱熹的风范中，敬又是一种静，所谓静，即是一种安详和乐、宁静如一的精神情愫和人格风貌。在敬畏中，固然应该如履薄冰，如临深渊。但敬畏，不是惧怕，不是恐慌，不是对外部敌对力量的避之唯恐不及的恐惧，而是一种虔敬的接受，一种与之和解熔铸的通达。因此，最终极的敬畏又导致最内在的宁静，并在宁静中呈现出一种与天地参的和悦。这个和悦与敬畏的和谐如一，这也就是东方的"诚"与"乐"。

朱熹的风范显然便由这两种情怀交融而成。在虔敬的言行举止中透露出来的不是强迫和努力，而是出于天性、本于天理的怡然自适。威严的仪容呈现出和悦的风貌，深刻的教训在默默无语中完成，这就是东方的智者和圣贤。

"出门如宾，承事如祭。"在外做事像接待贵宾那样认真谨慎。《左传·僖公三十三年》"臣闻之：出门如宾，承事如祭，仁之则也"表示的就是这个道理。"出门如宾"的意思是，出门好像去接待宾客一样，这是就自己的衣装说的，说明姿态要整齐；"承事如祭"昭示的是，承担具体事务时，仿佛承办祭祀典礼一样，这要求谨慎有序，要按规范办事；这两个方面的整合就是仁德的规则。在此，我们可以体悟到"仁"与"礼"的联系性。孔子也有相似的议论，显然是对此的借鉴。"仲弓问仁。子曰：出门如见大宾，使民如承大祭。己所不欲，勿施于人。在邦无怨，在家无怨。仲弓曰：雍虽不敏，请事斯语矣。"（《论语·颜渊》）

"战战兢兢"出典原为《诗·小雅·小旻》篇中"战战兢兢，如临深渊，如履薄冰"。孔子门人曾子在临终之际曾引用："启予足！启予手！《诗》云：'战战兢兢，如临深渊，如履薄冰。'而今而后，吾知免夫！"朱熹在《论语集注》中注"战战"为"恐惧"，"兢兢"为"戒谨"，恐惧戒谨正是畏。因此，朱熹《敬斋箴》中的"战战兢兢，罔敢或易……从事于斯，是曰持敬"，可以说正是以畏来论敬。

要理解他的为学，还须理解他的为人。我认为，朱熹的风范，其精髓在于他所呈现出来的两种心境、两种情愫的和谐统一。这种统一，又构成了中华民族风貌的一个内在组成部分。所谓东方的智慧，所谓东方的圣贤，其关键也就在于此。他们既不是先知，也不是使徒，既不是英雄，也不是豪杰，他们是智者，是圣贤，但从他们身上，又可以看出先知的灵觉，使徒的努力，英雄的气概，豪杰的胆识。

这两种精神情愫就是敬和静。可以说，敬和静在朱熹那里达到了完美的统一，它们融化在朱熹的言行举止和音容笑貌之中，朱熹说："大凡学者，须先理会敬字。敬是立脚去处。持敬，就要做到心常惺惺，如履薄冰。"朱熹又说："人心常炯炯在此，则四体不待羁束，而自入规矩。"朱熹临终前不久的时候，曾写一诗云："苍颜已是十年前，把镜回看一怅然。履薄临深谅无几，且将余日付残编。"

为什么敬在朱熹心中具有如此重要的意义，几乎在他一生中都起着主导的作用呢？其实，感受到敬，并把敬作为人生的基点，这正是东方智慧的一个突出表征，也是儒家精神风貌的内在基础。

为什么要敬呢？"敬"用朱熹自己的话说，就是"畏"："敬非是块然兀坐，……只是有所畏谨，不敢放纵，如此，则身心收敛，如有所畏。"

随之又有一个问题，"畏"是什么？为什么要"畏"呢？

其实，畏不是什么神秘的东西，从根本上说，畏是一种人性的自觉，一种终极关切的情怀。东方的敬和畏与西方的敬和畏是相通的。海德格尔（M. Heidegger）曾说畏是人之存在的本体性关注，是人的一种现身情态。朱熹的敬畏亦有这方面的意义。

所谓敬畏，并不是对一个异己的敌对势力的敬畏或恐惧，而是对人性自身的那个绝对本质的敬畏。人是一个有限与无限、情欲与理性矛盾冲荡的存在，当人意识到自身的无限性时，这种无限的本性毋宁又是超越于人的，甚至是通过对人的有限存在的压制和摧毁而呈现出来的。因此，对于这样一个既属于人又超越人，既提高人又压抑人的无限本性，人所表现出来的情态只能是虔诚的敬畏。

人是有限的，有着七情六欲。人又是无限的，有着一二点灵明。只有通过敬畏，把那个绝对的本质接引到人的心中，才能到达人与天地合德与日月合鸣的崇高境界。

"守口如瓶，防意如城。"形容说话谨慎。指遏止自己的欲念，就像守城防敌一样。喻谨慎小心，时有戒备。唐代道世《诸经要集·卷九上·择交部·惩过》引《维摩经》："防意如城，守口如瓶。"宋·周密《癸辛杂识别集下·守口如瓶》："富郑公（富弼）有'守口如瓶，防意如城'之语。"

洞洞属属：恭敬虔诚的样子，形容非常恭敬谨慎，小心翼翼。《礼记·祭义》："孝子之有深爱者，必有和气；有和气者，必有愉色；有愉色者，必有婉容。孝子如执玉、如奉盈，洞洞属属然，如弗胜，如将失之。严威俨恪，非所以事亲也，成人之道也。"陈澔《礼记集说》解释说："和气、愉色、婉容，皆爱心之所发；如执玉、如奉盈、如弗胜、如将失之，皆敬心之所存。爱敬兼至，乃孝子之道。故严威俨恪，使人望而畏之，是成人之道，非孝子之道也。"孝子由于对亲人具有由衷的敬爱之心，所以在祭祀中一方面会表现出和婉温顺的神色，另一方面又会显示出十分沉重而小心翼翼的样子。至于那种严肃而庄重的神情，那只能是成年人平日的仪容而已，不应只是孝子侍奉父母所具有的。班固《汉书·谷永传》："骨肉大臣有申伯之忠，洞洞属属，小心畏忌。"魏源《曾子章句序》："对门洒扫应对，可以精义入神，况洞洞属属执玉奉盈者乎？"

"不东以西,不南以北,弗贰以二,弗叁以三。"张栻在《主一箴》的小序中说:"伊川先生曰:'主一之谓敬。'又曰:'无适之谓一'嗟乎求仁之方孰要乎此?因为箴,书于坐右且以谂同志。"张栻是把自己的文章当作座右铭的,而文章的内容,可以说是一个"敬"字。

张栻的《主一箴》主要是强调"主一",把程颐的"主一之谓敬",阐释得入木三分。朱子的《敬斋箴》则加以深入、进一步论述如何"主一"。尤其值得称道的是朱子在这篇短文中写出了两个妙不可言的警句:

> 不东以西,不南以北。
> 弗贰以二,弗叁以三。

这两个乍一看有点怪怪的句子,实在是揭示了"敬"字"主一"的奥义。

所谓"不东以西,不南以北",是说,不要在向东的时候转而向西,也不要在向南的时候转而向北。

这是什么呢?这是"主一"。

所谓"弗贰以二",是说,在做一件事的时候,不要插进第二件事,"贰"是个动词,谓插以贰,"二"是名词,指插进来的第二件事。"弗叁以三",是说,非但不可参插第二事,亦不可参插第三事。"叁"有两解,一通"掺",谓掺杂;二通"三",作动词用,犹言"弗贰"。

这是什么呢?还是"主一"。

朱子的"敬"字,含五、六意,但最主要的一个意思是"主一"。"主一"就是专一、纯一,就是专心致志,心无旁骛。看看朱子如何说:

> 敬是始终一事。(《朱子语类》卷十二)
>
> 敬莫把做一件事看,只是收拾自家精神专一在此。(《朱子语类》卷十二)
>
> 今人若能专一,此心便收敛紧密,都无些子空缺,若这事思量未了,又走做那边去,心便成两路。(《朱子语类》卷十七)
>
> 心若走作不定,何缘见得道理?如理会这一件事未了,又要去理会那事,少间都成无理会。须是理会这事了,方好去理会那事,须是主一。(《朱子语类》卷一百十五)
>
> 敬,只是此心自做主宰处。(《朱子语类》卷十二)
>
> 敬者,守于此不易之谓。(同上)
>
> 读书须是专一,读这一句,且理会这一句;读这一章,且理会这一章。须是

见得此一章彻了，方可看别章，未要思量别章别句……前辈云："读书不可不敬。"敬便精专，不走了这心。(《朱子语类》卷十)

为学须是专一。(《朱子语类》卷八)

圣人也不是不理会博学多识，只是圣人之所以圣，却不在博学多识，而在"一以贯之"。今人有博学多识而不能至于圣者，只是无"一以贯之"。(《朱子语类》卷四十五)

"毫厘有差，天壤易处。理人欲毫厘有差，是非千里，君子小人人品立分。品格既分，冰炭不相容，薰莸不相入，并蓄而交合，万万不可。"这句话的意思是说，外在的规范、内心的敬畏不能有一丝一毫的疏忽、差错，否则就会有天壤之别的差距，这与禅宗上的"毫厘有差，天地悬隔"有异曲同工之妙。"毫厘有差，天地悬隔"出自隋代禅宗三祖僧璨大师的《信心铭》："至道无难，唯嫌拣择，但不憎爱，洞然明白。毫厘有差，天地悬隔。"这告诉我们至少在禅宗的宗匠，是以为领悟至道，不能有毫厘之差的，有了毫厘之差，便会产生天远地远的距离和限隔，因为圣与凡、迷与悟，都是毫厘之差，会产生天悬地隔的结果。

世界上真的有这种毫厘不能差，差之毫厘，失之千里的事物吗？答案应该是肯定的。荀子便有这种观念。以行千里为目标，而有数步或一步未到，不能说到了目的地。以纪政小姐参加亚运为例，在距离终点线十几米因伤而跌倒，遂与二百米奖牌绝缘；以考试而论，六十分是及格分数，五十九分只一分之差，便不通过；高考确定了最低录取分之后，差一分便不录取。这都是毫厘有差，天地悬隔的明证。推而广之，是与非、成与败，君子与小人等，不都是毫厘有差，天地悬隔吗？球队一分之差，便是胜负的决定，田径赛分秒之差，尺寸之异，便定了高下，这些都是"毫厘有差，天壤易处"的明证。

"毫厘有差，天壤易处"是告诉我们应该时时保持敬畏来修身养性，不可有丝毫的疏忽，而不是要求我们事事都要做到毫厘无差，没有任何的差失，这是不可能的，也是不必要的，甚至是无趣味的。例如每餐吃一碗饭，如果每一碗饭都不能多一粒或少一粒；每天规定自己走一万步，每一步不能多一分或少一分；每天工作八小时，睡眠八小时，戏乐八小时，不能多一秒或少一秒；即使有人能信守不除，也是不必要的，更是无趣的。"小德出入可也"应系指此而言。至于"不知而以为知，不能而以为能，不是而以为是，不可而以为可，不悟而以为悟"，那就必须把握"毫厘有差，天壤易处"的原则了，不然则是非无别，贤奸不分，名实不符，则社会大乱，民无所措手足了。

须臾有间即"随时专一"，"敬不是万事休置之谓，只是随时专一，谨畏不放逸耳"（《朱子语类》卷十二）。朱熹还认为，敬是贯彻动静始终的工夫，不能说有事时当用敬，无事时当用静，更不能说敬不足以存养而只能用静。"如何都静得？有事须着应。人在世间，未有无事时节，要无事，除是死也。自早至暮，有许多事，不成说事多扰乱我，且去静坐。敬不是如此。若事至前面，自家却要主静，顽然不应，便是心都死了。无事时敬在里面，有事时敬在事上，有事无事，吾之敬未尝间断也。"（《朱子语类》卷十二）敬是最重要的存养工夫，不仅动时要做，静时也要做。静时收敛身心，动时也要收敛；动时随时专一，静时也要专一。总之，"敬字乃圣门第一义，彻头彻尾，不可须臾间断"（《朱子全书》卷二）。

正如退溪在《敬斋箴图》中所说"须臾之间以时言"，退溪强调片刻也不要间断，不要放松，才能做到"持敬"。退溪认为，道是无所不在的，如果每时每刻做不到存养省察的话，道自然会离心而去。他说的存养省察的道，也就是敬。静时以存养，动时以省察来保持其道，存养与省察不能分开，只能并进。因为道有如此的属性，所以时时刻刻都要做到戒慎、恐惧、慎独。

表里交正，就是要表里如一、内外合一。怎样才能达到这一境界呢？这就需要"敬以直内、义以方外"。

"敬以直内，义以方外"，出自《周易·文言传》。"敬"是立身之本，"义"是处世之则。"敬以直内，义以方外"是二程与朱熹思想的理论依据和基石。"敬"与"义"也可以说是程朱心性修养论的支撑点，是整个理学心性工夫论的最基本的理论框架。"敬"与"义"，在敬学说中占核心地位，它充分反映了理学的出发点和归宿，充分体现了本体与工夫的关系。用敬于内，行义于外，则身心交养，内外相摄。二程说："道之浩浩，何处下手？乃是体当自家敬以直内，义以方外之事实。"[1]"敬者，义之主宰，在内而言谓之敬；义者，敬之裁制，在外而言谓之义。"[2]"敬只是涵养一事，心有事焉，须当集义。只知用敬，不知集义，却是都无事也。"[3]二程认为，"敬"与"义"二者既有区别，又有联系。"敬"保证良心不外逸，操存本心或道心。所谓"直内"，是胸中彻上彻下，无纤毫委曲，无纤毫私意，襟怀坦荡，表里如一。"义"是正义的，符合道德的行为。所谓"方外"，是处理外事，裁制合宜，公平合理，方正无斜。总之，"敬"与"义"是一个问题的两个方面，紧密相连，相辅相成，不可截然分开的工夫。

朱熹比二程更重视"敬"与"义"的关系问题。为了把内心工夫与向外工夫

---

① 程颢、程颐：《二程遗书》（卷1），上海：上海古籍出版社，2002年版，第51页。

② （明）黄宗羲：《黄宗羲全集·第14册·明儒学案二》，杭州：浙江古籍出版社，2012年版，第601页。

③ 程颢、程颐，《二程遗书》（卷18），上海：上海出版社，2002年版，第230页。

结合起来，朱熹又提出了"敬义夹持"说，作为实现"内外合一"的重要途径。这也是朱熹主敬之说的独到之处。他说："敬有死敬，有活敬。若只守着主一之敬，遇事不济之以义，辩其是非，则不活。若熟后，敬便有义，义便有敬。静则察其敬与不敬，动则察其义与不义，……须敬义夹持，循环无端，则内外透彻。"① 所谓"敬"是指贯彻敬思想的基本原则，所谓"义"是指对基本原则的灵活运用。只注意基本原则而不能权变，就是"死敬"，根据具体情况而灵活地掌握原则，就是"活敬"。活敬则是主敬时便有义，行义时便有敬，"方未有事时，只得说敬以直内，若事物之来，当辨别一个是非，不成只管敬去。敬义不是两事"②。把基本原则与灵活性巧妙地结合，就是"敬义夹持"。总而言之，"须敬义夹持，循环无端，则内外透彻"。这里的"义"，是动词而不是名词，是方法而不是存在。强调内外工夫同时并用，这是朱熹的一贯思想。因此，他在谈到敬的同时，又提出"敬义夹持"的主张，避免只有内面工夫而忽视外面工夫。很显然，朱熹在敬义问题上，反对僵硬、死板的修养方法，提倡并强调与实际社会实际相联系的、有灵活性的活敬，以此作为实现内外合一、天人合一的重要途径。

　　主一无适是程颐主敬思想中最重要的内涵。程颐主敬思想主要表现为"主一无适"和"整齐严肃"。那么，到底何谓"主一无适"？它有以下两层意思。第一层意思："主一"就是专心致志，"无适"就是心无旁骛。程颐说："所谓敬者，主一之谓敬；所谓一者，无适之谓一。且欲涵泳主一之义，一则无二三矣。"（《二程遗书》卷十五）一个人要想实现自身修养，就必须精神专一，不能同时考虑很多事。换言之，就是人心不可二用，不能三心二意。程颐认为，这就是主敬思想的基本工夫和主要方法。第二层意思：要使内心始终保持不偏不倚的绝对的中和状态。他说："敬只是主一也，主一，则既不之东，又不之西，如是则只是中。既不之此，又不之彼，如是则只是内。存此，则自然天理明。"（《二程遗书》卷一）主一无适，就要人心在腔子里面，心中无事。正如禅宗"云在青天水在瓶"，要求人心在一处，不要散乱。对于禅宗和程颐的不同，钱穆先生有一个比较："禅宗惺惺寂寂，系心一处，使不散乱，大体只是看重一个当下，一个现前。当下现前，刹那变灭，此心亦刹那变灭。所以系心一处，等于无系无着。其次，则打叠一切，专系在一念上，待得此念纯熟，忽然脱掉，则仍落无住无念境界，这就是参话头工夫。程门所谓得主一，乃把事字换去当下字，故要字现前当下境上去主一个天理。"③ 那么主一就不是专系在一念上，而是只在一切念上主一个天理。所以，敬字

　　① 朱熹：《朱子语类》（卷12），北京：中华书局，1994年版，第210页。
　　② 朱熹，《朱子语类》（卷12），北京：中华书局，1994年版，第210页。
　　③ 钱穆：《中国学术思想史论丛（五）》，合肥：安徽教育出版社，2004年版，第115页。

就是要人在当下心体上下手。

退溪继承了程颐的"主一之谓敬，无适之谓一"的观点。"敬者，何也？主一之谓也。"①退溪认为，"主一无适"是敬思想的最基本的工夫和主要方法，应全心全意地实践这一工夫。所谓"主一无适"就是使心专一于一件事，退溪在解释"主一无适"时做了如下比喻："就一图而思则当专一于此图，而如不知有他图，就一事而习则当专一于此事，而如不知有他事。"②退溪在《圣学十图》的第九《敬斋箴图》中说："敬须主一，初来有个事，又添一个，便是来贰他成两个，元有一个，又添两个，便是叁他成三个，须臾之间以时言，毫厘之差以事言。"退溪强调片刻也不要间断，不要放松，才能做到"主一"。这里的"一"表示时间的持续性和事情的一贯性或无差别性。只有"主一"才能入道。退溪认为，无所不在的道，跟"一"有相通的属性。他在《圣学十图》的第十《夙兴夜寐箴图》中说："夫道之流行于日用之间，无所适而不在故，无一席无理之地，何地而可辍工夫，无顷刻之或停故，无一息无理之时，何时而不用工夫故，子思子曰，道也者，不可须臾离也，可离非道也，是故，君子戒慎乎其所不睹，恐惧乎其所不闻，又曰，莫见乎隐，莫显乎微故，君子慎其独也，此一静一动随处随时，存养省察交致其功之法也，果能如是，则不遗地头，而无毫厘之差，不失时分，而无须臾之间，二者并进作圣之要，其在斯乎。"退溪认为，道是无所不在的，如果每时每刻做不到存养省察的话，道自然会离心而去。他说的存养省察的道，也就是敬。静时以存养，动时以省察来保持其道，存养与省察不能分开，只能并进。因为道有如此的属性，所以时时刻刻都要做到戒慎、恐惧、慎独。我们可以看出，戒慎、恐惧、慎独的概念是从"主一"派生出来的。退溪还说："心为万事之本，性为万善之原，故先儒论学，必以收放心养德性为最初下手处，乃所以成就本原之地，以为凝道广义之基，而其下功之要，何俟于他求哉？亦曰主一无适也，曰戒慎恐惧也。主一之功，通乎动静；戒慎之境，专在未发。二者不可厥一。"③他认为，戒惧、恐惧、慎独之类是未发时的敬工夫，而"主一"是通贯动静的工夫，不管是未发、已发，都得以"主一"的工夫来贯通。理解退溪的"主一无适"说时，还有一点我们不能忽视，那就是，他的"主一无适"有专一或纯一、唯一的意思，但这并不代表着对事情过于执着或拘泥于某一件事不放。退溪曰："惟非着意非不着意之间，照

---

① 贾顺先：《退溪全书今注今译》（卷10），《答虑伊齐》，成都：四川人民出版社，1995年版，第25页。

② 贾顺先：《退溪全书今注今译》（上册），成都：四川人民出版社，1995年版，第197页。

③ 蔡茂松：《韩国近世思想文化史》，台北：东大图书股份有限公司，1995年版，第331页。

管勿忘。"① 这里的"着意"就是指"执着""拘泥"。"主一无适"贯动静，有其灵活性，在执着与不执着之间应把握好其"度"。"主一无适"的实践应保持轻松、自由而活泼的精神状态，不宜过分执着。

李退溪虽然继承了程颐的"主一无适"之说，但二者的观点有其不同之处。程颐的"主一"是"敬"，而"主一"之"一"是"诚"。他说："主一者谓之敬，一者谓之诚，主则有意在。"(《二程遗书》卷 27) 敬可以解释为专一，而诚则不可。诚本身谓之一。主于一，就是主于诚，但诚是天人合一的境界，诚敬相连，说明敬并不是一般的专一，而是主体自身实现，自我超越，实现"天人合一"的重要方法。但退溪则认为："主一之一，乃不二不杂之，亦专一之一，非指诚而言，但能则诚矣。"② 他还说："敬即所谓能也，一则所能之谓也。""夫一在天曰诚，在人曰敬。""诚者天之道也，诚之者人之道也，学者之所当自强也，而欲自强以进于诚，岂有他哉，亦惟用力于敬而已。"③ 按退溪所说，他的"主一"之"一"不是诚，是"不二不杂"的"专一"的"一"。可见，退溪所说的"主一"之"一"与程颐所说的"主一"之"一"是有区别的。但，敬则诚，这一点是相同的。"诚"属于本体的范畴，"敬"属于工夫的范畴，"诚"是道德本体，"敬"是修养工夫，"诚"是由"敬"来实现的。"敬"的工夫，完全是从道德自律出发，自觉提高自己，警策自己的心性修养方法，是以"诚"为其目的的。

《敬斋箴图》说解

就人类主体的根本存在原理而言，是"心"，"核心是人"，"实质是人学"，其实质都是围绕"心"而展开的。人类活动的一切都与"心"有关。正如恩格斯所说的"推动人去从事活动的一切，都要通过人的头脑"。"心"在退溪那里显得极为重要，必须以"敬"的态度来控制"心"，主宰"心"，退溪认为在心之外没有完成自我人格的原动力，完全靠人们自己来修养。这是"敬"成为退溪思想核心的根本所在。退溪曰："兹十图皆以敬为主。""敬者彻上彻下，著工收敛，皆当从事而勿失者也。"亦即以"敬"一以贯之，故此十图自然成为退溪主敬思想的心学体系。"故退溪之学，心学也，退溪之心学，即退溪圣学之所在。"

---

① 贾顺先：《退溪全书今注今译》(卷 14)，《答南时甫别幅》，成都：四川人民出版社，1995 年版，第 2 页。

② 贾顺先：《退溪全书今注今译》(卷 29)，《答金而精》，成都：四川人民出版社，1995 年版，第 13 页。

③ 贾顺先：《退溪全书今注今译》(卷 10)，《答虑伊齐》，成都：四川人民出版社，1995 年版，第 293 页。

　　心为一身之主宰，敬则为一心之主宰，因此，李退溪以《敬斋箴图》为第九图。不仅如此，在第八《心学图》中居上半部的"心"字到了第九图被王柏置于正中央，并以放大的篆体显示。在未有人体解剖学的古代中国，造此象形文字者是如何造出此一符合解剖学之心形的"心"字，实在颇堪玩味。敬斋箴图将"心"字放大（约其他字体十倍大），显然为了强调"心"，王柏觉得放大十倍还不够，还要以更接近原始象形文字的篆体示之，并加画一个圆圈。这圆圈并非表示"心"是封闭的主体，而是凸显其专一贞定的特性。"心"本意即是中，天地万物之中是人，人之中是心，于是王柏巧妙地将"心"置于图中央。

　　圆圈和由"心"所辐射出去的线条，则"象征"着"心"和这些言行、事物之间的关系，显然那是中央主宰周边的关系，因为字体大小已显示其间的主从关系。概念之间的关系正是靠这些几何造型得以建立和显现的。

　　就观者的角度言，首先一定被置于正中央的"心"字所吸引，接着就可以自由观赏。挚虞所谓"纵横有义，反复成章"之意在此。然"纵横有义"的"义"则以辐射线所示的小字写成，这部分内容较为丰富，这些部分即是一般书写文字，虽仍是广义的象形文字，但不若篆体字鲜明。这些由一般书写文字写下的生活细节上的修行正好符合一般书写文字的日常性与平常性。

　　第九图在行为空间上（即场所）规定了"敬"的细目，而第十图则在行为时间上规定了"敬"的细目。可见，第九图和第十图相辅相成。"敬"是随时随地都必须实践贯彻的。

　　考察"敬"含义的四条目，如果说"主一无适""常惺惺""心收敛不容一物"三条目，是治主观内心的治心之法，那么，"整齐严肃"则是对客观外貌的制约。即"敬"的含义可能从"内"与"外"两方面来把握。然而，说"敬"的含义从内外两方面规定并不能认为两者是分离的个别的东西。

　　著名的日本学者宇野哲人在分析朱熹的"敬"论时也指出了"敬"的这种两面性。他以朱熹的"须动容貌整思虑，则生敬已而，曰各说得一边"说和"心无不敬，则四体自然收敛"说及"坐如尺，立如齐，头容直，目容端，足容说，手容恭，口容止，气容肃，皆敬目也"（《朱子语类》卷十二）为根据，指出朱熹从内外两方面论说"敬"的含义。宇野哲人以方"外"乃直"内"之路，直"内"乃方"外"之路的方式解释朱熹"敬"的内外两面说（参照宇野哲人：《支那哲学史·近世儒学》）。

　　也就是说正肃外貌是使内心主一的途径，能使内心主一的是正肃外貌之路。朱熹以包括内外、统一表里的原理设想"敬"。如果说省察是"敬"之内的工夫，那么，静坐是"敬"之外的工夫。因而，朱熹的"敬"是除人欲，保天理，已发之前进行存养以保存心中之性，已发之后获得所有治心之法的根本原理。朱熹的"敬"论大部分由退溪继承。

如果说第八《心学图》"以见圣学心法"，[①]那么，《敬斋箴图》便"为圣学之始终"[②]如何做到敬，敬的具体规定是什么，都需要做出回答，以便人们有所遵循，有一个尺度。持敬就是主体心的主一无适。从持敬的静弗违来说，便是正其衣冠，尊其瞻视，潜心以居，对越上帝；从动弗违来说，便是足容必重，手容必恭，择地而蹈，折旋蚁封。这构成了动静弗违。弗违是主体心对于客体敬的被动接受。自持敬表交正而言，便是"出门如宾，承事如祭，战战兢兢，罔敢或易"；自里交正而言，便是"守口如瓶，防意如城，洞洞属属，罔敢或轻"。这构成了表里交正。交正是主体"心"对于客体"敬"的主动适应。虽然心有间、有差，但只要心敬，而依照"静动弗违，表里交正"的规定来体玩敬省，日用实践，就能消除有间和有差。

①　韩国成均馆大学：《增补退溪全书》（第1册），《圣学十图》，首尔：成均馆大学校大东文化研究院，1978年版，第208上页。

②　韩国成均馆大学：《增补退溪全书》（第1册），《圣学十图》，首尔：成均馆大学校大东文化研究院，1978年版，第210上页。

第十 夙兴夜寐箴图

概　述

　　第十图命名为"夙兴夜寐箴图"，是退溪先生根据陈柏的《夙兴夜寐箴》而作的。《夙兴夜寐箴》共计 52 句 208 字，收入《四库全书》子部。陈柏字茂卿，号南塘，人称南塘先生，天台（今属浙江）人。遍检史书，难以发现陈柏的具体事迹，亦不知其确切的生活年代。《宋诗纪事》卷 77 收录其诗一首："携书入空山，几若与世绝。俯仰一室间，颇见古人别。良朋令人思，思君意弥切。食芹差自甘，那得共君啜。"小注曰："柏，字茂卿，号南塘。"元代的吴师道在《吴礼部诗话》中说："鲁斋王先生，既录天台陈南塘柏茂卿《夙兴夜寐箴》，遗其友叶通斋……"根据记载，《夙兴夜寐箴》的作者是陈柏。另，元人程端礼《读书分年日程》收录《夙兴夜寐箴》全文，程氏曰："又如程子四箴，朱子敬斋箴，西山夜气箴，当熟玩体察，外有天台南塘陈先生（名柏，字茂卿）《夙兴夜寐箴》曰：鸡鸣而寤，思虑渐驰……念兹在兹，日夕乾乾。昔金华鲁斋王先生（名柏，字会之）以为此箴甚切实受用，以教上蔡书院诸生，使之人写一本，置坐右。又云养以夜气足以证西山之误。"[①]

　　至明代，有一个叫高濂的人著有一本养生著作，即《遵生八笺》，该书亦收录了《夙兴夜寐箴》全文，书中载："陈茂卿夙兴夜寐箴，为吾人一日修行短度，当熟读之。箴曰：鸡鸣而寤，思虑渐驰……念兹在兹，日夕乾乾。"[②]明代还有一位叫宋濂的文人在其文《题朝夕箴后》对《夙兴夜寐箴》有更为详细一些的记述，文中说："右《朝夕箴》一名《夙兴夜寐箴》，凡二百八字，南塘先生陈公之所撰也。先生讳柏，字茂卿，台之仙居人。与同邑谦斋吴梅卿清之，直轩吴谅直翁父子游，而深于道德性命之学。盖自谦斋从考亭门人传其遗绪，而微辞奥旨尧生得

---

　　① （元）程端礼：《文渊阁四库全书》，《读书分年日程》（卷 1），北京：商务印书馆，2005 年版。
　　② （明）高濂：《文渊阁四库全书》，《遵生八笺》（卷 2），北京：商务印书馆，2005 年版。

之为多。当时有愧堂郑雄飞景温，辈行虽稍后，而事先生为甚谨。人以其学行之同通，以四君子称之。今观先生之著此箴，本末明备，体用兼该，非真切用功者当不能为是言。乡先正鲁斋王柏会之读而善焉，以教上蔡书院诸生，使人录一本置于座右。则其所以尊尚者为何如哉！呜呼，前修日远，后生小子不知正学之趋，惟文辞是攻，是溺志，亦陋矣。濂故表而出之，并系先生师友之盛于其后，以励同志者云。"[1] 这段文字是关于陈柏和《夙兴夜寐箴》的最详细的记载了。根据宋濂所记，陈柏于道德性命之学造诣很深，与吴梅卿［字清叔，号谦斋，仙居（今属浙江）人］从朱熹学。宁宗嘉定十七年特科进士（《宋元学案补遗》卷69、清光绪《仙居志》卷13有传）、郑雄飞（字景温，号愧堂，仙居人。端平二年进士）以及宋季名士吴直轩号称"四君子"，可见陈柏在当时的文人圈里还小有名气。而且根据"其学行之同通"，吴梅卿学宗朱熹，故陈柏之学亦当与朱子学有渊源。

李退溪在《夙兴夜寐箴图》后有言："（《夙兴夜寐箴》）南塘陈茂卿所作，以自警者。金华王鲁斋尝主教台州（今浙江临海县）上蔡书院，专以是箴为教，使学者人人诵习服行。"

不少学者误把明代的陈柏当作《夙兴夜寐箴》的作者，则大谬矣。吴师道乃元代人物，所记当元代以前之人物，不可能记录明代的人物事迹。明代亦有一陈柏，字天坚，又字宪卿，沔阳人，嘉靖庚戌年的进士，历官按察副使，著有《苏山集》。这在《山西通志》卷79、《万姓统谱》卷18、《明诗综》卷49中皆有记载。

以上几则文献中提到的王鲁斋，是朱熹的三传弟子、南宋经学家王柏。王柏（1197—1274），字会之，初号长啸，后更号鲁斋，浙江金华人。根据史料，王柏特别欣赏陈柏的《夙兴夜寐箴》，以为"甚切实受用"，遂选定为上蔡书院的弟子规，让书院诸生人人诵习践行。元代程端礼在学案中将陈柏的《夙兴夜寐箴》与程子《四箴》、朱子《敬斋箴》、西山《夜气箴》并列。

李退溪根据《夙兴夜寐箴》创作了《夙兴夜寐箴图》，并将其作为《圣学十图》的第十幅图。该图以"敬"为中心，"敬"是这幅图的核心范畴，讲的是持敬修养的工夫与敬在日常生活行为细节上的表现，按照一天中不同的时间段来讲敬的行为规范。譬如早晨醒来的思虑情感，省旧愆新和早晨起来的行为践履，虚明静一，然后读书应事，终日乾乾，夕惕若厉。从鸡鸣而寤，到昧爽乃兴，从读书对越圣贤到应事则验于为，再从日间动静循环、修养性情到晚上日暮人倦、心神归宿，都做了细致的修养规定。如此，则日夜皆在修身涵养，无时不在用工夫。

---

[1] （明）宋濂：《文渊阁四库全书》（卷20），《题朝夕箴后》《文宪集》卷12，北京：商务印书馆，2005年版。

《夙兴夜寐箴图》阐释

1. 夙兴夜寐

夙：早。兴：醒来。寐：睡。起早睡晚，非常勤奋。《诗经·小雅·小宛》："夙兴夜寐，无忝尔所生。"《诗经·卫风·氓》："夙兴夜寐，靡有朝矣。"

2. 鸡鸣而寤

鸣：鸣叫，打鸣。

寤：醒来，睡醒。《说文》："寤，寐觉而有言曰寤。"《诗·周南·关雎》："窈窕淑女，寤寐求之。"

3. 思虑渐驰

思：思想，考虑。《说文》："思，容也。"《书·洪范》："思曰容，言心之所虑，无不包也。"

虑：考虑、思虑。《说文》："虑，谋思也。"《诗·小雅·雨无止》："弗虑弗图。"

驰，向往，开启。《说文》："驰，大驱也。"《诗·唐风·山有枢》："弗驰弗驱。"《左传·宣公十二年》："车驰卒奔。"

4. 盍于其间

盍，何不。《玉篇》："盍，何不也。"

5. 澹以整之

澹：本义为水波摇动的样子，《说文》："澹，水摇也。"引申为恬淡，恬静、安然的样子。

整：整理，使整齐，使端正。《说文》："整，齐也。"

6. 或省旧愆

省：省察，反省。《说文》："省，视也。"《尔雅》："省，察也。"《论语·学而》："吾日三省吾身。"

愆：罪过，过失。《说文》："愆，过也。"《左传·哀公十六年》："失所为愆。"《诗·大雅·假乐》："不愆不忘。"

7. 或紬新得

紬：理出丝缕的头绪。《汉书·谷永传》："燕见紬绎。"注曰："引其端绪也。"

得：收获，心得。宋代王安石《游褒禅山记》："古人之观于天地、山川、草木、虫鱼、鸟兽，往往有得。"《南史·陶潜传》："开卷有得，便欣然忘食。"

8. 次第条理

次：使有次序。

第：次序。《小尔雅·广诂》："第，次也。"

9. 瞭然默识

瞭：通"了"，清晰，明白，了然。

识：记住。

10. 本既立矣

本：本义是树根，《说文》："本，木下曰本。"引申为根本，本体。《论语·学而》："君子务本，本立而道生。"汉代贾谊《论积贮疏》："今背本而趋末。"

11. 昧爽乃兴

昧：暗，不明，昧旦，拂晓，清晨还未完全明亮时。《广雅·释诂四》："昧，冥也。"

爽：明亮。《说文》："爽，明也。"《尚书·牧誓》："时甲子昧爽。"

兴：起来，起床。

12. 盥栉衣冠

盥：盥洗，盥漱。《礼记·内则》："咸盥漱。"

栉：梳子和篦子的总称，指梳头。《说文》："栉，梳比之总名也。"

冠：帽子。《说文》："冠，弁冕之总名也。"

13. 端坐敛形

敛：收拢，使端正。《说文》："敛，收也。"

14. 提掇此心

掇，拾取，用手端着。《说文》："掇，拾取也。"

15. 皦如出日

皦：古同皎，洁白，明亮。《说文》："皦，玉石之白也。"《诗·王风·大车》："有如皦日。"

16. 严肃整齐

严肃：庄敬，庄重，使人感到敬畏。

17. 虚明静一

虚：空，与"实"相对。《尔雅》："虚，空也。"

静：安静，宁静。《诗·邶风·柏舟》："静言思之。"

一：纯，专，专一。

18. 乃启方册

启：打开，开始。《说文》："启，开也。"

方册：简牍，典籍。《礼记·中庸》："文武之政，布在方策。"汉代蔡邕《东鼎铭》："保乂帝家，勋在方册。"唐代张九龄《贺赦表》："臣闻古之王政，虽在方册，将崇旧典，必俟圣君。"宋代程大昌《演繁露·方册》："方册云者，书之于版，亦或书之竹简也。通版为方，联简为册。"

19. 对越圣贤

对：面对，朝着。

越：助词，无义。《广韵》："越，于也。於也。"《尚书·微子》："越至于今。"

20. 夫子在坐

夫子：指孔子。

21. 颜曾后先

颜：颜回。曾：曾参，皆为孔子的学生。见《史记·仲尼弟子列传》。

22. 圣师所言

言：说的话。

23. 亲切敬听

亲：亲近，亲密。

切：热情关切。

敬：崇敬地。

24. 弟子问辨

辨：本义为辨别，判断。《说文》："辨，判也。"《小尔雅》："辨，别也。"这里可以理解为学生问询，老师为之辨析判断。也可作"辩"讲，通"辩"，指口头上争论。《商君书·更法》："吾闻穷巷多怪，曲学多辩。"《荀子·解蔽》："析辞而为察，言物而为辨，君子贱之。"《礼记·曲礼上》："分争辨讼，非礼不决。"

25. 反复参订

参：参考，参阅，用其他相关材料来研究。也指参悟、参透。

26. 事至斯应

至：到。《说文》："至，鸟飞从高下至地也。"《论语》："凤鸟不至。"

应：应付，回答，回应。

27. 则验于为

验：检验，验证。《战国策·齐策》："亦验其辞于正前。"《吕氏春秋·行论》："验之以理。"《后汉书·张衡传》："验之以事。"

为：行为。

28. 明命赫然

命：天命。

赫然：显赫，赫怒，帝王之威严。

29. 常目在之

常：长久不断地，时时地。

目：看到，认识到。

30.事应既已

应：应付，回应。

既：既然。

已：这样，已然。

31.我则如故

故：原来的样子。

32.方寸湛然

方寸：心神，心绪，心思。

湛然：淡泊，安然。《大戴礼记·四代》："金然湛然。"南朝·谢灵运《佛影铭》序："容仪端庄，相好具足，莫知始终，常自湛然。"隋代王通《中说·周公》："其上湛然，其下恬然。"阮逸注："湛、恬皆静。"

33.凝神息虑

息：停息，休息。《广雅》："息，安也。"《释言》："息，休也。"

34.动静循环

动静：运动与静止，行动与止息。《易·艮》："时止则止，时行则行。动静不失其时，其道光明。"东晋葛洪《抱朴子·行品》："动静无宜，出处莫可。"明代黄绾《明道篇》卷六："动静者，天地之气质也。"

循环：动和静循环往复。

35.惟心是监

监：监督、监察。《说文》："监，临下也。"《周礼·太宰》："立其监。"注："谓公侯伯子男各监一国。"《诗·小雅·节南山》："何用不监。"

36.静存动察

存：存养本心（免受外物诱惑干扰）。《孟子·离娄下》："以其存心也。"

察：体察。贾谊《道术》："纤微皆审谓之察。"

37.勿二勿三

勿二勿三：专心专一，不三心二意。

38.读书之余

余：剩下的，多出来的。《论语》："行有余力，则以学文。"

39.间以游泳

游泳：涵泳，濡涵，浸润。朱熹曾说："学者读书，须要致身正坐，缓视微吟，虚心涵泳，切己省察。"

40.发舒精神

发舒：抒发，伸展。舒：展开，伸展。《说文》："舒，伸也。"《广雅》："舒，展也。"

精神：指人的精气、元神、心神、神志。相对于形骸而言。宋玉《神女赋》："精神怳惚，若有所喜，纷纷扰扰，未知何意。"《吕氏春秋·尽数》："圣人察阴阳之宜，辨万物之利，以便生，故精神安乎形，而年寿得长焉。"东汉王符《潜夫论·卜列》："夫人之所以为人者，非以此八尺之身也，乃以其有精神也。"

41. 休养情性

情性：性为人之本心，性发而为情。《荀子·性恶》："故顺情性则不辞让矣，辞让则悖于情性矣。"《韩非子·五蠹》："人之情性，莫先于父母，父母皆见爱而未必治也。"

42. 日暮人倦

暮：傍晚，将尽，太阳落山的时候。《论衡·明雩》："暮者，晚也。"《庄子·齐物论》："朝三而暮四。"

倦：疲倦，倦怠。《汉书·司马相如列传》集注："倦，疲也。"

43. 昏气易乘

昏：昏聩，惑乱，糊涂。《书·大禹谟》："昏迷不恭。"《老子》第20章："我独若昏。"

乘：乘机，趁机。西汉贾谊《治安策》："乘今之时，因无之助。"

44. 斋庄整齐

斋：清心洁身。《说文》："斋，戒洁也。"也可解释为庄重，恭敬。宋玉《登徒子好色赋》："洁斋俟兮惠音声。"

庄：严肃，端庄，庄重。《论语·为政》："临之以庄，则敬。"

45. 振拔精明

振：振作，奋起。

46. 夜久斯寝

寝：睡，卧。《说文》："寝，卧也。"《礼记·曲礼上》："寝毋伏。"《论语·公冶长》："宰于昼寝。"

47. 齐手敛足

齐：通"斋"，清洁自身，庄重。《仪礼·士冠礼》："齐则缁之。"《左传·昭公十三年》："使五人齐，而长入拜。"

敛：收敛，归拢。《说文》："敛，收也。"《周礼·夏官·缮人》："既射则敛之。"注："敛，藏也。"

48. 不作思维

思维：思考，考虑问题。

49. 心神归宿

宿：停止并歇息。《说文》："宿，止也。"

50. 养以夜气

养：本义为供养，引申为修养、养心。

51. 贞则复元

贞、元：《易·乾》："元、亨、利、贞。"借指事物从开始到终结的过程，也可指代一天中从早到晚的过程。此句可理解为保养夜里的清明纯净之气，从夜晚到天明，昼夜循环，周而复始。

52. 念兹在兹

念：惦念，时刻想着。《说文》："念，常思也。"《诗·大雅·文王》："天念尔祖。"

53. 日夕乾乾

日夕，即日夜。乾乾，即自强不息。《周易·乾》："君子终日乾乾，夕惕若厉，无咎。"

翻译：

早上鸡叫时就醒来，使自己的思虑逐渐地恢复和放开，应在这个时候，恬静安定地整理自己的内心。或者反省检讨往日的过失，或者理出新的心得，以排列出条理次序，非常清楚地默默地记住它。这种根本既然已经确立，便应趁着天未全明之时立刻起床，穿衣服洗脸漱口，然后正坐敛形，以活动身体。使自己的心境，如刚刚升起的太阳一样纯洁明亮，庄严整齐，不胡思乱想而能安静专一，精神集中。于是便开始阅读典籍，面对着圣贤的教诲，好像孔夫子便坐在面前，颜渊和曾参他们站在一后一先一样。圣人所讲的话，倍感亲切并怀着崇敬的心情聆听。弟子们的询问与辩论，要反复再三地检验订正。事情出现了，则可以用所学的知识和方法去应对，更应该在自己的行为之中去实践和检验，应知道天命的威严，要常常看到这一点。事情的应对既然已经告一段落，而我则仍然如故，这样便应集中心的思虑能力，聚精会神地深入思考问题。动与静循环不止，只有心能主宰把握。静时要善于保存本心而不为外物引诱，动时心要能体察万物而不妄乱发作，特别要能专心致志地思考问题，切忌三心二意。读书之外的业余时间，在日常生活中涵泳性情，用以抒发自己的精神和陶冶自己的性情。日落黄昏的时候，人已开始疲倦，昏乱之气容易乘虚而入，这就更应该整洁自己的身心，振奋自己的精神。夜深之后，就应该及时入睡，收敛手脚。不再思考问题，使心神有所归宿。保养清明纯净的心中之气，从夜晚而回复到天明，周而复始，时刻记住这些，日日夜夜、自强不息。

《夙兴夜寐箴图》说解

第十图以"敬"为中心，以日夕朝暮一天中各个时间段为逻辑顺序，从读书和应事两个方面来讲日常行为中的修养工夫，具体而切近实际。

第十图与第九图《敬斋箴图》的主题都是"敬"，但内容并不重复，而是从两个方面来讲"持敬"修养。第九图在行为空间上（即场所）规定了"敬"的细目，而第十图则在行为时间上规定了"敬"的细目。可见，第九图和第十图相辅相成。"敬"是随时随地都必须实践贯彻的。关于前五图，本于天道，而功在明人伦，懋德业。关于后图，原于心性，而要在勉日用，崇敬畏。《圣学十图》的枢轴为第三小学图和第四大学图。上二图（第一，第二）是求端扩充，体天尽道极致之处，为小学大学之标准本原。下六图是明善诚身，崇德广业用力之处，为小学大学之田地事功。张立文先生在《退溪书节要》中说："总此十图，核心是人，因此，李退溪圣学，实质是人学，即学做圣人之学。《圣学十图》，就是学做圣人的纲领条目，修养方法，程序节次，标准规范，行为践履，情感意志等等。"[①]人类主体的根本存在原理而言，是"心"，"核心是人"，"实质是人学"，其实质都是围绕"心"而展开的。人类活动的一切都与"心"有关。正如恩格斯所说的"推动人去从事活动的一切，都要通过人的头脑"。"心"在退溪那里显得极为重要，必须以"敬"的态度来控制"心"，主宰"心"，退溪认为在心之外没有完成自我人格的原动力，完全靠人们自己来修养。这是"敬"成为退溪思想核心的根本所在。退溪曰："兹十图皆以敬为主。""敬者彻上彻下，著工收敛，皆当从事而勿失者也。"亦即以"敬"一以贯之，故此十图自然成为退溪主敬思想的心学体系。"故退溪之学，心学也，退溪之心学，即退溪圣学之所在。"

"敬"被伊川特别重视，到朱子时已得到比较大的扩展，内涵上比较丰富完整，成为贯穿圣学的主导。然而，二程和朱熹只是提出了"敬"在学圣人、学圣学中的重要性，并没有以"敬"为中心来构筑自己的哲学思想体系，更没有像《圣学十图》这样以严密的理论体系来体现"敬"的思想。朱熹之后300多年，这种主敬思想在朝鲜被退溪接受并构筑起了以"敬"为中心的理学哲学体系。这正是退溪哲学思想的特色，也是其对理学不可忽视的大贡献。

---

① 张立文：《退溪书节要》，北京：中国人民大学出版社，1989年版，第17页。

1. 退溪持敬思想之渊源

李退溪的学问，远宗孔孟，近法程朱。李退溪终身以朱子为宗师，继承和发展了朱子之学。李退溪接受性理学是从阅读《性理学大全》开始的。退溪自言："十九岁时，初得性理大全，首尾二卷试读之，不觉心悦而眼开，玩熟盖久，渐见意味，似得其门路矣。自此始知性理之学，体段自别也。"①无疑，退溪对此书的感触颇深，从此，他对朱子的书爱不释手。退溪还说："尝言性理大全太极图说卷，乃吾所启发人头处，敬斋篇，乃吾受用之地。"②就是说，李退溪以周敦颐的《太极图说》走上了为学之路，接受了朱熹的《敬斋箴》的敬的思想。李退溪43岁时，又获得《朱子大全》一书，并开始精心研究此书，则在50岁以后，前后六年半时间，撰写了《朱子书节要》。他的弟子鹤录回忆当时的情景说："先生家有朱子书写本一帙，卷帙甚旧，字画几刓，乃读而然也。……人或质疑问难，则必援是书而答之，亦无不合于事情，宜于道义焉。是乃实见得信得，及心融神会之所致，非靠书册询口耳之所可能也。若先生可谓善读书矣。"③这段话明确地说明退溪精研朱子书用功之深，工夫之认真。不仅自己个人一言一行，合乎朱子，人之质疑，也以朱子之言行为准。可见退溪认真读朱子书，已达心领神会之境。就《朱子大全》的内容而言，对退溪影响最大的则是"敬"之理论和持敬工夫。"居敬穷理""敬以直内、义以方外""敬贯动静""敬畏"等一系列敬思想无不体现在李退溪的持敬学说之中。

在《宋季元明理学通录》一书"序"中，退溪说："愚窃以为孔孟门人之于斯道，其浅深高下，有得有失，或只因师门教诲之言，抑扬进退之间而得之。考亭倡道，门弟子甚盛。今于诸子，亦当以是为法。大抵为是录者，非但欲知其人，欲因以明夫道学之要。"退溪指出该书之目的，不仅欲知朱子学以及朱子之门人，更重要的是以此"明夫道学之要"。从《宋季元明理学通录》所录之人物和退溪之评论看，退溪对朱子学中的重要人物，都有相当的了解，也都有相当深刻之评论。因此我们说，退溪思想深得朱子之意，朱子的思想当是李退溪哲学思想的基础。

对李退溪有很大影响的，还有宋真德秀撰、明程敏政附注的《心经附注》一书。《言行录》记载："先生尝游伴宫，是时初经己卯之变，人皆以学问为忌讳，日以戏谑为习，先生独敛然自持，动静言行，一遵规绳。见之者相与指笑，目之以

---

① 贾顺先：《退溪全书今注今译》（第4册），《退溪先生言行录》卷1，成都：四川人民出版社，1995年版，第169页。

② 贾顺先：《退溪全书今注今译》（第4册），《退溪先生言行录》卷2，成都：四川人民出版社，1995年版，第31页。

③ 贾顺先：《退溪全书今注今译》（第5册），成都：四川人民出版社，1995年版，第56页。

做许多模样。所交者惟金河西麟厚一人而已，尝访上舍姓黄人，始见《心经附注》，心甚爱之，授纸求得一本。其为注皆程朱语录，人见之或不分句读，惟先生闭门数月，沉潜反复，或验之践履之实，或察之义理之精，或以文义推之，或以他书考之，久久思量，自然心会。如有不得者，亦不强探力索，姑置一边，时复拈出。虚心玩味，故未有不洞然处。"① 李退溪非常注重继承圣人的学说，因此从中汲取了不少思想的养料。《心经》一书，是中国南宋哲学家真德秀（号西山，1178—1235年）所著。西山是朱熹的再传弟子，他对朱子推崇备至，曾说朱熹为"巍巍紫阳，百代宗师"。据《四库全书简明目录》记载，《心经》一卷，"集圣贤论心之格言，而以诸儒议论为之注，大指以正心为本，非慈湖之学，以心之精神为圣也"。所编的内容都是《书经》《诗经》《论语》《中庸》《大学》《乐记》《孟子》等儒家经典和理学家周敦颐、二程、朱熹的著作，精选有关强调"心"之妙用、"心"之重要的语录，又补注了程朱其他有关"心"之格言。到了明初，程敏政（1445—？）认为《心经》中的补注多有不尽意和不完整之处。因此，他自己对《心经》增补了许多新的条目和内容，增补后的书叫《心经附注》。它是一本专论"心"之学，以居敬工夫，涵养道心，抑制人心，助读书人达到治心工夫并达到做圣人之目的的书。《心经附注》是程朱理学——阳明心学之间过渡的产物，阳明心学后来因其空疏而被多数文人置之一边，随之，《心经》在中国思想界未曾被诸儒所重视。研究《心经附注》的人寥寥无几（据说时至今日在中国流传的《心经附注》仍然是朝鲜刻本），然而，这时期，此书在朝鲜引起了李退溪的极大兴趣，且一生深受其影响，《心经附注》成了李退溪一生爱不释手的宝贝。退溪说："吾得心经，而后始知心学之渊源，心法之精微，故吾平生，信此书如神明，敬此书如严父。"② 李退溪的弟子金诚一云："辛酉（1561年，退溪61岁）冬先生居陶山玩乐斋，鸡鸣而起，必诵一遍，谛听之，乃《心经附注》也。"③ 李退溪曾在51岁时，给友人的一首诗中咏道："文公平昔警门墙，主敬研几进室堂，若事真经与程注，指南应无叹之羊。"诗中的"文公"指朱熹，"真经"是真西山与《心经》，"程注"是指程敏政与《心经附注》。李退溪尊信《心经》，如神明，如严父，又能体之于身，验之于心，见之于行。其平居教人，亦以《心经》为先。退溪常与弟子相聚，共读《心经》，讲习讨论，疑难答问。退溪到了66岁，还作了《心经后论》。《心经后论》中说："混少游学汉中，始见此书，于逆旅而求得之，虽中以病废而有晚悟难成之叹，然其初感发兴起于此事者，此书之力也。故平生尊信此书，亦不在《四书》《近思录》

① 贾顺先：《退溪全书今注今译》（第5册），成都：四川人民出版社，1995年版，第553页。
② 贾顺先：《退溪全书今注今译》（第5册），成都：四川人民出版社，1995年版，第553页。
③ 贾顺先：《退溪全书今注今译》（第5册），成都：四川人民出版社，1995年版，第557页。

之下矣。"① 可见李退溪平生得力于此书,尊信此书,到老亦爱不释手。《心经附注》所言,不外乎敬,李退溪于《心经》,诵读吟哦,细细玩味,并身体力行。自从 33 岁得到《心经附注》,便开始沉潜反复,研读领会,51 岁所作的那首诗中所表现出的对此书的偏爱,以及弟子们回忆李退溪平日鸡鸣即起,背诵《心经附注》的情景,再加上退溪本人 66 岁所作的《心经后论》,这些足以说明《心经附注》一书对于李退溪的治学有潜移默化之浸染,很大程度上影响了李退溪持敬学说的形成与发展,以及李退溪哲学体系确立。

2. 敬的体用关系

李退溪的持敬学说与其理气论、性情论有着密切的联系。因此我们可以通过分析李退溪的理气论与性情论来探究其持敬学说的价值论根底。

在理气的关系问题上,李退溪在继承"理一分殊"的基础上,提出了"理帅气卒""理贵气贱"的价值观。李退溪把重点放在理气的不杂之义上,主张理气二物论,即理气互发说。因此,"理帅气卒""理贵气贱"是李退溪理气论的最大特色。李退溪说,"理本极尊无对,命物而不命于物"②,理有至神妙用,即"本然之体,能发能生至妙用"③。李退溪为了在天道中找到理学道德价值观的合理的理论依据,给"理"以主宰的特性和尊贵的价值地位。理气关系表现为主与次、帅与卒、贵与贱的关系,退溪又认为理纯善,气兼善恶。因而理驭气是理为主而帅其气,理是纯善,气兼善恶,纯善之理帅气,则气的表现顺理而呈善。

从退溪著述上来看,退溪对朱子之理气论虽有精辟的阐释,但发挥并不多,而对朱子之性情论,有较大的发挥与创新。这种发挥与创新,依据朱子而又不同于朱子,是对朱子学的发展。所以退溪之心性学说,在儒学发展史上应该占有一个重要位置。李退溪的理气论直接表现在四端七情、道心人心说等的心性论之中。因为关于四端七情、道心人心说,李退溪是以理与气的关系、心兼理气的观点来解释的。李退溪在《圣学十图》的第六《心统性情图》中说:"四端七情,理发而气随之,自纯善无恶,必理发未遂而掩于气,然后流为不善。七者之情,气发而理乘之,亦无有不善,若气发不中而灭其理,则放而为恶也。"此实则四端七情俱落在气一边,理发未遂是掩于气,理发直遂是不掩于气,遂与不遂,俱在气一边;气发不中则灭其理,气发中则不灭其理,灭理与不灭理亦俱在气一边。故持敬治

---

① 贾顺先:《退溪全书今注今译》(第 4 册),成都:四川人民出版社,1995 年版,第 821—822 页。

② 贾顺先:《退溪全书今注今译》(上册),《答李子李天机书》,成都:四川人民出版社,1995 年版,第 354 页。

③ 贾顺先:《退溪全书今注今译》(上册),《答奇明彦别纸》,成都:四川人民出版社,1995 年版,第 464 页。

气，使气不走，依理而行。李退溪在完全接受朱熹道心人心之说的基础上提出了人心为人欲之本，人欲为人心之流，人心先人欲后即人心包容人欲，人心与人欲并非二物的思想。他认为，人心分为道心与人心，道心主于理，人心主于气；人心为七情，道心为四端。按照退溪的"理帅气卒""理贵气贱"的理论，道心应支配、节制人心，人心应受道心的支配，以此才遏制人欲、扩大道心，并且应以人心来显现道心，即"存天理、遏人欲"。由于心兼理气，心统性情，因此以心为主宰，就能做到"存天理、遏人欲"，达到"天人合一"的道德最高境界。心是一身的主宰，而敬又是一心的主宰，因此"敬"作为心之修养方法，理所当然地成为"存天理、遏人欲"的最佳修养工夫。

李退溪认为如果深刻地觉悟这个"理一分殊"之说，那就能够与天地万物成为一体，因而，作为圣学目的的人的实践也就切实地显现出效果来，不仅如此还能避免陷入无差别的平等主义和个人主义。人都是同胞，人和人都是个别的，这个逻辑便成了作为爱之理的仁。仁只有在人心中觉悟、体会爱和理时才能使人之主体的道德行为成立。李退溪在这里也把"持敬"当作觉悟体会的根据。因为在这里他也要贯彻"《圣学十图》皆以敬为主"的大前提。依靠"敬"去获得作为爱之理的仁的觉悟，心成为爱之理本身这件事，正意味着这种活动，所以这是"敬"之用。这里同样也不能不明言"敬"具有本体和用的两面性质。

李退溪曾在回答弟子李宏仲的提问时，对"敬"的本体与用的关系说："若是心静地处于严肃之状态，那就是所谓敬之体。若是心在动，却依然确实处于整备的状态，那就是所谓敬之用。""如果说敬的体与用能通过心（的状态）看到，这是可以的。但是，如果说敬的体、用就是心的（本）体、用，这就不可以了。"[①]"敬"的体与用归根结底要通过心（的状态）看，但却不是心的体、用自身。

3. 持敬的方法

退溪学说中对朝鲜儒学影响最大的地方就在于其"持敬"学说，由于特殊的历史环境与个人成长经历，以及《心经附注》等书的影响，退溪在接受程朱理学时，特别重视"敬"思想。退溪的思想还有一个较为显著的特色，即比起存在论，更注重人性论，而比起人性论来说，又更加注重存养论。退溪特别重视存养工夫，并且认为存养工夫的关键无疑就是"敬"。李退溪全面接受、继承二程与朱熹的"敬"思想的同时，也为发展"敬"思想做出了重大的贡献。他是韩儒中为弘扬、发展持敬学说出力最多、功劳最大的一位。李退溪把"敬"思想确定为自己思想

---

① 贾顺先：《退溪全书今注今译》（第2册），卷36，成都：四川人民出版社，1995年版，第234页。

中的中心地位，然后向着自己独创的方向发展。《圣学十图》后五幅图其实就是退溪关于"敬"思想的浓缩，尤其在后三图中，讲了"敬"的方法。

第一，围绕"仁"。退溪曰："盖圣学在龄求仁，须深体此意，方见得与天地万物为一体。"①圣学是求仁之学，而敬学是圣学的始终之要，那么我们也可以说，敬学是求仁之学。"持敬的心工夫即是为己之学，为己之学便是求仁复性的工夫。"②也就是说，以"敬"来存养的工夫，最终是为了求仁。因此，关于"敬"的一切活动都应围绕"仁"来进行。

第二，讲求持敬、居敬。"敬"是儒者的重要工夫，退溪先生终生以此为涵养之功，据称"先生自幼至老，不喜群居，独处一室，涵养本源"，对持敬有着自己独到的理解。其弟子记曰：

尝论持敬工夫。先生曰：如某者朝暮之顷，或有神清气定底时节，俨然肃然，心体不待把捉而自存，四肢不待羁束而自恭，谨意以为古人气象，好时必是如此，但不能持久耳。

德弘尝侍坐岩栖轩。先生曰："为学莫如先立其主宰。"曰："如何可以能立其主宰乎？"曰："敬，可以立主宰。"曰："敬之为说多端，何如可以不陷于忘助之病乎？"曰："其为说虽多，而莫切于程谢伊朱之说矣。但学者或欲做惺惺工夫，或欲做不容一物工夫，而先有心于寻觅，而或涉安排，则其不生揠苗之病者几稀，不欲助长而才不用意，则其不至于舍而不芸者亦罕矣。为初学计，莫若就整齐严肃者上做工夫，不容寻觅，不容安排，只是立脚于规矩准绳之上，戒谨于幽暗隐微之际，不使此心少有放逸，则久而后自然惺惺，自然不容不物，无少忘助之病矣。伊川尝曰：非著意，非不著意。朱子答张敬夫书，以敬为主，则内外肃然，不忘不助而心自存；不以敬为主而欲存心，则不免将一个心把捉一个心，外面未有一事时，里面已是三头两绪，不胜其扰矣。就使实能把捉得住，只此已是大病，况未必真能把捉得住乎！程朱此说切当明白，宜深味之。因云：动静兼举，表里俱该者，莫如程子所谓正衣冠，一思虑，庄整齐肃，不欺不慢之训，其可不服膺乎？"③

如何持敬，退溪不仅有实践，也有切身体会，在前贤的基础上，提出了许多

---

① 韩国成均馆大学：《增补退溪全书》（卷1），首尔：成均馆大学大东文化研究院，1978年版，第201页。

② 全斗河：《李退溪的存养省察论》上，《退溪学报》，第21辑，1979年，第32页。

③ 贾顺先：《退溪全书今注今译》（第17册），成都：四川人民出版社，1995年版，第10—12页。

独到见解，常发前贤之所未发，建立以"敬"为核心的哲学系统。他曾言："盖敬者，彻头彻尾。苟能知持敬之方，则理明而心定。以之格物，则物不能逃于吾之鉴；以之应事，则事不能为心之累，何难于格物？"①"居敬则常存于事物之中，令此敬与事物皆不相违。"②在退溪先生看来，敬不仅是个人道德修养的基本方法，也是格物之法，治事之要，穷理之本。敬，彻头彻尾，彻上彻下，无不弥漫周贯。敬是个人的一种高度的自觉，也可说是一种自我警觉，是良知的觉醒，是自我本心高度澄明之境，即古人所谓的惺惺然，这种境类于荀子所谓的虚一而静的"大清明"之境。敬，在东方文化尤其是儒家传统里，主要指向道德主体自身，不是指向一个外在的超越的上帝。当然，这种觉醒不是对个人私欲的自觉，也不是利害、祸福的趋避中进行选择，而是达到一种既有我而又无我，与物无对之境，这时的我，本心呈露，一片天机，与理合一。这就是退溪先生所谓"居敬则常存于事物之中，令此敬与事物皆不相违"的真实意义。

第三，讲求操持与涵养本心。他主张凡是为学，无论有事无事，有意无意，是动是静，都要以敬为主。他提出了"静而严肃，敬之体也，动而整齐，敬之用也"（《李子粹语》卷二）的命题。只有居敬，才能主一无适，动静不失。只有居敬，才能在思虑尚未萌发时，心体虚明，本领深纯；及至思虑已发，而义理昭著，物欲退听。然而居敬容易间断，因而必须有诚意。"敬是入道之门，必以诚，然后不至于间断"（《李子粹语》卷二），保持心体的平静，使之常在虚闲活愉的顺境中，也是操持涵养的要法。要懂得止，像《大学》所说，知止，即凡事适可而止，而后有定、静、安。要超脱，事无大小、善恶，都不放在心上，但求廓然而大公。要节苦，做工夫，勿欲速，勿过责，勿过伤。他把江山风月之赏，骑马咏物之诗，也看作居敬的工夫，他"每使诸生投壶，以观其德"。他自己每遇佳山丽水，则或携壶独往，命侣俱游，徜徉啸咏。把这看成开豁心胸，资养性情的事情。他反对"一心底工夫为主"（《李子粹语》卷二），以免堕于释，并反对一见心为物渍之害，遂谓事物为心害，而厌世求忘，恶动耽静，这样也会陷溺于佛老之域。

第四，敬要贯穿于人伦日用之中。李退溪对义理的解释也非常平实，切近日用伦常。他说："士之论义理，如农夫之说桑麻，匠石之议绳墨，亦各其常事也，……舍是又安从学为工农耶！"③又说："此理洋洋于日用者，只在作止语默之

---

① 李姚著，张立文主编：《退溪书节要》，北京：中国人民大学出版社，1989版，第427页。
② 贾顺先：《退溪全书今注今译》（第17册），成都：四川人民出版社，1995年版，第10—12页。
③ 贾顺先：《退溪全书今注今译》（第2册），《天命图说后叙》，成都：四川人民出版社，1995年版，第325页。

间，彝伦应接之际，平实明白，细微曲折，无时无处，无不然显在目前。"① 他对金明一也说："道在迩，而人不自察耳，岂日用事物之外，别有一种他道理乎？"② 从这里可以看出，他认为"道"只不过是日用事物的道理，所以又说："道体流行于日用应酬之间，无有顷刻停息。"③ 还说："洋洋乎日用间者，莫非天命之流行。"④ 他这里把天命和道体都落实到日用事物之间，这就没有什么神秘。他批评某些人说："今之问学之人，不知求道于平常中恰好处，辄先插脚于乖异中，晓崎处，竟致无望于循序入道，而反归于索隐行怪者，多甚可叹也。"⑤ 这番话应该说是切中时弊的。

在《陶山及门诸贤录》中，退溪说：

义理固有精深处，其独无粗浅处乎？事为固有紧酬酢，其独无闲酬酢乎？其关于吾身与吾心者，固切而当先矣。若在人在物者，其以为不切而可遗之乎？吾儒之学与异端不同，正在此处。孔门诸子识得此意，故《论语》所记，有精深处，有粗浅处，有紧酬酢处，有闲酬酢处。有切于吾身心者，有在人在物似不切于身心者。然何莫非道之一端。是书所取，如来喻所当先者，固已不胜其多矣。其或彼此往复之际，亦有道寒暄、叙情素、玩山游水、伤时闷俗等闲酬酢，似不切之语，间取而兼存之，使玩而味之者，如亲见先生于燕闲优逸之际，亲聆音旨于馨咳谈笑之余，则其得有道者气象于风范神采之间者，未必不更深于专务精深不屑不紧者之德孤而无得也。非独此耳，师友之义，如此其至重。惟其义重深情，情深故有许多周旋款叙之言。若以为非论义理，不切身心，而尽去之，则何以见古人师友之道若是其重且大乎！

他将朱子学的道理结合于人生日常生活之中，退溪强调片刻也不要间断，不要放松，才能做到"主一"。这里的"一"表示时间的持续性和事情的一贯性或无

① 贾顺先：《退溪全书今注今译》（第5册），《答南时甫》，成都：四川人民出版社，1995年版，第226—227页。

② 贾顺先：《退溪全书今注今译》（第5册），《金明一录》，成都：四川人民出版社，1995年版，第225页。

③ 贾顺先：《退溪全书今注今译》（第5册），《答郑子中》，成都：四川人民出版社，1995年版，第290页。

④ 贾顺先：《退溪全书今注今译》（第5册），《答申启叔》，成都：四川人民出版社，1995年版，第303页。

⑤ 贾顺先：《退溪全书今注今译》（第5册），《答李平叔》，成都：四川人民出版社，1995年版，第236页。

差别性。只有"主一"才能入道。退溪认为，无所不在的道，跟"一"有相通的属性。退溪在第十《夙兴夜寐箴图》后的缀语中说："夫道之流行转日用之间，无所适而不在故，无一席无理之地，何地而可辍工夫，无顷刻之或停故，无一息无理之时，何时而不用工夫故，子思子曰，道也者，不可须臾离也，可离非道也，是故，君子戒慎乎其所不睹，恐惧乎其所不闻，又曰，莫见乎隐，莫显乎微故，君子慎其独也，此一静一动随处随时，存养省察交致其功之法也，果能如是，则不遗地头，而无毫厘之差，不失时分，而无须臾之间，二者并进作圣之要，其在斯乎。"据此他主张"慎独"，要"一静一动，随处随时存养省察"，这就是主敬工夫。这就是要把天道流行于日用之间，"勉日用，崇敬畏"，通过人心的诚敬存省，再落实在行动上。退溪认为，道是无所不在的，如果每时每刻做不到存养省察的话，道自然会离心而去。他说的存养省察的道，也就是敬。静时以存养，动时以省察来保持其道，存养与省察不能分开，只能并进。因为道有如此的属性，所以时时刻刻都要做到戒慎、恐惧、慎独。我们可以看出，戒慎、恐惧、慎独的概念是从"主一"派生出来的。退溪还说："心为万事之本，性为万善之原，故先儒论学，必以收放心养德性为最初下手处，乃所以成就本原之地，以为凝道广义之基，而其下功之要，何候于他求哉？亦曰主一无适也，曰戒慎恐惧也。主一之功，通乎动静；戒慎之境，专在未发。二者不可厥一。"他认为，戒惧、恐惧、慎独之类是未发时的敬工夫，而"主一"是通贯动静的工夫，不管是未发、已发，都得以"主一"的工夫来贯通。

人的心里装有万事万物，因此受外在事物影响，人心就会发生各种变化，也自然会产生思虑。心由于受外物影响而不能保持安定。要避免这种情况，心就不能没有主。若是有了它，那就能主体地自觉地卫护和保持我之心，这种能成为主的东西就是"敬"。对于心学，李退溪强调穷理和力行的并行，换句话说，因心体的涵养和心用的扩充要相补，思和学、存养和穷理就处于不可分离的关系，所以穷理和力行并行。这样，心学的方法集中在敬，所以他强调通过不断的务实力行走向专一的重要性。专一的功效达到中和的极致，从而达到天地万物的培育，并且达到体得天人合一的妙理。这些都是在惧敬德行的专一下形成的。专一，就是主一，就是敬。李退溪特别引用程伊川的敬是圣学的始终的观点，认为没有敬，学问就不能取得成果，从而把敬看作心学的重要方法。从形而下学到行而上学，还有从修己的学问到治人的学问，敬是所有这一切的要谛。

理学非常重视心性的修养方法，"敬"是理学家们所提倡的一种心性修养方法，是达到理想人格的途径。道德本体与道德方法相结合的"圣人"是理想人格的标准。"敬"思想在中国传统哲学中源远流长，但先秦儒家只是把"敬"看作儒家道德修养的若干德目之一，并未把"敬"放在突出的地位。二程首先提出了"主敬"工夫说，朱熹则在二程"主敬"思想的基础上进一步明确地阐述了"敬"思想。朱熹以"居敬穷理"来表述二程的主敬理论，与二程相比，他提出了更具体、更全面、更深刻的"主一""敬畏""居敬穷理"等思想。李退溪是朝鲜李朝时代程朱理学的集大成者，他服膺程朱倡导的持敬学说，不遗余力地宣传和弘扬"敬"思想，在全面地继承"敬"思想的同时，也为发展"敬"思想做出了重大贡献。李退溪在接受传统儒学和新儒学的基础上，把"敬"之思想确定为自己哲学体系的核心地位，然后向着个性的方向发展。"敬"之思想贯穿于李退溪整个学术生涯中，晚年所作的《圣学十图》始终贯穿着"敬"之思想。他用"敬"之思想，将他的全部哲学思想构筑成独特的体系。因此，日本哲学家高桥进先生称李退溪的哲学为"主敬哲学"，该评论堪称。李退溪的持敬思想在"敬"之发展史中占独创地位，而且在理学发展史中乃至研究人类"心"之活动过程中，也具有其不可忽视的积极贡献和不可动摇的独特地位和作用。

附录：圣学十图

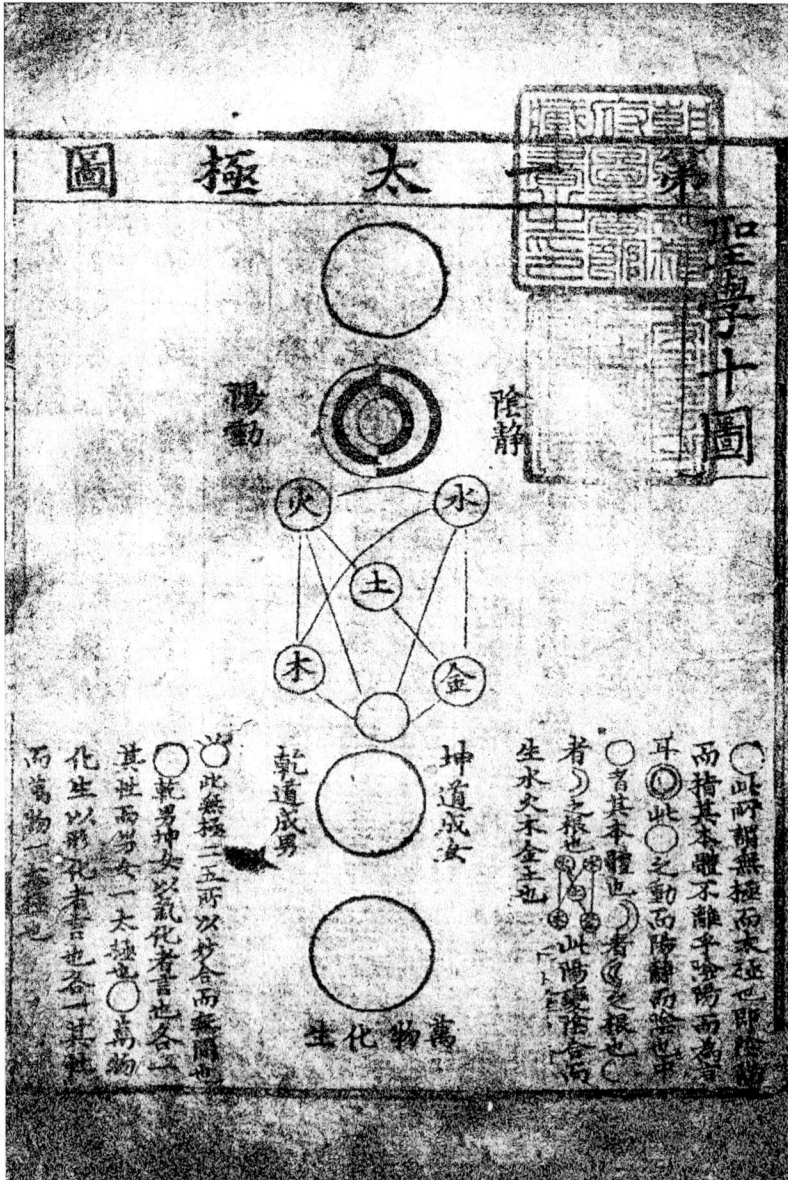

图 1　太极图

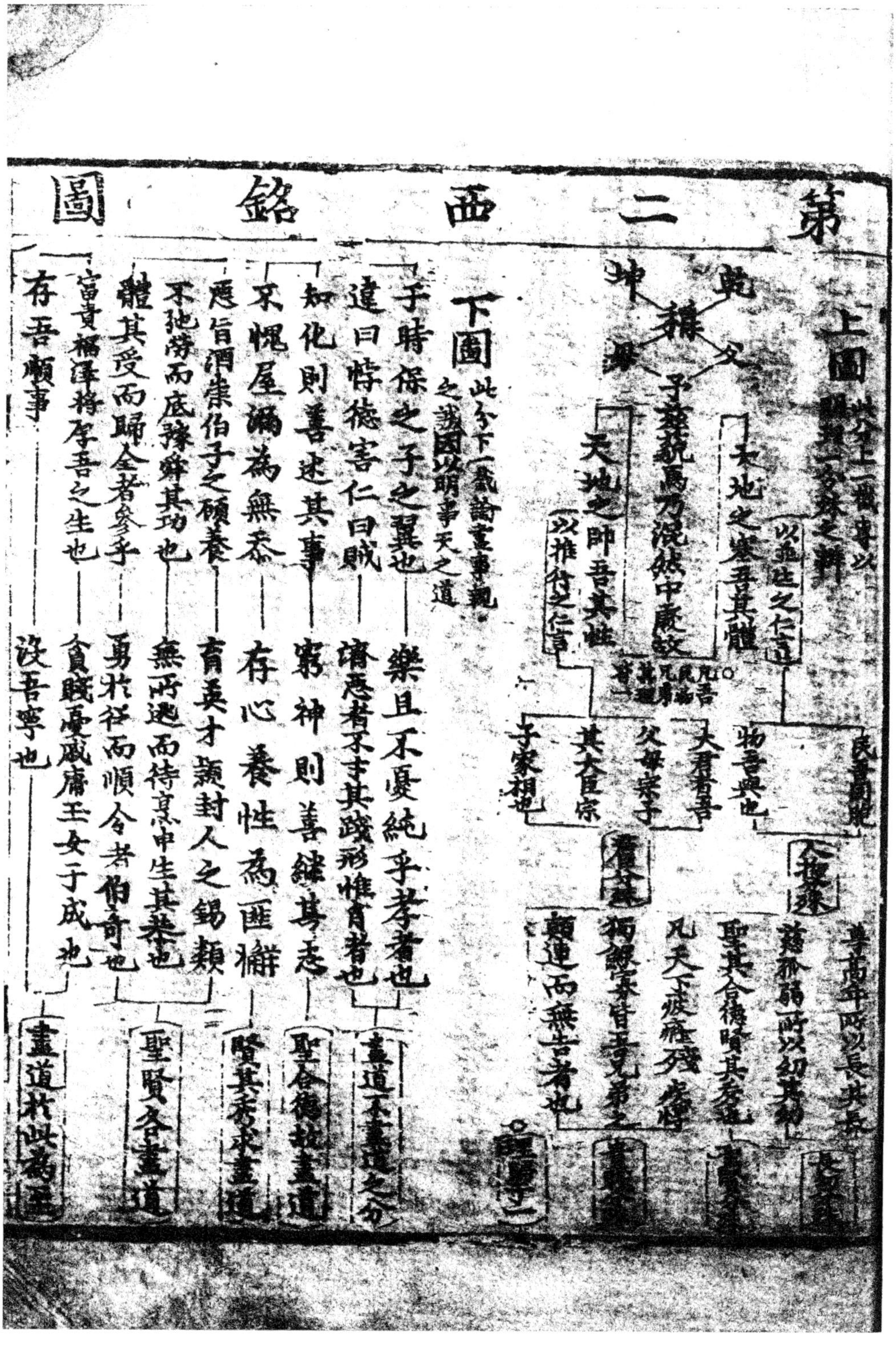

第二　西銘圖

上圖　〔以下明理一分殊之辨〕

乾稱父　坤稱母

予茲藐焉乃混然中處

天地之塞吾其體

天地之帥吾其性

民吾同胞

物吾與也

大君者吾父母宗子

其大臣宗子之家相也

尊高年所以長其長

慈孤弱以幼其幼

聖其合德

賢其秀也

凡天下疲癃殘疾惸獨鰥寡皆吾兄弟之顛連而無告者也

下圖　〔此以下親親事親之義以明事天之道〕

于時保之子之翼也

樂且不憂純乎孝者也

違曰悖德害仁曰賊

濟惡者不才其踐形惟肖者也

知化則善述其事

窮神則善繼其志

不愧屋漏為無忝

存心養性為匪懈

惡旨酒崇伯子之顧養

育英才潁封人之錫類

不弛勞而底豫舜其功也

無所逃而待烹申生其恭也

體其受而歸全者參乎

勇於從而順令者伯奇也

富貴福澤將厚吾之生也

貧賤憂戚庸玉女于成也

存吾順事

沒吾寧也

图2　西铭图

图 3　小学图

圖 學 大 四 第

明明德　本

新民　末

止至善

體

用

極則新新民

止至善

體用之標的

明明德　正

行

和行　知行　觀覽求得止至善之事

功夫

始

物格知至之效

四者自知止至結得之脈絡皆以效言

終

明明德新民皆得止於至善

心正　身脩　家齊　國治　新民得止至善之序

天平

明明德得止至善之序

物格　已知至善之所在

图 4　大学图

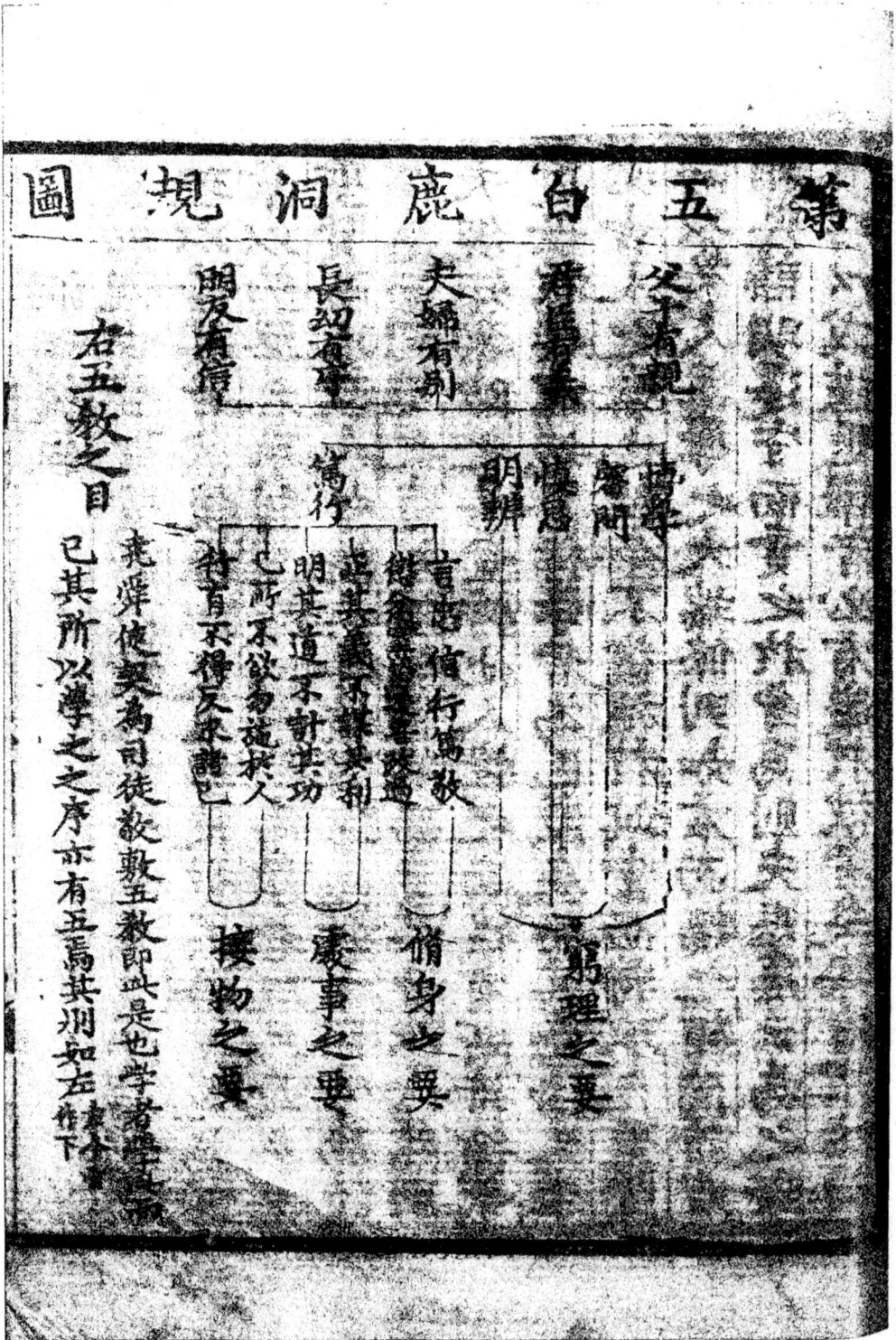

第五 白鹿洞规图

五教

父子有亲
君臣有义
夫妇有别
长幼有序
朋友有信

博学
审问
慎思
明辨
笃行

言忠信行笃敬
惩忿窒欲迁善改过
正其谊不谋其利
明其道不计其功
己所不欲勿施于人
行有不得反求诸己

穷理之要
修身之要
处事之要
接物之要

右五教之目。尧舜使契为司徒，敬敷五教，即此是也。学者学此而已。其所以学之之序，亦有五焉，其别如左。

图 5 白鹿洞规图

第六　心統性情圖

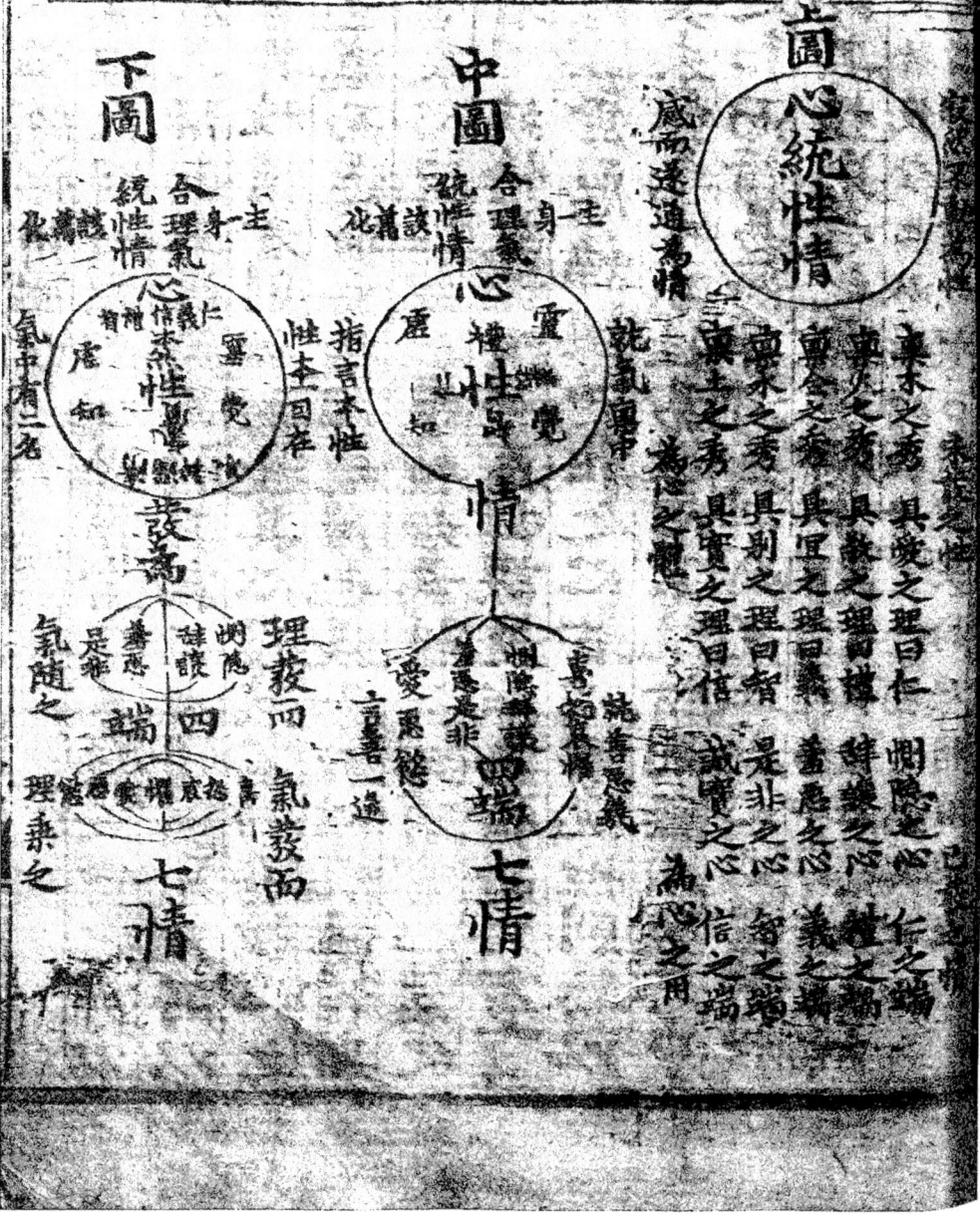

圖6　心统性情图

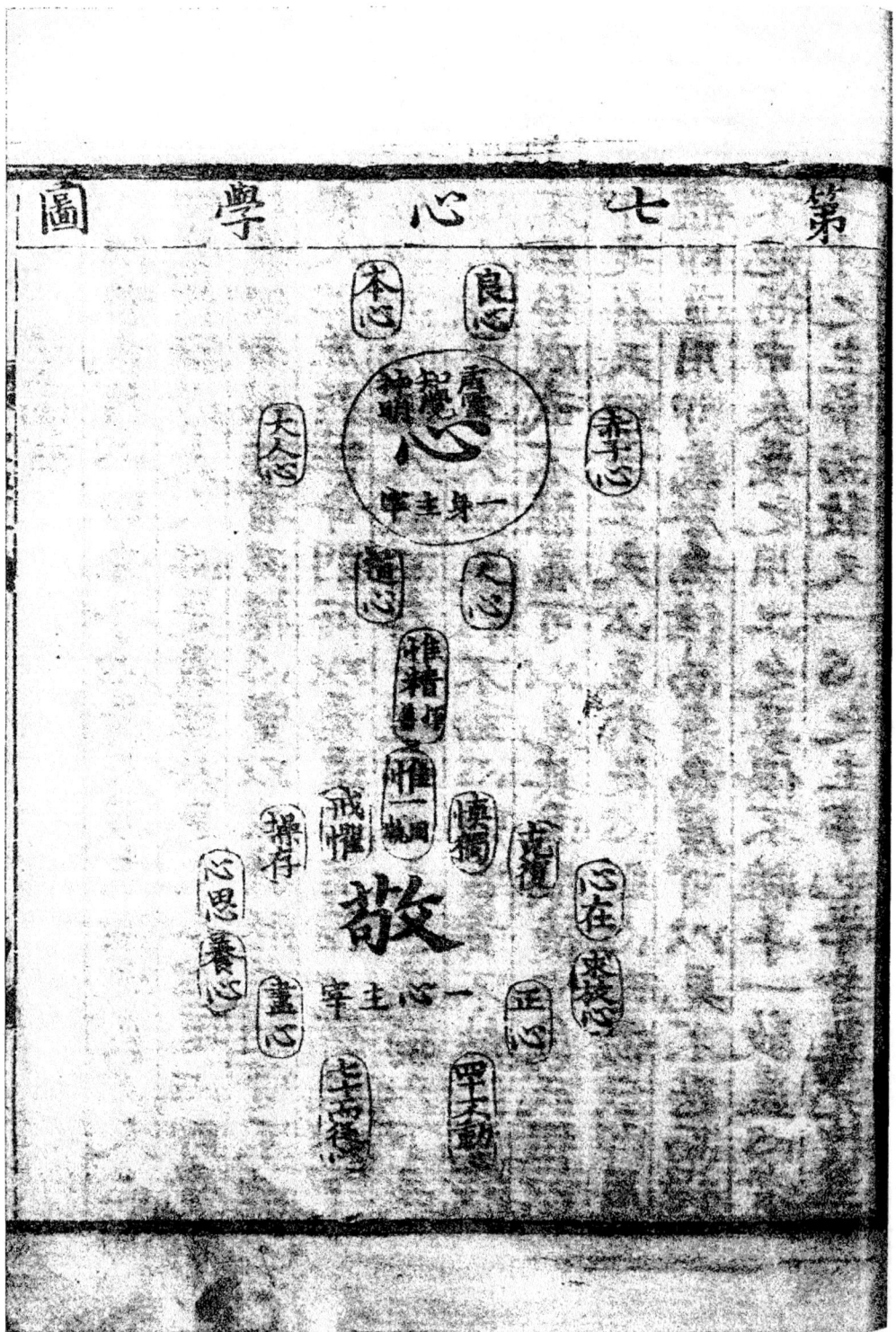

图 7　仁说图

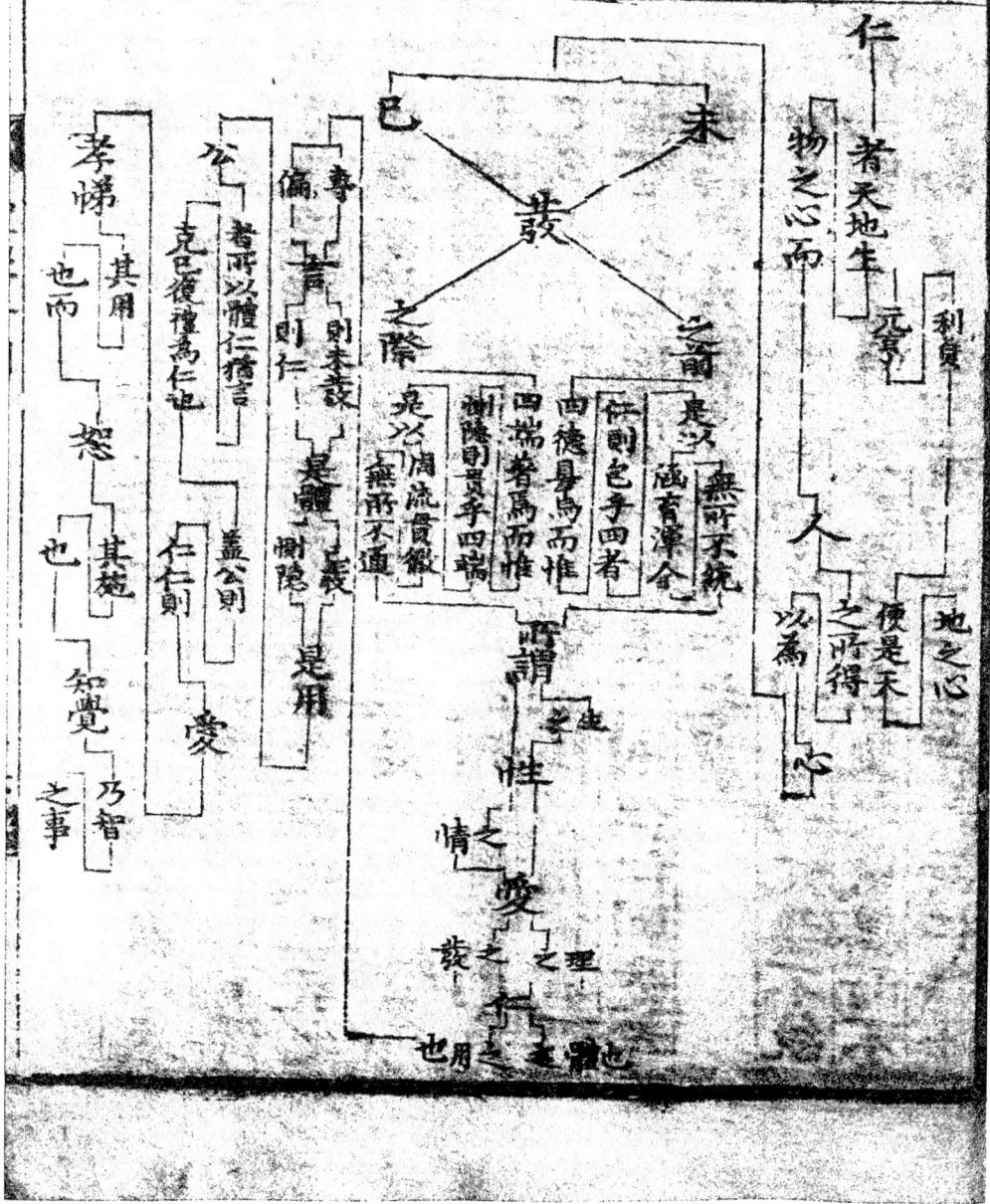

图 8　心学图

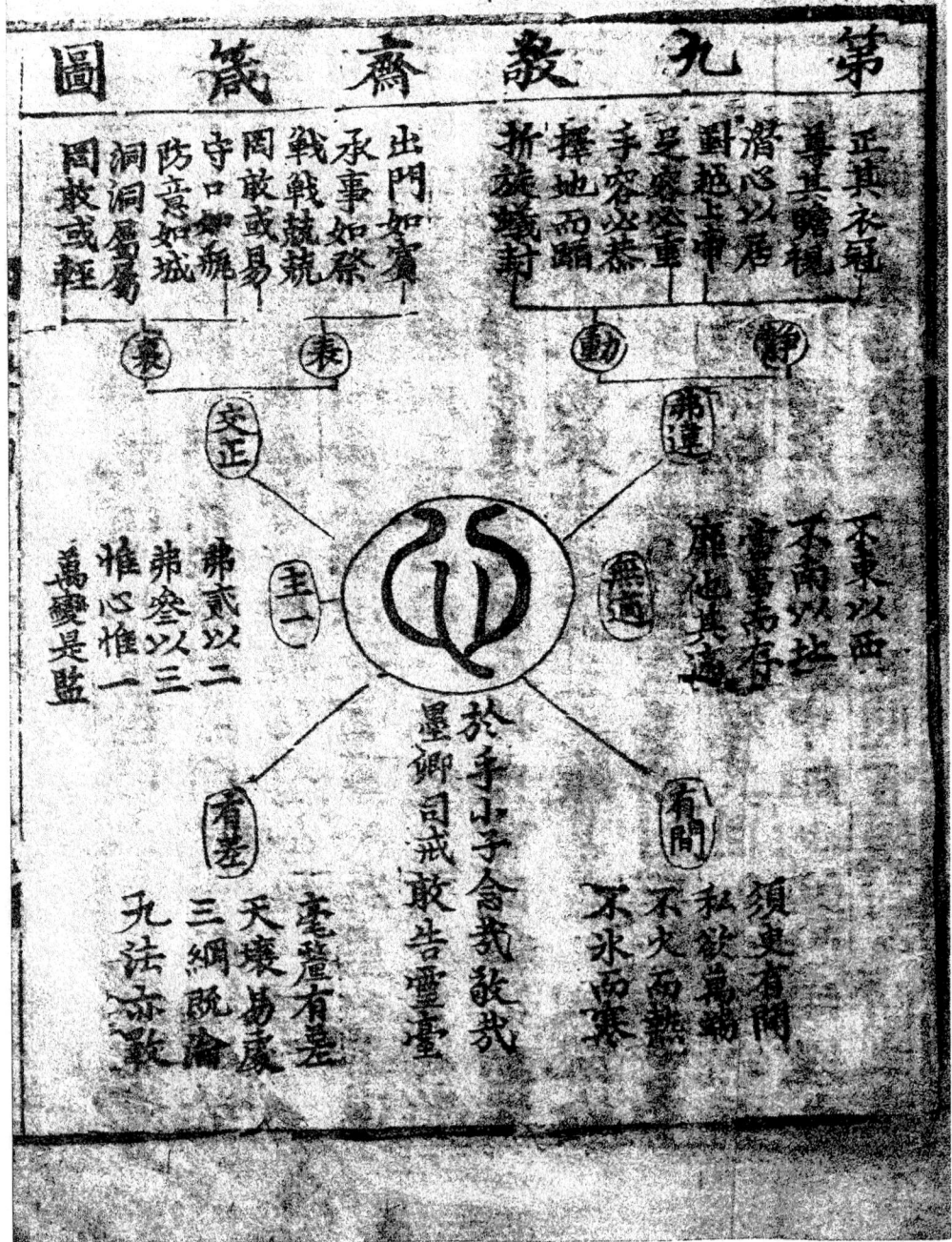

第九　敬齋箴圖

正其衣冠　尊其瞻視　潛心以居　對越上帝
足容必重　手容必恭　擇地而蹈　折旋蟻封
出門如賓　承事如祭　戰戰兢兢　罔敢或易
守口如瓶　防意如城　洞洞屬屬　罔敢或輕

静　動　弗違

表　里

安正　主一　無適　有間

有差

不東以西　不南以北　當事而存　靡他其適
弗貳以二　弗參以三　惟心惟一　萬變是監

須臾有間　私欲萬端　不火而熱　不冰而寒
毫釐有差　天壤易處　三綱既淪　九法亦斁

於乎小子　念哉敬哉　墨卿司戒　敢告靈臺

图 9　敬斋箴图

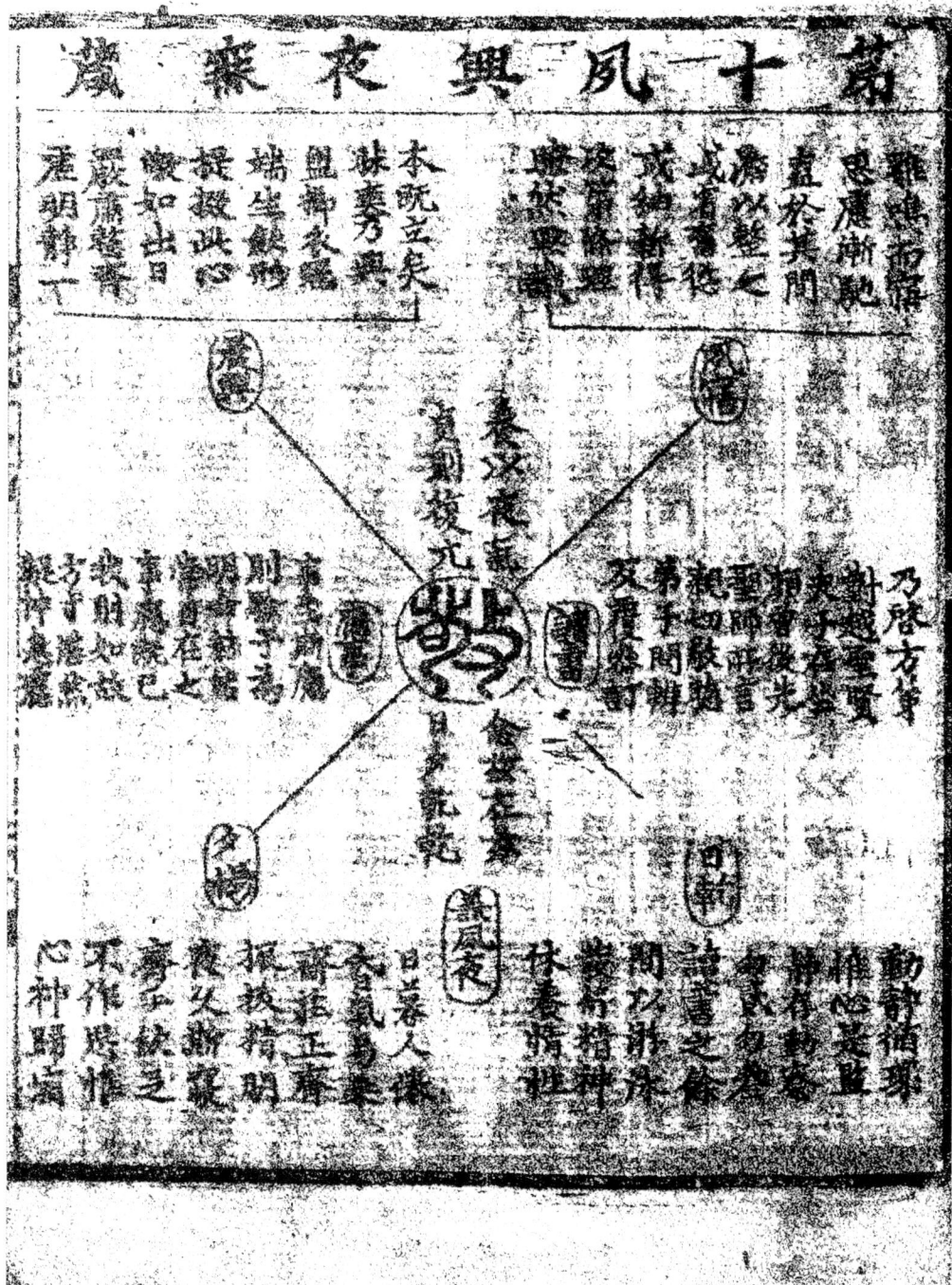

图 10　夙兴夜寐图

结 语

　　儒家文化是中国传统文化的主流意识，是中华民族精神的源泉，是中国人屹立于世的名片和身份证。儒家学说由春秋时期孔子创立，倡导血亲人伦、修身养性、经世治世，推崇孝、悌、忠、信、礼、义等崇高的道德修养，其核心思想是"仁"和"礼"。汉武帝时期，"罢黜百家，独尊儒术"①，儒学在王权的支持下成为贯通宇宙、社会与人类自身的信仰体系，取得了独尊的地位，正式成为官方哲学，并以文化正统而确立为一以贯之的"道统"。汉代之后两千多年的历史中，历代统治者的重视、推崇以及儒学家们日臻发展和完善之下的儒学逐渐成为传统文化的核心，深刻影响着国家的政治、经济、教育、艺术、文学等领域，在中国文化的历史进程中发挥着重要的作用。诚如牟宗三先生所言："中国文化以儒家做主，这个文化生命主要的动向、形态是由儒家决定的……主流的地位是在历史上长期的摩荡中自然形成的，不是可以随便拿掉或代替的，亦不是可以随便放弃的。"②牟宗三先生之所以视中国文化为儒家做主和决定的一个生命方向和形态，是因为儒家文化是漫漫历史长河中经久不衰、历久弥新的传统文化的源泉，是中华民族精神的动力。甚至可以说，除了儒家文化外，世界上再也找不出一种其他文化能使它所反映的社会意识形态一脉相承、亘古不变，维系和支撑几千年之久，并且深刻影响着这个国家的经济、政治、文化和社会风貌。儒家文化所推崇的"天行健，君子以自强不息"③的艰苦奋斗精神、"博施于民而能济众"④的无私奉献精神、"穷则独善其身，达则兼济天下"⑤的舍己为公精神、"先天下之忧而忧，后天下之乐而乐"⑥的爱国爱民精神、"杀身以成仁"⑦的高尚节操、"富贵不能淫，威武不能屈，

---

　　①　汪启明：《中华简史》，成都：巴蜀书社，2018 年版，第 127 页。
　　②　郑家栋：《道德理想主义的重建》，北京：中国广播电视出版社，1992 年版，第 28 页。
　　③　朱安群、徐奔：《周易》，青岛：青岛出版社，2011 年版，第 5 页。
　　④　刘宝楠：《论语正义》，北京：中华书局，1990 年版，第 248 页。
　　⑤　焦循：《孟子正义》，北京：中华书局，2017 年版，第 737 页。
　　⑥　欧阳清：《范仲淹集》，呼和浩特：远方出版社，2005 年版，第 207 页。
　　⑦　刘宝楠：《论语正义》，北京：中华书局，1990 年版，第 620 页。

贫贱不能移"①的民族气节等皆是中华儿女称颂的榜样和典范，是人们所遵循的道德准则和行为规范，引导着中国人民形成向上、向善的力量，构成了中华民族特有的心理素质和行为方式，成为中华民族团结奋斗、自强不息的强大精神动力。甚至可以说没有儒家文化，便没有中华民族精神。儒家文化所塑造的民族精神和民族气节已经深深融入于中华儿女的血液，成为流淌在中华儿女血脉中的文化基因和精神标识。因此，"不管人们喜欢或不喜欢孔子和儒家，事实是，在中国过去两千多年的历史中，儒家在中国社会和文化中占据了突出的地位，在中国文化的形成上起了主要的作用，以至于人们有时把儒家传统作为中国文化的代表，以孔子作为文化认同的象征"。②在中华文化的漫漫历史进程中，处处体现着儒学文化的烙印。

季羡林先生曾言："文化有一个很突出的特点，就是文化一旦产生，立即向外扩散，也就是我们常说的'文化交流'。"③作为中国文化象征符号的儒学思想，不仅对中国的社会产生深刻的影响，也传播到世界各地，是"东亚各民族精神的最重要的源头活水之一，也是东亚各民族不断创业的精神财富之一"④，深刻影响着东亚地区人们社会生活的方方面面。与中国山水相连的韩国，在东亚儒学文化圈中堪称最忠实于儒家文化的国家，是儒学践行最好的国家之一，成为世界上公认的"儒学样板国家""儒家文化国家的活化石"。进入朝鲜半岛的儒学，受到了朝鲜儒者们的推崇和传承，在经历了对中国儒学全面接受及朝鲜儒学本土化、民族化的两个发展阶段之后，不仅渗透于朝鲜的传统文化中，而且与朝鲜的社会实践相结合，得到了创造性的转化、创新性发展，逐渐形成了独具民族特色的韩国儒学，"呈现出自己独有的特点，即重'气'、重'情'、重'实'、重'义理'"。⑤尽管社会在不断地进步，时代在不断地前进，儒家文化的内容和形式也在不断地改变。但即使时至今日，"在当代韩国，儒学'君臣父子夫妇长幼朋友之大伦，修身齐家治国平天下之大经''忠孝仁爱，信义和平'等理念已融入了韩国人民的血液之中，成为韩国民族精神的基石。正是儒家文化的这种高度的社会责任心和爱国主义热情，使得韩国人无论在经济建设，还是文化建设中都取得了令世人震惊的'奇迹'，在全世界刮起了一股强劲的'韩流'"⑥。因而无论是韩国的政治制度、经

①　焦循：《孟子正义》，北京：中华书局，2017 年版，第 346 页。

②　陈来：《孔子与当代中国》，北京：生活·读书·新知三联书店，2008 年版，第 24 页。

③　季羡林：《东西文化比较》，北京：新世界出版社，2017 年版，第 2 页。

④　复旦大学韩国研究中心：《韩国研究论丛·第 14 辑·第二届中国韩国学博士生论坛特辑》，北京：世界知识出版社，2007 年版，第 2 页。

⑤　王日美：《中国儒学与韩国社会》，北京：学习出版社，2019 年版，第 94 页。

⑥　王日美：《韩国尊崇儒学探析》，《海南大学学报（人文社会科学版）》2019 年版第 2 期。

济生活，还是文化教育、社会风俗等方面，皆可以看到儒家文化的浸润，可以说儒家文化已经深深植根于韩国的文化中，成为韩国民族精神的源泉和动力。

　　而儒家文化之所以在朝鲜三国时期广泛传播，成为朝鲜社会的重要的精神滋养，并且逐渐形成独具民族特色的韩国儒学，主要得益于历代朝鲜学者们的继承与发展，是他们将儒学创造性转化和创新性发展，从而使儒学与本土文化逐渐融为一体。在儒学本土化、民族化的历史进程中，儒学大师李退溪，在儒学传承与发展史中占据着极其重要的地位。杜维明在《儒家哲学与现代化》中对李退溪在儒学史上的地位这样评价道："儒学在朝鲜有了非常重要的发展。朝鲜的李朝大概从 1392 年开始建朝，直到 1910 年日本侵略朝鲜才亡，跨越中国明、清两代，是东亚大王朝，这个朝代的指导思想就是儒学，其中非常突出的思想家就是李退溪（即李滉）。"[1] 由此可见，在李朝五百年之久的历史中，儒学思想占据着重要的地位，李退溪亦代表着李朝儒学的正统。他"集大成于群儒，上以继绝绪，下以开来学，使孔孟程朱之道焕然复明于世"[2]，将儒学与朝鲜本土相结合，创立了别具一格的"退溪学"，适应了社会发展的需要，成为时代的精华，并使之成为官方的主流意识形态，成为人们道德品质和行为规范的重要价值遵循。郑惟一曾这样评价道："先生生于东国学绝之后，不由师承，超然独得，其纯粹之资，精诣之见，弘毅之守，高明之学，道积于一身而言垂于百代，功光乎先圣而泽流于后学，则求之东方一人而已。"[3]《朝鲜通史》中记载："诸家众说之同异得失，皆曲畅旁通，而折中于朱子，讲究精密，践履纯笃，其造诣甚深，从游讲学者来自四方。朝鲜五百年，推为第一儒宗。"[4] 陈来先生在《论李退溪对朱熹哲学的发展及其在理学史上的地位》评价道："李退溪哲学的出现，一方面标识着朝鲜理学的完全成熟，一方面表明朱子学的重心已经转移到朝鲜而获得新的生命，并为以后由朝鲜进而东移到日本准备了条件，从而使朱子学在东亚文明的发展方面发挥了巨大的作用。从这个角度来看，李退溪及其哲学的意义，确是不同寻常的。"[5] 钱穆在《现代对退溪学之再认识》中更是将其与孔子、朱熹并论，认为退溪是东方传统文化体系的系统，尊称其为"东方天下一善士"："退溪不仅为韩国一国之善士，亦实我东方文化体系中，中、日、韩三国共同所尊重之善士，是即天下之善士也。依现代人观念言，退溪至少当为我东方天下一善士。"[6] 安鼎福在《李子粹语》后记中亦是给予

---

① 高令印：《李退溪与东方文化》，厦门：厦门大学出版社，2002 年版，第 7 页。
② 张立文：《退溪书节要·前言》，北京：中国人民大学出版社，1998 年版，第 1 页。
③ 高令印：《李退溪与东方文化》，厦门：厦门大学出版社，2002 年版，第 1 页。
④ 林泰辅：《朝鲜通史》，上海：商务印书馆，1934 年版，第 136 页。
⑤ 筑波大学：《李退溪哲学之历史位置》，东京：东洋企画株式会社，1986 年版，第 251 页。
⑥ 高令印：《李退溪与东方文化》，厦门：厦门大学出版社，2002 年版，第 7 页。

李退溪较高的评价："朱子殁三百有几载，而退溪李子生于东方，以斯道为己任。"①因此，李退溪可以说是韩国李朝前期中国朱熹思想的集大成者，是 16 世纪后东方文化的表征，在东方文化中是希圣希贤的地位。他兼采众家之长，继承王阳明的学术理论，远承孔、孟的心法，近守朱子的遗教，在理气、体用、性情、动静、心性等方面有诸多建树，成为朝鲜儒学的泰斗，在韩国儒学史上占据着崇高的地位。其退溪学不仅是韩国传统文化的瑰宝，而且对后世也产生了至深至巨的影响，为了纪念这位儒学大师，1000 元的韩元上印着其头像，首尔钟路区北部亦有以他命名的"退溪路"。

被尊称为"海东朱子""东方百世之师""东邦之光"的李退溪，一生著有《三经释义》《四书释义》《心经释录》《天命图说》《启蒙传疑》《圣学十图》等多部著作，而最能全面概括退溪圣贤心学之纲目、造诣之要旨的当数晚年所作的《圣学十图》。每幅图都包括图说、图、退溪之按语，不仅以图解的形式，系统地阐释了学做圣人的纲领条目、修养途径、道德品质、行为践履、心性培育等等，而且述而有作，在章节末尾处向世人全面深入地呈现了自己的圣人观。"惟有昔之贤人君子，明圣学而得心法，有图有说，以示人入门之道，积德之基。"②退溪用自古以来儒家先贤之言、儒学家的言证以及自己对儒学的切身体会，阐述了图的思想内容和自己的思想理论体系。该书是李退溪在面对朝鲜"国势颠危""士祸炽发"的严峻局势时，为了"明君德以救治"所作，不仅教导君王修养成圣，以匡世济世，而且其以图解义的诠释方法逐步推广至社会，使之成为韩国儒者诠释性理学即道德形上学的范式和蓝本。不仅是李退溪体认圣学大端、心法至要的心得与总结，而且是其深思熟虑、提纲挈领的智慧和结晶，是儒家知识论、道德论与实践论的有机融合和统一，更是践行儒学经世致用思想的最好范本。

《圣学十图》的思想主旨是人学，即如何学做圣人之学。而至圣、成圣之学的核心则是"敬"哲学。诚如李退溪所言："今滋十图皆以敬为主焉。"③由此可见，"敬"是十图的要旨所在，融会贯通于十图。全书分别从概述、阐释、说解等方面对十图进行了全面而系统的阐释，下面则根据全书的主旨和内容对十图的"敬"思想稍做介绍：

《太极图》是第一幅图，首先以周敦颐的无极、太极、阴阳、动静、五行、乾道成男、坤道成女、生化万物之《太极图》来阐释自然之本体论。接着介绍了周敦颐《太极图说》中的"立太极"和"立人极"两部分内容。其中"无极而太极。

①　李锦全：《李锦全文集 第 4 卷》，广州：中山大学出版社，2018 年版，第 137 页。
②　李锦全：《李锦全文集 第 2 卷》，广州：中山大学出版社，2018 年版，第 286 页。
③　张立文：《朱熹与退溪思想比较研究》，北京：文津出版社，1995 年版，第 468 页。

太极动而生阳，动极而静；静而生阴，静极复动。一动一静，互为其根。分阴分阳，两仪立焉。阳变阴合，而生水、火、木、金、土。五气顺布，四时行焉。五行，一阴阳也。阴阳，一太极也。太极本无极也。五行之生也，各一其性。无极之真，二五之精，妙合而凝。乾道成男，坤道成女。二气交感，化生万物。万物生生，而变化无穷焉"[①]，是"立太极"部分，阐释了世间万物产生的根源，揭示了无极—太极—动静—阴阳—五行—男女—万物的宇宙生成论。"惟人也得其秀而最灵。形既生矣，神发知矣，五性感动而善恶分，万事出矣。圣人定之以中正仁义，而主静，立人极焉"[②]，是"立人极"部分，阐释了如何至圣、成圣的问题，揭示了人—形生—神知—五性—善恶—万事—中正仁义—主静的"立人极"之顺序和模式。由此可见，周敦颐将"立人极"的落脚点归结为"主静"，强调了"主静"的重要性。退溪继承了周敦颐的"主静"观，并在此基础上认为，世间本体和天地万物之理并不只是观念中思辨的产物，而且关乎人伦之理，是对成圣之道德修养、行为规范、意志情感等方面的指导和规划，因此，李退溪提出："圣人不假修为而自然也，未至此而修之，君子之所以吉也，不知此而悖之，小人之所以凶也。修之悖之，亦在乎敬肆之间而已矣。敬则欲寡而理明，寡之又寡以至于无，则静虚动直而圣可学矣。"[③]在李退溪看来，圣人要通过"敬"来实现欲寡和理明的人性追求，只有通过"敬"至寡、通过"寡"至"无"，以至于无论是动还是静，都纯然表现为自然的流露时，便可以学做圣人。在这里，李退溪同样强调了"敬"，视"敬"为世间本体和天地万物之理。这是因为"立人极"和"立太极"是两个紧密相连、不可分割的主体，两者合二为一。即周敦颐所言："故圣人与天地合其德，日月合其明，四时合其序，鬼神合其吉凶……立天地道，曰阴与阳；立地之道，曰柔与刚；立人之道，曰仁与义。"[④]因此，《太极图》实则是"天人合一"的哲学思想之彰显，呈现的是关于天地自然、宇宙万物、天道、地道、人道的宇宙生成论与人伦理法。值得指出的是，李退溪的成圣观是一种立足于本体论工夫的成圣观，他认为成圣是一个循序渐进、日积月累的过程，因而他在最后指出："盖学圣人者求端自此，而用力于小、大学之类，及其收功之日，而逆极一源，则所谓穷理尽性而至于命，所谓穷神知化，德之盛者也。"[⑤]他强调了成圣的途径和过程。因此，《太极图》通天人之极，尽宇宙之妙，将世间万事万物包含于易理之中，视宇

---

① 周敦颐：《周子通书》，上海：上海古籍出版社，2000 年版，第 48 页。

② 周敦颐：《周子通书》，上海：上海古籍出版社，2000 年版，第 48 页。

③ 贾顺先：《退溪全书今注今译（第 2 册）》，成都：四川人民出版社，1993 年版，第 167 页。

④ 周敦颐：《周子通书》上海：上海古籍出版社，2000 年版，第 48 页。

⑤ 李锦全：《李锦全文集（第 2 卷）》，广州：中山大学出版社，2018 年版，第 287 页。

宙为有序的整体，从而强调了世界或宇宙万物的根源问题。李退溪对太极图的论述，侧重于经纪人伦，强调了人的价值和作用，将世间本体和天地万物之理归结为"敬"，强调人修"敬"以成圣，从而形成有自己理论特色的性理学理论体系。

第二幅图是程复心作的张载《西铭图》。李退溪首先引用了张载的《西铭》原文，阐明了张载的"民胞物与""天下大同"观："乾称父，坤称母；予兹藐焉，乃混然中处。故天地之塞，吾其体；天地之帅，吾其性。民，吾同胞；物，吾与也。大君者，吾父母宗子；其大臣，宗子之家相也。尊高年，所以长其长；慈孤弱，所以幼其幼；圣，其合德；贤，其秀也。凡天下疲癃、残疾、惸独、鳏寡，皆吾兄弟之颠连而无告者也。于时保之，子之翼也；乐且不忧，纯乎孝者也。违曰悖德，害仁曰贼，济恶者不才，其践形，惟肖者也。知化则善述其事，穷神则善继其志。不愧屋漏为无忝，存心养性为匪懈。恶旨酒，崇伯子之顾养；育英才，颖封人之锡类。不弛劳而底豫，舜其功也；无所逃而待烹，申生其恭也。体其受而归全者，参乎！勇于从而顺令者，伯奇也。富贵福泽，将厚吾之生也；贫贱忧戚，庸玉汝于成也。存，吾顺事；没，吾宁也。"[①]在张载看来，世界是一个和谐的大家庭，每个人都是自己的亲人和同胞，世间万物都是我们亲密无间的同伴，即"天下一家""天下大同"。每个人都有身而为人的责任和义务，因而要尽心、尽力将自己的仁心、孝心落实在具体的社会实践中，做到尊老爱幼、关心他人，努力使社会形成"君君、臣臣、父父、子子"的和谐有序局面。无论面对顺境还是逆境、贫穷还是富贵，都要做到坦然处之，修身养性，从而收获安宁和祥和。毫无疑问，张载是将仁视为对待自我、家庭、社会、天下无私的关爱，强调推己及人，将发自内心的仁落实在社会、宇宙、世间万物，从而培育超道德的人格，达到真善美高度统一的理想境界。值得指出的是，李退溪尤其看重"仁"的观念："盖圣学在于求仁。须深体此意，方见得与天地万物为一体，真实如此处。为仁之功，始亲切有味，免于莽荡无交涉之患。又无认物为己之病，而心德全矣。故程子曰：'《西铭》，意极完备，乃仁之体也。'又曰：'充得尽时，圣人也。'"[②]在李退溪看来，圣学在于求仁，若想达到万物一体的理想人格境界，则需要首先体认仁，只有体认心之仁德，心怀仁心，推己及人，扩充仁心，"老吾老，以及人之老，幼吾幼，以及人之幼"[③]，在实际生活中践行仁义，才能达到与天地之理融为一体的至高境界。在这里，李退溪依然强调了"敬"的重要性，求仁的过程便是内心秉持"敬"的

①　张文治：《国学治要·集部·子部》，北京：北京理工大学出版社，2014 年版，第 1035 页。
②　北京大学韩国学研究中心：《韩国学论文集·第 5 辑·金俊烨先生致力韩中文化与学术交流五十年专辑》，北京：社会科学文献出版社，1996 年版，第 137 页。
③　焦循：《孟子正义》，北京：中华书局，2017 年版，第 72 页。

过程，只有内心自主、自觉秉持"敬"，才会保有仁爱之心，施以仁义之行。

　　第三《小学图》和第四《大学图》主要阐释了成为圣人最初需要准备的基础条件和最终达到的理想境界。《小学图》是李退溪按照朱熹《小学题辞》的目录进行编排的，不仅对朱熹和宋儒们的学习思想进行了汇总，而且在文章末尾阐释了自身的切实体会。该图以立教、明伦、敬身为纲领和条目，详细罗列了小学教育的组织、内容、目的、宗旨，主要阐释了成为圣人的前提条件——学习小学教育。李退溪在《小学题辞》中说："元亨利贞，天道之常；仁义礼智，人性之纲。凡此厥初，无有不善。"①"惟圣性者，浩浩其天，不加毫末，万善足焉。众人蚩蚩，物欲交蔽，乃颓其纲。"②在李退溪看来，要想保持善性，不被物欲蒙蔽，则需要"建学之师"，"以培其根，以达其支"。圣人必须从最基础的小学教育做起，即"小学之方，洒扫应对，入孝出恭，动罔或悖。行有余力，诵诗读书，咏歌舞蹈，思罔或逾。穷理修身，斯学之大，明命赫然，罔有内外"③。只有恭恭敬敬地搞好洒水、扫地、待人、接物等礼节之事，才能很好地从事礼、乐、射、御、书、数六艺的学习。李退溪继续引用朱子之言："蒙养弗端，长益浮靡。乡无善俗，世乏良材，利欲纷拏，异言喧豗。"④他认为，如果不从启蒙教育抓起，不仅会使自身言行举止放荡不羁，也会形成唯利是图、尔虞我诈的社会风气。之后李退溪又引用了朱熹的《大学或问》："学之大小，固有不同，然其为道则一而已。是以方其幼也，不习之于小学，则无以收其放心，养其德性，而为大学之基本。及其长也，不进之于大学，则无以察夫义理，措诸事业，而收小学之成功。"⑤"为小学者不由乎此，固无以涵养本源，而谨夫洒扫应对进退之节，与夫六艺之教，为大学者不由乎此，亦无以开发聪明，进德修业，而致夫明德新民之功也。"⑥此处贯通论说了大学与小学关系，以说明大学与小学两个方面工夫的联系与区别。在李退溪看来，小学与大学是相互依赖、密不可分的整体，呈现的是一中有二，又二而合一的关系。教育亦讲究次序，只有将小学"立教、明伦、敬身"的启蒙基础教育打好、做实，才能再进一步学习"明德""新民"和"止于至善"等内容。第四《大学图》是李退溪据权近《大学图》所作，阐述了圣人之学的最终理想境界："明明德""新民""止于至善"。其中以三纲领的"明明德"为本为体，"新民"为末为用，"止至善"为"极自新新民"和"体用之标的"，以"格物、致知、诚意、正

---

①　丁范镇：《增补退溪全书》，首尔：成均馆大学大东文化研究院，1985年版，第201页。
②　丁范镇：《增补退溪全书》，首尔：成均馆大学大东文化研究院，1985年版，第201页。
③　（清）张鉴：《浅近录》，乌鲁木齐：新疆人民出版社，1995年版，第371页。
④　（清）张鉴：《浅近录》，乌鲁木齐：新疆人民出版社，1995年版，第372页。
⑤　徐梓、王雪梅：《蒙学要义》，太原：山西教育出版社，1991年版，第24页。
⑥　朱子学会：《朱子学年鉴·2013》，北京：商务印书馆，2014年版，第73页。

心、修身、齐家、治国、平天下”为八条目。李退溪首先引用《大学》首章作为开始，继而引用朱熹《大学或问》中的观点概括了大学、小学相互融会贯通的思想，最后阐释了自己的“主敬”思想：“敬者，一心之主宰。而万事之本根也。知其所以用力之方，则知小学之不能无赖于此以为始。知小学之赖此以始，则夫大学之不能无赖于此以为终者，可以一以贯之而无疑矣。盖此心既立，由是格物致知，以尽事物之理，则所谓尊德性而道问学。由是诚意正心以修其身，则所谓先立其大者而小者不能夺，由是齐家治国而及乎天下，则所谓修己以安百姓，笃恭而天下平，是皆未始一日而离乎敬也。然则敬之一字，岂非圣学始终之要也哉。”[①]李退溪认为，“敬”贯穿于小学和大学的始终，小学是“敬”的开端，大学是“敬”的总结。圣人学问的关键是“敬”，只有充分发挥主体道德自觉性、能动性，主动积极地对心持敬，通过“格物”“致知”，达到“尊德性而道问学”的工夫后，便可以一步步“诚意”“正心”“修身”，达到修己之效，进而实现“博施济众”：“齐家”“治国”“平天下”。可以说“主敬”的工夫，彻上彻下，彻里彻外，贯穿于圣人之学的始终。在行文最后，李退溪进一步指出《圣学十图》与这两幅图的贯通之处：“然非但二说当通看，并与上下八图，皆当通此二图而看。皆上二图是求端，扩充，体天尽道极致之处，为小学大学之标准本源，下六图是明善诚身，崇德广业用力之处，为小学大学之田地事功，而敬者又彻上彻下著工收效，皆当从事而勿失者也。故朱子之说如彼，而今兹十图皆以敬为主焉。”[②]退溪认为，《太极图》和《西铭图》是为“小学大学之标准本源”，是小学和大学追求的主要目的，后六幅图是“小学大学之田地事功”，是小学与大学最终达到的实际功效。退溪在这里进一步表达了“主敬”思想，认为“敬”字的工夫自始至终贯彻在里面。郭店楚简《性自命出》记载：“凡道，心术为主。”[③]诚然，第三《小学图》和第四《大学图》亦包含着“持敬”的心术思想：第三《小学图》是“持敬”的开端，第四《大学图》是“持敬”的终结。只有内心自主秉持“敬”，学习“立教、明伦、敬身”，自觉实践“敬”，践行三纲领“明明德、新民、止于至善”，八条目“格物、致知、诚意、正心、修身、齐家、治国、平天下”，才会最终实现圣人之学的理想境界。

　　第五《白鹿洞规图》是李退溪依据朱熹《白鹿洞书院学规》所作。主要阐明书院教育之要在于倡明道学，阐释了具体的教育方针和基本的学生规范。李退溪

---

　　①　朱熹：《朱子全书》（第 6 册），《大学或问》，上海：上海古籍出版社，2002 年版，第 506—507 页。

　　②　张立文：《朱熹与退溪思想比较研究》，北京：文津出版社，1995 年版，第 468 页。

　　③　涂宗流、刘祖信：《郭店楚简先秦儒家佚书校译》，台北：万卷楼图书股份有限公司，2001 年版，第 151 页。

首先根据朱熹的学规阐释了五教之目、为学之序、修身之要、接物之要五个方面的具体纲领条目：其中五教之目包括：父子有亲，君臣有义，夫妇有别，长幼有序，朋友有信。为学之序包含：博学之，审问之，谨思之，明辨之，笃行之。修身之要主要有：言忠信，行笃敬，惩忿窒欲，迁善改过。处事之要包含：正其义不谋其利，明其道不计其功。接物之要要求：己所不欲，勿施于人，行有不得，反求诸己。除了为学之序，四方面的内容都与德育息息相关。由此可见，李退溪视德育为教育的宗旨和根本。接着李退溪引用朱子洞规后叙，表明自己的教育观念："熹窃观古昔圣贤所以教人为学之意，莫非使之讲明义理以修其身，然后推以及人；非徒欲其务记览为词章，以钓声名取利禄而已。今人之为学者，则既反是矣。然圣贤所以教人之法，具存于经，有志之士，固当熟读深思而问辨之。"[1]退溪认为，教育的根本宗旨是诵读儒家经典，知晓"义理"，自觉、自主修身养性，完善自身道德修养，进而按照学、问、思、辨的为学之序去"穷理""笃行"，并在实际践行中学会修身、处事、接物，知晓待人处事之方。因此，李退溪在论述教育的目的时提道："盖唐虞之教，在五品三代之学，皆所以明人伦。故规之穷理力行，皆本于五伦。且帝王之学，其规矩禁防之具，虽与凡学者有不能尽同者，然本之彝伦，而穷理力行，求得夫心法切要处，未尝不同也。"[2]在李退溪看来，无论是唐虞之教还是帝王之学，其根本宗旨是"本于五伦"，即读书尽理，好好修为，使自己学识渊博、品德高尚、技能过硬，将修身做到极致，成就"内圣"，进而充分发挥自觉、自主的道德意识，践行仁义道德，"修己以安人""修己以安百姓""博施于民而能济众"，在实际践行中做到"外王"。学习离不开穷理力行，李退溪将"求得夫心法切要处"归结为穷理力行的途径，实则再次阐明了自己的"持敬"哲学，在李退溪看来，教育的宗旨即倡明道学，而倡明道学的根本又依靠"心法"，只有内心持敬，自觉修身，真诚待人，踏实做事，不断完善自身道德修养，建立博施广济的高尚情怀，才会真正达到的教学的根本目的。

第六《心统性情图》以程林隐之图即上图以及李退溪所作的中下两图合成，李退溪进一步作文补充说明，主要阐释了心、性、情之间的关系，着重突出人的心性、仁义道德以及理的地位，是对宋儒心、性、情的关系在宇宙论层次上的系统整合，从而突出了心统性情思想的本体论意义。上图为"心统性情"。程林隐认为："言人禀五行之秀以生，于其秀而五性具焉，于其动而七情出焉。凡所以统会

---

① 张文治：《国学治要·集部·子部》，北京：北京理工大学出版社，2014 年版，第 1073 页。

② 北京大学韩国学研究中心：《韩国学论文集·第 5 辑·金俊烨先生致力韩中文化与学术交流五十年专辑》，北京：社会科学文献出版社，1996 年版，第 138 页。

具性情者则心也，故其心寂然不动为性，心之体也；感而遂通为情，心之用也。"①
程氏认为，未发之性为心之体，是人禀木、火、水、金、土五行之秀，而具爱、敬、宜、别、实之理的仁、礼、义、智、信五性；已发之情为心之用，即恻隐、辞让、羞恶、是非、诚实之心，而发仁、礼、义、智、信之端。李退溪则在中图和下图中阐明了自己的独到见解。中图概述了气禀中本然之性。下图李退溪阐释了"理发而气随之"的恻隐、辞让、羞恶、是非的四端与"气发而理乘之"的喜怒哀惧爱恶欲七情。李退溪认为，四端七情作为现实情感兼具理和气，因为心是理气之和，情也是理气之和。但是两者"虽同是情，不无所从来之异"，就所发的初始本源上看，四端发于性理，七情发自行气。"四端"和"七情"是属于不同质的"情"范畴，就像"本性"与"气禀"相异一样，所以"四端皆善也。……七情，善恶未定也"，他们之间是有所区别的，李退溪的四端七情说无疑是对朱子学的体认和进一步发挥。李退溪充分认同程氏的心统性情观，进一步指出："学者知此，必先正其心，以养其性，而约其情，则学之为道得矣。"② 在退溪看来，圣学之道在于正心，只有端正内心才会修养品性、约束情欲，走向正道。退溪在行文最后进一步强调了"持敬"的重要性："兼理气，统性情者心也。而性为情之际，乃一心之几微，万化之枢要，善恶之所由分也。学者诚能一于持敬，不昧理欲，而尤至谨于此，未发而存养之功深，已发而省察之习熟，真积力久而不已则所谓精一执中之圣学，存体应用之心法，皆可不待外求而得之于此矣。"③ 退溪认为，在心未发时，要通过敬来存心养性，当心已发时，更应该通过敬来省察情，无论是存养还是省察皆离不开敬，而统会性情者则是心，退溪强调了心性之关键，认为心中持敬，充分发挥"心"的自觉、自主、能动性，坚持不懈地努力学习，方能自得其学。

第七《仁说图》由朱子的仁说、李退溪的图加上朱子的文辞组成。李退溪引用朱熹"仁者，天地生物之心，而人之所得以为心"的仁学观作为贯通自己天人、内外的理论依据，从而形成本体论、人性论和道德修养论相融合的理论体系。"故人之为心，其德亦有四，曰仁、义、礼、智，而仁无不包。其发用焉，则为爱恭宜别之情，而恻隐之心无所不贯。"④ 朱熹认为，仁是人心的根本德性，这种德性是人心固有的"天理"。人得天地之心为心，所以人心之德便为仁。天地之心一元亨利贞落实在人的本心中，便是仁义礼智，仁包四德；发乎为情即为恻隐、羞

① 马正应：《李退溪美学思想研究》，济南：山东大学出版社，2014 年版，第 33 页。
② 马正应：《李退溪美学思想研究》，济南：山东大学出版社，2014 年版，第 33 页。
③ 李锦全：《李锦全文集（第 2 卷）》，广州：中山大学出版社，2018 年版，第 287 页。
④ 陈钟凡：《两宋思想述评》，北京：商务印书馆，1938 年版，第 219 页。

恶、是非、辞让四端，恻隐贯通四端。李退溪赞同朱熹的仁学观，认为："天地之心，其德有四，曰元亨利贞。""人之为心，其德亦有四，曰仁义礼智。"① 因为人心"包四德而贯四端"，溯源于天地之心，所以说"能克己去私，复乎天理，则此心之体无不在，而此心之用无不行也"。② 退溪在这里将仁视为天地之心，和人之本心，从而使人心符合道心，为"天人合一"立论。其"克己去私"亦阐明了自己的"持敬"哲学，即只有内心"持敬"，才会合乎天理，从而实现心的道德理性——"仁"。朱子图、说已经从未发之前、已发之际两个方面将仁的概念纳入心性义理观念，并且阐明了仁的体现与践行是自我德行的修养，是与人交往的准则，即言行举止恭敬、心怀忠恕之心，孝敬父母、友爱家人。因而，李退溪在最后按语中指出自己的独到见解："《大学》传曰：为人君，止于仁。今欲求古昔帝王传心体仁之妙，盍于此尽意焉。"李退溪不仅将"仁"视为君主修身成就圣德，以至成为圣君的关键，而且强调了内心"持敬"以体仁、成仁的重要性。

第八《心学图》由程复心的图、说明以及李退溪的补充而成。上半部分阐释心为一身主宰，其中包含良心、本心、大人心、道心、人心、赤子心。下半部分表明敬为一心主宰，其中包括慎独、克复、心在、求放心、正心、戒惧操存、心思、养心、尽心等敬的修养工夫。程复心根据特征不同而将心分为六类，实际上心为一，他进一步解释说："赤子心是人欲未泯之良心，人心即觉于欲者。大人心是义理具足之本心，道心即觉于义理者，此非有两样心，实以生于形气则皆不能无人心。"③ 在程复心看来，人心是生于形气和人欲之心，道心根源于性命和义理之心，良心是禀赋于上天的纯粹之心，本心是任何人都具有的善良之心，赤子心是天真纯粹的婴儿之心，大人心是既不失去纯粹的人之本心又能扩充而应对所有变化的成人之心。而以上各种心其实可以概括整理为人心和道心，人心具有流于人欲的可能，其本身并不是人欲。道心虽然是可以实现义理的心，但是如果不通过持续的努力扩充，是很难实现的。因此程复心进一步阐释了遏人欲而存天理的修养工夫："慎独以下，是遏人欲处工夫，必至于不动心，则富贵不能淫，贫贱不能移，威武不能屈，可以见其道明德立矣。戒惧以下，是存天理处工夫，必至于从心。"④ 李退溪亦认同程复心的观点，他更是将"敬"归结为遏制人欲之人心，以存义理之道心的途径和方法。他认为："要之，用工之要，俱不离乎一敬。盖心者，

---

① 陈钟凡：《两宋思想述评》，北京：商务印书馆，1938 年版，第 219 页。
② 陈钟凡：《两宋思想述评》，北京：商务印书馆，1938 年版，第 219 页。
③ 张立文：《朱熹与退溪思想比较研究》，北京：文津出版社，1995 年版，第 466 页。
④ 朴银姬：《东亚儒学、人文学的新视野》，北京：商务印书馆，2018 年版，第 104 页。

一身之主宰，而敬又一心之主宰也。"① 在李退溪看来，"敬"是由人心到道心转变的关键，只有心无旁骛"持敬"以修身养性，恭谨做到慎独、克复、心在、求放心、正心，以至四十不动心，便能实现道明德立。加之身体力行地践行之，做到戒惧、操存、心思、养心、尽心以至七十而从心，便可以进入圣人之学的理想境界。

　　第九《敬斋箴图》是由朱熹的《敬斋箴》和解说、王柏之图、吴临川和真西山的解说以及李退溪的按语组成。该图最为醒目之处为"心"字，揭示了敬的本质内涵即为心之修养哲学。心的两边是"主一"和"无适"，是心的两个主体部分。图的上半部分是敬的行为，包括，静、动，表、里。其中，"静"包括"正其衣冠、尊其瞻视、潜心以居、对越上帝"，"动"包括"足容必重、手容必恭、择地而蹈、折旋蚁封"，"表"体现为"出门如宾、战战兢兢，罔敢或易"，"里"则要求"守口如瓶，防意如城、洞洞属属、罔敢或轻"，这些都是持敬的工夫。图的下半部分为不能持敬表现出来的"有间""有差"。即"私欲万端、不火而热、不冰而寒""天壤易处、三纲既沦、九法亦斁"。诚然，该图言简意赅，条理清晰，揭示了"心"之重要，即"敬"之核心。李退溪在按语中再次强调了图文的功用之处以及"敬"的地位："常宜体玩警省于日用之际、心目之间而有得焉，则敬为圣学之始终，岂不信哉。"② 在退溪看来，敬的条目不仅值得细细体味、发挥，有自警反省之效，会使人在日用之际、心目之间皆会有所收获，而且"敬"的工夫贯穿圣人学问始终。只有"持敬"，才会学以至圣。

　　第十《夙兴夜寐箴图》由南塘陈茂卿《夙兴夜寐箴》、李退溪作的图以及按语构成。着重强调了慎独的重要性，具体说明了从早上睁开双眼到晚上睡觉，在日常生活中实践性学的方法，表明了"敬"为其性学的核心原理。在按语中李退溪强调："夫道之流行于日用之间，无所适而不在，故无一席无理之地，何地而可辍工夫，无顷刻之或停，故无一息之时，何时而不用工夫。"③ 圣人之学是知行合一的践行哲学，需要不断地坚持学习、完善道德修养。"此一静一动，随处随时，存养省察，交致其功之法也。果能如是，则不遗地头而无毫厘之差，不失时分而无须臾之间，二者并进，作圣之要，其在斯乎。"④ 在李退溪看来，学习要贵在坚持"存养省察"的学习方法和谨遵成为圣贤的要旨，从而劝诫人们时时刻刻照顾本心，不忘"敬"之工夫，由此可见，李退溪的哲学观始终以圣人为修养的终极目标，

①　李锦全：《李锦全文集（第2卷）》，广州：中山大学出版社，2018年版，第288页。
②　邢贲思：《世界哲学年鉴1987》，上海：上海人民出版社，1989年版，第227页。
③　李锦全：《李锦全文集（第2卷）》，广州：中山大学出版社，2018年版，第288页。
④　李锦全：《李锦全文集（第2卷）》，广州：中山大学出版社，2018年版，第288页。

以期实现成贤成圣。

以上即《圣学十图》之简介。《圣学十图》是李退溪为了更明确地阐释圣学和心法要点，对众多性理学者的图说进行选择取舍，并附上自己的见解而成，其中融入了中国儒学图式的精华，将性理学思想和"敬"哲学践履之功浓缩为十幅圣图，以心法为依据，强调将持敬作为道德修养之方，从而使圣—心—敬三者之间形成一个有机的整体。可以说《圣学十图》囊括了李退溪全部学问体系，是其思想要旨和学说精髓，是我们了解李退溪义理精神和持敬哲学的重要理论依据。通览十图，其中上五图阐明天理人伦，下五图着重阐释心性论，强调"持敬"的道德修养，要求勤勉日用、知行合一。其逻辑顺序大致为：宇宙论—心性论—工夫和实践论。思想主旨可以概括为：以成为圣人为终极目标，通过"持敬"的方法，不断完善自身道德修养，做好成己的工夫，在日常生活中践行伦理道德，实现"成人"，以期达到"中和位育"的功效和"天人合一"的理想圣人境界。诚如尹世铃所言："退溪先生，不仅是学问的境地很深，将其所学付诸实践的行动更受到人们崇敬。他曾想成为一个最完整的圣人，而且可以说是通过学而实践，终于达到圣人的境地。"[①]总体而言，李退溪的思想偏向人伦领域，重在强调"圣人之学"，即学以成圣的方法和途径。其意在将尧舜禹时期遥不可及的神圣之圣人转变为通过"持敬"的努力，有可能成就的现实之圣人，也就是说，强调将抽象的、虚幻的圣人，转变为具体的、现实的圣人，从而形成具有自觉道德意识和自主道德践行的独立高尚人格。可以说，李退溪的圣人之学不仅是教导君王修养成圣，以匡世济世，而且也为普通民众修身至圣提供了现实依据。其圣人之学是想穷尽真理，以达到至善之学，是一种包含人伦的实践理性哲学，更是注重人的主体性、强调人的价值和人生意义的哲学。其《圣学十图》不仅在当时形成了学术之风，也对后世产生了深远的影响。继李退溪的《圣学十图》之后，学术界便掀起了"圣学"之图的学习热潮，如朴世采的《圣学知行脉络之图》、张显光的《圣学之图》、金秉宗的《圣学续图》、李东乾的《圣贤心学四图说》、李震相的《圣可学图》等等。可以说，在朝鲜思想史上，《圣学十图》不仅使中国儒学图式得以创造性转化和创新性发展，成为独具特色的朝鲜圣学图式的肇始，而且开启了广大学者们借鉴的大门，使其成为学术界仿效的范式，成就了诸多圣学图式力作，使得朝鲜儒学逐渐演变为关乎身心性情之德与人伦日常之常道的图说模式。李退溪虽然尊崇朱子，将其奉为宗师，以学习朱子学为主，但是他并没有完全照搬，而是深刻体悟、反复玩味，《圣学十图》便是他对宋代新儒学、朱子学的研究心得和体悟，每幅图的

---

① 汉城 HEK 弘报企划公社：《韩国画报》创刊号 1987 年版，第 38 页。

按语更是概括了自己的哲学观，并且最终形成了独具特色的圣人之学，其影响也是波及整个韩国、日本，甚至整个东亚圈，数百年来被尊称为东亚儒宗，造就了东亚文化道德的夯实思想之基。后世学者亦给予《圣学十图》较高的评价，张立文曾言："退溪以图的形式，既示人以圣学入道之门，亦给人以简明易懂的启迪。《圣学十图》，融合宋明理学之精髓，构成他的思想逻辑结构。其规模之宏大，操履之功用，在李朝理学史上均属罕有。"[①] 梁启超认为，李退溪的《圣学十图》是承前启后、继往开来之作，其历史意义更是绵延百世："巍巍李夫子，继开一古今；十图传理诀，百世昭人心。"[②] 作为李退溪深思熟虑、提纲挈领的结晶以及体认圣学大端、心法至要的《圣学十图》不仅创新了中国儒学图解的形式，系统地阐释了学做圣人的纲领条目、修养途径、道德品质、行为践履、心性培育等，而且述而有作，在章节末尾处向世人全面深入地呈现了自己的圣人观，是儒家知识论、道德论与实践论的有机融合和统一，更是践行儒学经世致用思想的最好范本。因此，研究《圣学十图》具有十分必要的学术价值和理论意义。

儒家传统文化是一个不断流变、不断发展、不断革新的过程，传统文化在现代新社会，经过不断的更新、吸收、完善、融合，与现在社会相适应，便会散发新的光芒。"在儒家文化与现代文化的衔接上，韩国是当今世界上公认的践行儒家文化最好的国家。"[③]《圣学十图》便是韩国儒者李退溪晚年的一部力作，这部提纲挈领的《圣学十图》发挥着重要的历史作用，不仅成为规劝朝鲜君主成圣以济世的指导思想，亦指导着当时的社会实践，可以说是朝鲜传统文化的精华。《圣学十图》以成为圣人为终极目标，强调通过"持敬"的方法，不断完善自身道德修养，做好成己的工夫，在日常生活中践行伦理道德，实现"成人"，以期最终达到"中和位育"的功效和"天人合一"的希贤希圣之理想境界，在当今韩国现代文化发展进程中更是熠熠生辉。任何一个国家和民族的发展和进步，都离不开民族传统和民族精神的弘扬，而要弘扬民族传统和民族精神，又离不开传统文化。党的十九大明确提出："文化是一个国家、一个民族的灵魂。文化国运兴，文化强民族强。没有高度的文化自信，没有文化的繁荣昌盛，就没有中华民族伟大复兴。要坚持中国特色社会主义发展道路，激发全民族文化创新创造活力，建设社会主义文化强国。"[④] 党的十九届五中全会将建成文化强国确立为 2035 年基本实现社会主义现

---

① 福建省社会科学院宋明理学研究中心、中国社科院哲学所宋明理学研究中心：《朱子与朱子学文献研究》，厦门：厦门大学出版社，2016 年版，第 414 页。
② 高令印：《李退溪与东方文化》，厦门：厦门大学出版社，2002 年版，第 41 页。
③ 王日美：《中国儒学与韩国社会》，北京：学习出版社，2019 年版，第 7 页。
④ 本书编写组编著：《党的十九大报告学习辅导百问》，北京：党建读物出版社、学习出版社，2017 年版，第 35 页。

代化的远景目标，阐明了建成文化强国在全面建设社会主义现代化国家中的重要意义。2021 年通过的《中华人民共和国国民经济和社会发展第十四个五年规划和 2035 年远景目标纲要（草案）》更是明确强调要推动中华优秀传统文化创造性转化、创新性发展，擦亮中国名片，在 2035 年实现基本建成文化强国。由此可见党和国家对传统文化的重视程度。"弘扬中华优秀传统文化，首先要从汲取孔子智慧，弘扬儒家文化开始。"[①] 毫无疑问，《圣学十图》不仅是研究韩国传统文化的力作，更是中国传统儒学的精华。因此，我们要充分从《圣学十图》的传统文化精华中汲取现代文化所需要的部分，致力于传统文化的创造性转化、创新性、持续性发展，以期更好地古为今用，更好地投入中国特色社会主义新时代伟大建设中，以文化事业的繁荣发展照亮中国梦的宏远征程。

---

① 　王曰美：《中国儒学与韩国社会》，北京：学习出版社，2019 年版，第 6 页。

参考文献

（一）退溪原著

[1] 韩国成均馆大学：《增补退溪全书》，首尔：成均馆大学校大东文化研究院，1978 年版。

[2] 贾顺先：《退溪全书今注今译》，成都：四川大学出版社，1993 年版。

[3] 崔重锡译注：《译著自省录》，首尔：韩国国学资料院，1998 年版。

[4] 李退溪：《陶山全书》，首尔：退溪学研究院，1988 年版。

（二）古代典籍

[1]（春秋）左丘明撰，蒋冀骋标点：《左转》，长沙：岳麓书社 1988 版。

[2]（汉）孔安国传，（唐）孔颖达正义：《尚书正义》，上海：上海古籍出版社，2007 年版。

[3]（汉）毛亨传，（汉）郑玄笺，（唐）孔颖达疏：《毛诗正义》，北京：北京大学出版社，1999 年版。

[4]（汉）刘向：《战国策》，上海：上海古籍出版社，1985 年版。

[5]（汉）司马迁：《史记》，北京：中华书局，1959 年版。

[6]（汉）董仲舒：《春秋繁露》，上海：上海古籍出版社，1989 版。

[7]（汉）许慎：《说文解字》，北京：中华书局，2013 年版。

[8]（魏）王弼注，（唐）孔颖达疏：《周易正义》，北京：北京大学出版社，1999 年版。

[9]（东晋）僧肇著，张春波校释：《肇论校释》，北京：中华书局，2010 年版。

[10]（唐）李鼎祚著，陈德述整理：《周易集解》，成都：巴蜀书社，1991 年版。

[11]（宋）黎靖德：《朱子语类》，北京：中华书局，1986 年版。

[12]（宋）黄士毅编，徐时仪、杨艳汇校：《朱子语类汇校》，上海：上海古籍出版社，2016 年版。

[13]（宋）张载：《张载集》，北京：中华书局，1978 年版。

[14]（宋）朱熹：《四书章句集注》，北京：中华书局，1983 年版。

[15]（宋）周敦颐撰，徐洪兴导读：《周子通书》，上海：上海古籍出版社，2000 年版。

[16]（宋）周敦颐：《周濂溪集》，北京：中华书局，1985 年版。

[17]（宋）陆九渊著，钟哲点校：《陆九渊集》，北京：中华书局，1980 年版。

[18]（宋）黎靖德编，杨绳其、周娴君校点：《朱子语类》，长沙：岳麓书社，1997 年版。

[19]（宋）程颢、程颐：《二程遗书》，上海：上海古籍出版社，2002 年版。

[20]（元）程端礼：《文渊阁四库全书》，北京：商务印书馆，2005 年版。

[21]（元）脱脱：《宋史》，北京：中华书局，1977 年版。

[22]（明）高濂：《文渊阁四库全书》，北京：商务印书馆，2005 年版。

[23]（明）王夫子：《张子正蒙注》，北京：中华书局，1975 年版。

[24]（明）高濂：《文渊阁四库全书》，北京：商务印书馆，2005 年版。

[25]（清）黄宗羲：《黄宗羲全集》，杭州：浙江古籍出版社，2012 年版。

[26]（清）焦循：《孟子正义》，北京：中华书局，1987 年版。

[27]（清）阮元：《十三经注疏》北京：中华书局，1980 年版。

[28]（清）刘宝楠：《论语正义》，北京：中华书局，1990 年。

[29]（清）王先谦：《荀子集解》，北京：中华书局，1988 年。

（三）今人著作

[1] 蔡茂松：《韩国近世思想文化史》，台北：东大图书股份有限公司 1995 年版。

[2] 陈钟凡：《两宋思想述评》，北京：商务印书馆 1938 年版。

[3] 丁范镇：《增补退溪全书》，首尔：成均馆大学校大东文化研究院，1985 年版。

[4] 范寿康：《朱子及其哲学》，北京：中华书局，1983 年版。

[5] 高令印：《李退溪与东方文化》，厦门：厦门大学出版社，2002 年版。

[6] 郭绍虞：《中国历代文论选》，台北：木铎出版社，1980 年版。

[7] 黄俊杰：《东亚视域中的茶山学与朝鲜儒学》，台北：台大出版中心，2006 年版。

[8] 黄怀信、孔德立、周海生：《大戴礼记汇校集注》，西安：三秦出版社，2005 年版。

[9] 贾顺先：《退溪全书今注今译》，成都：四川大学出版社，1995 年版。

[10] 贾顺先：《儒学与世界》，成都：四川大学出版社，2006 年版。

[11] 柯劭忞：《新元史·儒林三》，上海：开明书店，1935 年版。

[12] 李学勤主编，郑玄注，孔颖达疏：《十三经注疏》，北京：北京大学出版社，1999 年版。

[13] 刘述先：《儒家思想与现代化：刘述先新儒学论著辑要》，北京：中国广播电视出版社，1992 版。

[14] 李锦全：《李锦全文集》，广州：中山大学出版社，2018 年版。

[15] 李纪祥：《宋明理学与东亚儒学》，桂林：广西师范大学出版社，2010 年版。

[16] 马正应：《李退溪美学思想研究》，济南：山东大学出版社，2014 年版。

[17] 牟宗三：《心体与性体》，上海：上海古籍出版社，1999 年版。

[18] 钱穆：《朱子新学案》，成都：巴蜀书社，1986 版。

[19] 钱穆：《朱子学提纲》，北京：生活·读书·新知三联书店，2002 年版。

[20] 钱穆：《中国学术思想史论丛》，合肥：安徽教育出版社，2004 年版。

[21] 徐师曾著，罗根泽校点：《文体明辨序说》，北京：人民文学出版社，1962 年版。

[22] 杨伯峻：《春秋左传注》，北京：中华书局，1990 年版。

[23] 韦政通：《中国哲学辞典》，台北：水牛出版社（世界图书出版公司北京公司重印）1993 年版。

[24] 王曰美：《中国儒学与韩国社会》，北京：学习出版社，2019 年版。

[25] 王利器：《颜氏家训集解（增补本）》，北京：中华书局，1993 年版。

[26] 周振甫：《周易译注》，北京：中华书局，1991 年版。

[27] 周振甫：《诗经译注》，北京：中华书局，2002 年版。

[28] 周銮书：《千年学府—白鹿洞书院》，南昌：江西人民出版社，2003 年版。

[29] 张立文：《朱熹与退溪思想比较研究》，北京：文津出版社，1995 年版。

[30] 张立文：《退溪书节要》，北京：中国人民大学出版社，1989 年版。

[31] 本书编写组编著：《党的十九大报告学习辅导百问》，北京：党建读物出版社、学习出版社，2017 年版。

[32] 福建省社会科学院宋明理学研究中心、中国社科院哲学所宋明理学研究中心：《朱子与朱子学文献研究》，厦门：厦门大学出版社，2016 年版。

[33] 筑波大学：《李退溪哲学之历史位置》，东洋书院，1986 年版。

[34] 中国人民大学国际退溪学会编：《退溪学在儒学中的地位》，北京：中国人

民大学出版社，1993 年版。

[35]复旦大学韩国研究中心：《韩国研究论丛·第 14 辑·第二届中国韩国学博士生论坛特辑》，北京：世界知识出版社，2007 年版。

[36]（日）林泰辅著，陈清泉译：《朝鲜通史》，上海：商务印书馆，1934 年版。

[37]（韩）安炳周：《退溪李滉的哲学思想》，国际退溪学会，2000 年版。

[38]（韩）朴银姬主编；张广村、黄修志、秦跃宇副主编：《东亚儒学、人文学的新视野》，北京：商务印书馆，2018 年版。

[39]（韩）李相殷：《圣学十图译解》，首尔：退溪学研究院、韩国书院印行，1974 年版。

[40]（韩）李珥著，朱杰人、朱人求、崔英辰主编：《栗谷全书》，上海：华东师范大学出版社，2017 年版。

[41]（韩）尹丝淳：《圣学十图》，首尔：乙酉文化社 1987 年版。

[42]（韩）尹丝淳：《退溪选集》，首尔：玄岩社，1993 年版。

[43]（韩）李相殷：《退溪的尘涯与学问》，首尔：艺文书院，1999 年版。

[44]（韩）尹天根：《怎么去理解退溪哲学》，清州：韩国大地出版社，1987 年版。

[45]（韩）高丽大学民族文化研究院、韩国思想研究所：《圣学十图（译注与解说）》，首尔：艺文书院，2009 年版。

（四）期刊论文

[1]（韩）李相殷：《李退溪的学术思想》，《退溪学报》1977 年第 13 辑。

[2]（韩）李明沫：《对退溪李滉的心学来说敬与欲望的问题》，《儒教思想研究》2007 年第 28 辑。

[3]（韩）刘权憧：《退溪的心学与礼》，《退溪思想史学》2003 年第 21 辑。

[4]（韩）韩亨柞：《退溪圣学十图朱子学的理念与圣学的设计图》，《南明学研究》2003 年第 16 辑。

[5]（韩）全斗河：《李退溪的存养省察论》，《退溪学报》，1979 年第 21 辑。

[6]宣炳三：《退溪의 四七論에 대한 栗谷의 비판은 정당한가？》，《THE STUDY OF CONFUCIANISM》2014 年第 55 期。

[7]（韩）尹丝淳：《退溪圣学十图研究》，《退溪学报》2000 年第 106 辑。

[8]（韩）朱七星：《世纪中国对李退溪思想研究概况与其发展趋势》，《退溪学报》2002 年第 112 辑。

[9]（韩）천병준：《从退溪〈圣学十图〉中体现出来的主敬的真意》，《退溪学

与韩国文化》2006 年第 38 号。

[10] 陈来：《韩国朱子学新论——以李退溪与李栗谷的理发气发说为中心》，《厦门大学学报》（哲学社会科学版）2015 年第 1 期。

[11] 陈昭瑛：《李退溪圣学十图的诗性智慧与形象思维》，《中山大学学报》2008 年第 6 期。

[12] 蔡德贵：《韩国大儒退溪的性情观》，《安徽大学学报》2009 年第 2 期。

[13] 林映希：《论李退溪的太极动静观》，《辽宁大学学报》2010 年第 1 期。

[14] 李英粉：《李退溪"天人合一"观念探析——以〈圣学十图〉为中心》，《学术交流》2020 年第 3 期。

[15] 李甦平：《论韩儒李退溪的性理学思想》，《国际汉学》2016 年第 4 期。

[16] 李明辉：《"理"能否活动？——李退溪对朱子理气论的诠释》，《现代哲学》2005 年第 2 期。

[17] 姚郁卉：《朱熹〈小学〉的蒙养教育思想》，《齐鲁学刊》2005 年第 4 期。

[18] 颜炳罡：《李退溪敬之哲学与东西方文化》，《孔子研究》2009 年第 4 期。

[19] 张华：《朱熹和李滉哲学之比较》，《延边大学学报》（社会科学版）2010 年第 1 期。

[20] 张立文：《李退溪哲学逻辑结构探析》，《哲学研究》1985 年第 3 期。

（五）学位论文

[1] 金春英：《李退溪天命思想研究》，硕士学位论文，延边大学，2013 年。

[2] 范例：《李退溪与李栗谷的"四端七情论"之比较研究》，硕士学位论文，延边大学，2016 年。

[3] 樊树勇：《李退溪性情论思想研究》，硕士学位论文，宁夏大学，2016 年。

[4] 柳红梅：《李退溪的持敬学说及其现实意义》，硕士学位论文，延边大学，2002 年。

[5] 印宗焕：《朱熹与李退溪之理气性情论比较研究》，硕士学位论文，吉林大学，2004 年。

[6] 尹颂尔：《李退溪圣学十图研究》，硕士学位论文，山东大学，2011 年。

后　记

　　"希圣希贤"是中国乃至东亚文化的重要人生价值追求和意义追寻。"希圣希贤：圣学十图义理研究"作为新时代科研课题，我们在方朝晖、钟海连教授的指导下，上溯孔子儒学的圣贤初心，系统爬梳中国儒学乃至东亚文化的核心理念，以"图式"的视角，深入浅出地展现圣贤文化的基本要义。

　　中盐金坛公司以圣贤文化为科学发展的价值理念，在潜移默化中以文化人，建设安身立命的精神家园。为方便读者深入理解圣贤文化的丰富内涵，系统梳理和呈现圣贤文化的经典源头，"圣贤文化传承与华夏文明创新研究"丛书编委会提出本书编纂的基本构想、基本要求和大纲，完成这部书稿的最后编纂工作。

　　本书是集体合作、团队攻关的成果，由我提出整体思路，大家献计献策、分工协作，具体分工如下：

　　孔　丽：导论；

　　宋冬梅、杨富荣：第一《太极图》；

　　张海涛：第二《西铭图》；

　　卢巧玲、牟学林：第三《小学图》；

　　张　斌、孔　伟：第四《大学图》；

　　王淑琴：第五《白鹿洞规图》；

　　刘晓霞：第六《心统性情图》；

　　管　蕾：第七《仁说图》；

　　刘　敏：第八《心学图》；

　　刘文剑：第九《敬斋箴图》；

　　韩　涛：第十《夙兴夜寐箴图》；

　　刘　萌：结语。

　　本书编写组成员于 2021 年 7 月之前陆续完成了所负责的工作，由我和刘萌对稿件梳理行文、统一格式后进行汇编和校对，交由管国兴先生和钟海连先生修改审定。清华大学教授、山东省泰山学者、孔子研究院特聘专家方朝晖先生，佛光大学教授、山东省泰山学者、孔子研究院特聘专家李纪祥先生，韩国安东大学教授、尼山学者、孔子研究院特聘专家李润和先生，韩国忠清南道历史文化研究院研究员李相均先生，曲阜师范大学教授骆承烈、傅永聚、王曰美先生，孔子研究院研究员杨朝明、孔祥林先生等对本书的编纂提供了支持与帮助。本书在编写过程中参考了相关的研究成果，并已在书后所列的参考文献中标出。中盐金坛盐化有限责任公司、尼山世界儒学中心孔子研究院为本书的编纂提供了支持和帮助，九州出版社对本书的出版给予大力支持、责任编辑付出了辛勤的劳动，在此一并致谢。

尼山世界儒学中心孔子研究院国承彦书记、米怀勇副书记、陈晓霞副院长等领导和同事为我们从事科研工作提供了大力支持和热切鼓励。孔子研究院特聘专家、佛光大学李纪祥教授一再叮嘱《圣学十图》版本问题的重要性，并专门拜托朋友从韩国成均馆大学图书馆复制《圣学十图》早期版本。孔子研究院特聘专家、曲阜师范大学孔子文化学院院长王钧林教授、韩国首尔大学郭沂教授、韩国安东大学李润和教授、孔子研究院李杨博士等为本书的编撰工作提供了关怀、指导和帮助。2018 年 9 月，在韩国世宗会展中心举办的"第二届忠清南道儒教论坛"上，时任韩国忠清南道知事梁承晁先生、忠清南道历史文化研究院李相均博士为我和魏衍华博士在韩国的实地考察提供了诸多帮助，并邀请余在该论坛上做了《曲阜儒家文化资源的发掘与运用研究》的主旨演讲，并对韩国乡校士绅感兴趣的问题进行了解答，参与了东亚儒学与环黄海文化圈的历史与未来的学术讨论，对于儒学在人类命运共同体建设中的重要性达成了广泛共识。曾经在韩国上述论坛中为我们担任同声传译的韩国首尔大学助教朴春香女士又为本书的大意提炼、本书书名《希圣希贤：〈圣学十图〉义理研究》的韩译（《성현을본받다：성학십도의義理연구》）和韩文版参考文献煞费苦心奔走咨询，付出良多。还有诸多同仁的帮助，恕不一一列举，在此一并表示衷心的感谢。

2022 年 2 月于尼山世界儒学中心孔子研究院

齐金江